AF258786

PLAIDOYERS

DE

M. AMBROISE RENDU

AVOCAT A LA COUR DE CASSATION ET AU CONSEIL D'ÉTAT

RÉUNIS PAR

AMBROISE RENDU FILS

Admiratione te, et si natura
suppeditet, imitatione de-
coremus.
(TACITE, Agric.)

PARIS

IMPRIMERIE ET LIBRAIRIE GÉNÉRALE DE JURISPRUDENCE

COSSE, MARCHAL et Cie, IMPRIMEURS-ÉDITEURS

LIBRAIRES DE LA COUR DE CASSATION

Place Dauphine, 27

1868

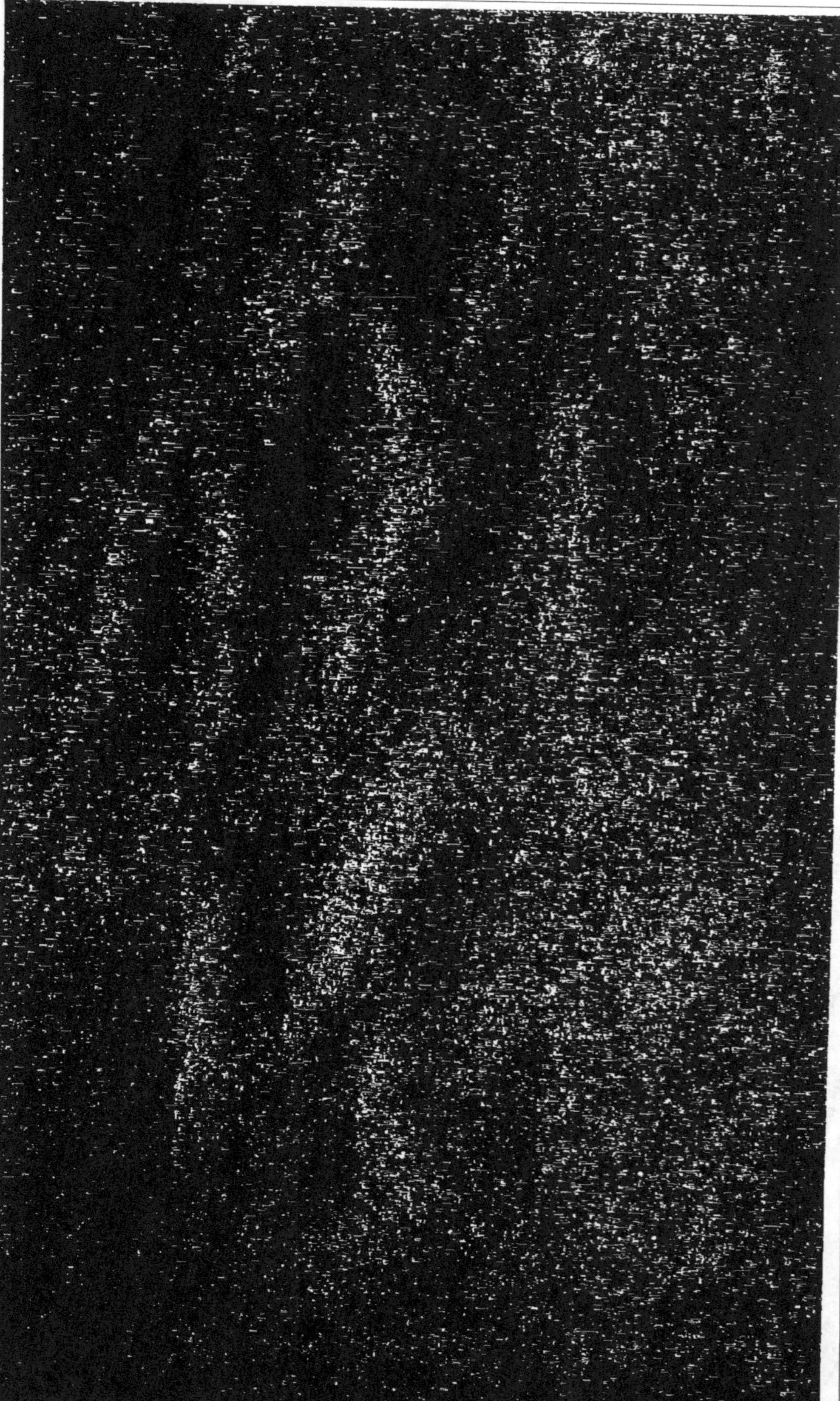

PLAIDOYERS

DE

M. AMBROISE RENDU

Paris. — Imprimerie et Librairie de Cosse et J. Dumaine, r. Christine, 2.

PLAIDOYERS

DE

M. AMBROISE RENDU

AVOCAT AU CONSEIL D'ÉTAT ET A LA COUR DE CASSATION

RÉUNIS PAR

AMBROISE RENDU FILS

*Admiratione te, et, si natura
suppeditet, imitatione de-
coremus.*
(TACITE; *Agric.*)

PARIS

IMPRIMERIE ET LIBRAIRIE GÉNÉRALE DE JURISPRUDENCE

COSSE, MARCHAL ET Cie, IMPRIMEURS-ÉDITEURS

LIBRAIRES DE LA COUR DE CASSATION

Place Dauphine, 27

1868

A LA MÉMOIRE DE MON GRAND-PÈRE

AMBROISE RENDU

CHANCELIER DE L'UNIVERSITÉ.

En réunissant ici les principaux plaidoyers d'Ambroise Rendu, je ne fais que répondre à un vœu dont j'ai souvent recueilli l'expression de la bouche des avocats qui font aujourd'hui la gloire du barreau, et de celle des plus éminents magistrats. Les uns et les autres furent les amis et sont restés les admirateurs du talent de mon père ; qu'ils me permettent de placer ce recueil sous la protection de leur sympathie. Les jeunes avocats y trouveront de leur côté ce que tant de fois j'ai entendu appeler des modèles.

En accompagnant ces plaidoyers d'une courte notice sur la vie si tôt brisée d'Ambroise Rendu, j'ai voulu élever à la mémoire de mon père un monument de piété filiale, et réveiller dans le cœur de ceux qui l'ont connu, le souvenir de ses vertus. Ce n'est pas en quelques pages qu'il me serait donné de dire ce qu'a été cette vie courte et cependant si pleine, consacrée tout entière, sans qu'aucune part en ait jamais été donnée aux distractions vaines, — au travail, aux bonnes œuvres, et à la pratique de cette profession où Ambroise Rendu devait conquérir une place si belle ; mais la piété filiale a sa pudeur, et je ne soulèverai d'une main discrète, qu'un coin du voile qui cache à jamais ces mérites que Dieu a voulu récompenser si promptement, et qui ne doivent être connus ici bas que de ceux qui furent les amis intimes de mon père.

Telle que je me la suis tracée, ma tâche sera facile ; des voix plus autorisées et plus impartiales que ne serait celle de son fils, ont rendu hommage au caractère et aux talents d'Ambroise Rendu. C'est dans les discours prononcés, il y a trois ans, sur cette tombe prématurément ouverte, par des hommes tels que MM. Pascalis, président de chambre à la Cour de cassation ; Allou, bâtonnier des avocats ; Mathieu Bodet, président de l'Ordre des avocats à la Cour de cassation ; de la Chère, collègue et ami de mon père, que je prendrai les traits principaux qui feront renaître cette physionomie grave et douce tout ensemble. M. Jorant, premier avocat général à la Cour de Bordeaux ; M. Campenon, avocat à la Cour impériale de Paris, M. Rabier, avocat à Cognac, etc..., ont aussi tracé de celui que je pleure des portraits dont l'amitié n'a pas exagéré les couleurs ; je n'ajouterai à de tels éléments, que ce qui, sous la plume d'un fils, ne pourra pas ressembler à une louange : l'hommage de la tendresse filiale et l'expression d'un regret éternel.

NOTICE

SUR

LA VIE ET LES TRAVAUX

DE

M. AMBROISE RENDU.

« Jurisconsulte savant et ingénieux, homme d'affaires
« consommé, dialecticien puissant, souple et fécond, écri-
« vain élégant et nerveux, orateur passionné et brillant,
« à la fois modéré et audacieux, il réunissait en lui tout
« ce qui constitue un avocat de premier ordre. »

Ainsi s'exprimait, le 2 juin 1864, sur la tombe qui en-
sevelissait tant de jeunesse et déjà tant de renommée,
M. Mathieu Bodet, président de l'Ordre des avocats au
Conseil d'État et à la Cour de cassation. Ambroise Rendu
venait d'être frappé loin de sa famille, loin de tous ceux
qu'il aimait, au lendemain de triomphes oratoires, au milieu desquels les premiers rayons de cette gloire qu'il avait
révée, commençaient à briller sur son front. Foudroyé en
quelques heures, il était tombé à quarante-trois ans, ayant
tenu bien jeune encore, tout ce qu'il avait promis dès
l'âge de quinze ans.

Mon père, j'ose le dire, n'avait pas eu d'enfance; tel on

le vit homme fait, tel il avait été au collége : grave et doux tout ensemble, d'une rectitude de conduite inflexible, d'une capacité de travail incroyable, imposant dès lors à ceux qui l'entouraient, tout à la fois l'affection et le respect, semblant n'avoir d'autre pensée que de mettre en pratique, la devise de sa famille (1) « avant tout le devoir. »

« Dirigé, — disait M. Pascalis, dans ce discours où le savant magistrat a parlé à la fois le langage de l'ami et du témoin officiel ; — « dirigé par le père éminent, dont les « grand services dans le corps universitaire y sont encore « vivants, Ambroise Rendu annonça dès l'enfance, l'homme « que nous avons connu. Déjà aux facultés les plus heu- « reuses, il joignait ce caractère sérieux et mûr dont la « douce gravité se communiquait autour de lui sans « s'imposer jamais. Chose peu commune au collége, à « l'affection qu'il inspirait à ses condisciples, se mêlait « une sorte de vénération, et les plus distingués l'accep- « taient comme un modèle et un guide. »

D'éclatants succès au collége et au concours général, ne furent que le prélude des travaux les plus divers ; dès l'âge de vingt et un ans, tout en faisant son droit, et en même temps qu'il révélait, comme en se jouant, des qua- lités éminentes d'artiste et de poëte, Ambroise Rendu avait publié un *Cours d'histoire* et un *Traité de pédagogie*, qui, dès leur apparition, devenaient classiques. Bientôt il composait pour les écoles primaires, ce livre de lecture, les

---

(1) Les lecteurs qui désireraient savoir dans quelle atmosphère morale mon père avait été élevé, se reporteront au livre : *M. Ambroise Rendu et l'Université de France*, monument élevé par mon oncle, M. Eugène Rendu, à la mémoire de mon grand-père et à la puissante institution dont il fut l'un des fondateurs.

Récits moraux, dont le succès fut un des plus rares que
comptent les annales de l'enseignement.

« Sur nos bancs de l'École de droit,—a dit M. Mathieu
Bodet,—« dans nos conférences de stagiaires, il s'était tou-
« jours fait remarquer par une activité dévorante. Le pri-
« vilége d'appartenir à une famille où le talent semble
« héréditaire, lui servait encore de stimulant; le droit ne
« suffisait pas à ses aspirations, il se délassait en cultivant
« tour à tour la philosophie, l'histoire, la politique, les
« arts qu'il aimait passionnément. » Les amis intimes de
mon père, savent en effet qu'il a écrit, dans des heures de
loisir trouvées on ne sait comment, des poésies charmantes,
et plusieurs comédies; à lire ces dernières, on dirait quelque proverbe inédit d'Alfred de Musset.

Mais tout cela n'était que distraction, qu'arabesques,
si je puis dire, sur le fonds si grave de la vie de mon
« père. « Sa jeunesse n'avait d'ardeur que pour le bien,
« tandis que dans les exercices de l'esprit il brillait
« toujours au premier rang, son cœur avait connu le
« don des bonnes actions » (M. Pascalis). Associé avec
MM. de Vatimesnil, Frédéric Ozanam, de Riancey,
l'abbé Bautain à la direction des conférences du « cercle
catholique, » où se préparait une studieuse et ardente
jeunesse; par l'universalité de ses aptitudes, la droiture de
son esprit, et la bonté de son cœur, il était partout et pour
tous, ami, guide, protecteur. « Je le plaisantais,—a écrit
un témoin des premières années de mon père, magistrat qui lui-même a payé si largement sa dette à la charité et au travail, M. Émile Jorant (1); — « je le plaisantais

---

(1) Aujourd'hui premier avocat général à Bordeaux; article du *Messager de
la semaine* (juillet 1864).

« sur cette étrange assiduité et l'engageais à ne pas se
« fatiguer, puisqu'il avait, depuis longtemps, largement
« payé de sa personne. « *Je reste*, me répondit-il, *pour*
« *continuer les traditions et l'esprit qui ont présidé à la*
« *création de notre œuvre,* » et, me citant un éloquent dis-
« cours prononcé par Ozanam au cercle même, il ajoutait:
« *chacun doit être plus ou moins soldat ou missionnaire ;*
« *il me serait plus commode et peut-être plus profitable,*
« *de ne songer qu'à mes propres affaires et à mon cabinet :*
« *ce serait la vie d'un égoïste, ce ne serait pas celle d'un*
« *chrétien.* »

« Et dans l'épanchement d'intimes confidences,—ajoute
M. Jorant, — « il me raconta quelques faits qui me révélè-
« rent une fois de plus, le bien qu'à l'insu de tous, il ne
« cessait de faire par son exemple, par ses conseils, à ces
« jeunes gens qui le respectaient et le vénéraient comme
« s'il eût été leur père; cependant il n'avait pas trente ans !
« Ambroise Rendu exerçait un tel ascendant sur tous
« ceux avec lesquels il avait été en relation, que toujours,
« quand leur carrière a été entravée, quand leurs convic-
« tions se sont ébranlées, quand le malheur les a frappés,
« sans hésiter ils ont eu recours à lui ; et il n'en est pas un
« qu'il n'ait consolé, fortifié, relevé, se donnant tout à
« tous, suivant le précepte sacré.

« D'une nature grave et froide en apparence, ne cédant
« jamais à l'amour-propre, évitant la louange, il s'ingé-
« niait à cacher ses aumônes et ses pratiques charitables;
« on ne connaîtra jamais les misères secrètes qu'il a
« secourues: c'étaient celles-là qu'il recherchait; si j'ai su
« plusieurs de ces œuvres admirables, c'est que nous
« avons vécu ensemble pendant quatre années comme

« deux frères, et qu'il était forcé de m'initier à quelques-
« unes. Je ne trahirai pas ces pieux secrets dont il reçoit
« au ciel la récompense ; je me borne à dire que le saint
« abbé Desgenettes, me parlant un jour d'un acte de charité
« accompli par Ambroise Rendu à dix-huit ans, me disait:
« *Rien ne lui est impossible: je ne connais pas d'âme aussi*
« *fortement trempée ; c'est un chrétien des premiers siècles*
« *de l'église.* »

Cette charité s'étendait à tous les ordres de faits : misères morales, et misères matérielles le trouvaient également prêt à se dévouer ; à la campagne comme à Paris,
que de services n'a-t-il pas rendus ! Dans le département de Seine-et-Oise, où il avait recueilli l'héritage de
vénération laissé par son père, que de traces de sa bien-
faisance éclairée, que de témoignages vivants de sa bonté!
Et qui, parmi les habitants de nos villages, a franchi le
seuil de cette demeure, que tous savaient hospitalière, sans
en emporter une espérance ou un bon conseil?

Il y a trois ans à peine, quelques jours après la mort de
mon père, un service funèbre était célébré dans la pauvre
église de notre village; tous les paysans des communes
voisines s'étaient réunis pour dire un dernier adieu à leur
ami, à leur bienfaiteur. Ma jeune imagination fut frappée
d'une scène que je n'oublierai jamais, et à laquelle je
ne puis me reporter sans qu'un généreux sentiment de
fierté douloureuse ne m'inonde le cœur. Ils étaient là tous,
groupés sur les tertres de l'humble cimetière, devant le
tombeau de notre famille, pendant que les chants de
l'église s'élevaient tristement du sanctuaire ; et les sanglots
s'échappaient de leurs poitrines, et les larmes coulaient sur
les joues hâlées de ces hommes qu'il aimait comme il était

aimé d'eux, et tous pleuraient, car tous avaient perdu leur père.

A peine âgé de vingt-cinq ans, Ambroise Rendu prenait rang parmi les avocats à la Cour de cassation. La charge qui était devenue sienne, charge fort modeste, était à peu près perdue au milieu de tant d'autres, occupées par des avocats distingués, et, sauf la clientèle de l'administration des douanes, elle ne lui offrit d'abord que peu de moyens de briller.

« Ses débuts, dit M. de la Chère, — dans ce dernier adieu plein de larmes qu'il adressait à son confrère et à son ami, — « furent peu remarqués, surtout je le crois, parce « que sa modestie était extrême, mais Ambroise Rendu, « avait l'amour de son art, et il se livrait au travail avec « une ardeur infatigable ; il amassait d'abondantes provi- « sions de savoir et d'expérience, il se perfectionnait dans « l'art de bien dire, et bientôt les magistrats les plus émi- « nents des hautes juridictions devant lesquelles il plaidait « lui présagèrent de grandes destinées. »

On n'attend pas de moi que je porte un jugement sur le talent de mon père, comme avocat ou comme orateur ; ni mon âge ni mon inexpérience ne m'en donneraient le droit, quand bien même les témoignages que je rapporte ne suppléeraient pas à mon insuffisance. Chacun d'ailleurs en étudiant les plaidoiries qui composent le présent volume, a pu apprécier le charme de ce style et la puissance de cette dialectique ; je dirai seulement qu'en dix-huit ans, mon père éleva au premier rang la charge très-obscure d'abord dont il était titulaire, et que, lorsqu'il fut frappé dans tout l'éclat de sa carrière, il était déjà un maître. « Le talent d'Am- « broise Rendu grandissait chaque jour avec l'importance et

« l'intérêt des questions qu'il était appelé à discuter, il ar-
« riva au premier rang et par la renommée et par l'impor-
« tance de la clientèle ; c'était justice. Qui parmi nous ne
« se rappelle ces belles discussions où l'on trouvait réunies
« en un merveilleux faisceau, la science du juriscon-
« sulte, l'élévation de la pensée, la puissance du raisonne-
« ment, le courage et l'éloquence.

« Il était en effet de la famille des orateurs ; il avait la
« passion, le geste, la voix, l'inspiration de ces hommes
« auxquels Dieu a réparti ce don rare et précieux de l'élo-
« quence. »

Un écrivain qui est un bon juge dans les matières littéraires aussi bien que dans les controverses juridiques,
M. Campenon, appréciait dans les termes suivants, les
succès de l'éminent avocat (1) :

« Tous ceux qui ont entendu M. Ambroise Rendu à la
« Cour de cassation — confrères qui redoutaient son
« talent, magistrats qui estimaient son caractère, clients
« dont il défendait l'honneur et la fortune — savent à quel
« degré singulier il possédait la science du jurisconsulte
« et l'habileté oratoire. A ces graves questions qu'agite le
« barreau de la Cour suprême, squelettes décharnés d'une
« affaire qu'aucun fait vivant ne vient animer, auxquels
« aucun souffle de personnalité ne prête un peu d'action
« et de chaleur, il donnait une forme nouvelle, des aspects
« imprévus, des couleurs et du mouvement : il leur com-
« muniquait la vie, et c'est à ce travail dévorant qu'il a
« épuisé la sienne. Il était en effet un homme de travail

---

(1) *La Critique française,* numéro du 15 juin 1864.

« sûr, probe, dévoué, patient. Ne confiant pas à l'impro-
« visation le poids d'une défense, il passait de longues
« heures à préparer tous les matériaux d'un pourvoi, à
« arrêter cet ordre de bataille qui prête à chaque argument
« une place stratégique, qui dispose chaque moyen de
« défense avec un art tout mathématique pour le combat
« définitif après lequel il n'y a pas d'appel.

« Au milieu de ces préparatifs minutieux, malgré le
« zèle et l'intelligence de ses auxiliaires, il gardait la
« sûreté de sa verve, toute la fleur de ses instincts litté-
« raires. Quand le moment de la lutte arrivait, et qu'il
« s'agît de la *question du cumul*, ou du *mariage du forçat*,
« de l'affaire Armand ou des affaires Mirès, sa parole était
« toujours élégante et forte, claire et facile, ses idées
« simples, précises, saisissantes, son geste sobre, son débit
« sûr ; il savait cependant et à propos laisser l'ordre régu-
« lier de la discussion pour s'élever progressivement; il
« semait son discours de rapprochements heureux, d'i-
« mages adroites — ici d'une citation qui, sans avoir le
« piquant de celles si chères à M. Dupin, sans être pom-
« peusement érudites comme celles du premier président
« Troplong, étaient plus littéraires et plus oratoires, — là
« de considérations élevées qui révélaient en lui une intel-
« ligence hardiment généralisatrice...

« Il lui est arrivé, — fortune rare — de voir sa réputa-
« tion sortir du cercle de la Cour de cassation. Sa parole,
« roulant sur des points de droit aride, avait un écho
« dans la foule : des gens du monde se passionnaient pour
« la jurisprudence et comprenaient pour la premiere fois
« que le droit pût avoir sa poésie. Qu'on se souvienne,
« dans le nombre, de cette charmante plaidoirie pour

« madame Judith, sociétaire du Théâtre-Français, pronon-
« cée devant le Conseil d'État. Elle fut un enseignement
« pour les homme de droit; elle intéressa vivement le
« public. »

En même temps que la parole de mon père multipliait
ses succès au bureau, sa plume infatigable produisait de
savants ouvrages. Le *Traité de la responsabilité des communes* fut suivi du *Traité pratique des marques de fabri-
que et de commerce*, puis vint le *Traité de droit industriel*, et enfin, en 1863, le *Code des constructions et de
la contiguïté*, résumé plein de clarté et de précision des
règles auxquelles sont soumis tous les immeubles, c'est-à-
dire le sol et les constructions dans leurs rapports soit avec
les personnes qui les possèdent, soit avec les propriétés
qui les avoisinent.

Au milieu de ces travaux juridiques, Ambroise Rendu
trouvait encore moyen de ne pas déserter les études d'un
autre ordre; il aimait à se mêler aux grandes controverses philosophiques et religieuses qui avaient occupé et
passionné sa jeunesse; et il saisissait toutes les occasions
de témoigner de ces fortes convictions qui, n'ayant cessé
de remplir sa pensée, inspiraient sa vie tout entière : la
Vie de Jésus venait de paraître; mon père achevait ses
vacances à la campagne; un article publié par son confrère et ami M. Desmarest, sur ce livre retentissant, lui
tombe sous les yeux; il le dévore et écrit, au courant de
la plume, la lettre qu'on va lire :

27 octobre 1863.

« Mon cher ami, vous pouvez vous imaginer facilement avec quel intérêt j'ai lu votre premier article sur la *Vie de Jésus*. Avant que vous fassiez paraître le second, permettez-moi de vous communiquer mes impressions en toute franchise. Je vous félicite tout d'abord et bien vivement de votre belle et nette profession de foi de philosophie spiritualiste.

« La personnalité et la liberté de la cause première, l'individualité de l'âme humaine et sa permanence après la mort, voilà bien la grande tradition française qui, de Descartes et Malebranche, se continue avec Bossuet, en union avec Leibnitz, jusqu'à MM. Cousin et Jules Simon. Mais vous prêtez à M. Renan quelque chose de ces doctrines fondamentales. Or, en cela, je suis d'une opinion toute contraire à la vôtre, et peut-être déjà pensez-vous comme moi, après avoir lu le premier article de la *Revue des Deux-Mondes* du 15 de ce mois. Le Dieu qui *n'est pas*, mais qui *devient*, qui consiste moins *in esse* que *in fieri*, c'est la négation du vôtre et du mien. Le système exposé dans ce curieux travail est tout voisin de celui de Lucrèce ; et le monde atomistique ou moléculaire à l'origine, successivement mécanique, physique, chimique, organique, vivant, et enfin intelligent par l'effet progressif de je ne sais quelle vertu secrète, *vis abdita quœdam*, c'est l'antipode de notre monde à vous et à moi, fondé sur la distinction de l'esprit et de la matière, émanés l'un et l'autre d'une volonté suprême.

« Déjà, je vous l'avoue, la *Vie de Jésus* m'avait paru contenir sous un voile discret toutes les doctrines gréco-allemandes. J'y avais lu ces propositions décisives : « Les corps « font la distinction des personnes ; » — « Dieu vit par « l'homme ; » — « Dieu n'est pas un être déterminé hors de « nous. » C'est là le thème de l'école qui se dit aujourd'hui scientifique, et ses formules vous auraient frappé comme moi sans doute, si, dans votre généreuse impartialité, vous ne vous étiez laissé prendre au désir de défendre un homme attaqué à la fois par les libres penseurs et par les catholiques.

« Dans l'article de la *Revue des Deux-Mondes*, M. Renan bannit toute équivoque, et il faut lui savoir gré de cette franchise ; mais il faut aussi comprendre et caractériser la situation.

« La *Vie de Jésus* a fait un grand fracas parce qu'elle heurte ce qu'il y a de plus extérieur et de plus sensible à la fois dans le monde religieux. Mais bien des gens ont été plus émus de l'explosion qui casse les vitres, que du coup sourd et profond qui ébranle les fondements de l'édifice.

« Or, le coup, croyez-le bien, est porté aussi directement à la philosophie spiritualiste qui est votre foi, qu'au christianisme qui est la mienne.

« A mon sens, cette attaque crée ou plutôt révèle entre la saine philosophie et la doctrine chrétienne une solidarité à laquelle j'ai toujours cru pour mon compte. Sans doute, la philosophie spiritualiste ne conclut pas à la révélation, mais à la possibilité de la révélation. La personnalité et la liberté de Dieu impliquent la création. La création, c'est le miracle. De là au christianisme et à son expression la plus complète, le catholicisme, il n'y a pas loin. Il appartient à une conscience droite et pénétrante comme la vôtre de jeter le cri d'alarme au nom du spiritualisme menacé. Vous voyez Renan lui-même protester contre votre interprétation bienveillante, qui risque d'endormir les gens sur le danger du livre. Ce danger, je ne le vois pas dans l'attaque ouverte qu'il dirige contre la divinité de Jésus-Christ et la religion révélée par conséquent.

« A ce point de vue, la controverse a fait un progrès énorme tout à l'avantage du christianisme. Au XVIIIe siècle, c'étaient l'ironie et le dédain pour tout ce qui tenait au dogme chrétien. Au commencement du XIX°, avec Strauss et son école, ce fut la négation sérieuse mais absolue de toute réalité historique des faits religieux. Aujourd'hui , avec MM. d'Eichthal et Renan, c'est la reconnaissance de l'état civil du christianisme avec son acte de naissance et sa filiation positive. On ne tient plus Jésus pour un bateleur ou un fantôme, mais pour une personne acquise à l'histoire.

« Voyez le chemin parcouru !

« Ce que l'on discute aujourd'hui gravement, c'est ce point suprême : la personne réelle en qui se résume le christianisme est-elle Dieu ou homme ? En constatant cet état de la polémique, M. Renan a, selon moi, rendu un service signalé à l'Eglise, qui devrait non l'en remercier, mais s'en réjouir. La discussion sérieuse des principes religieux est à elle seule un grand bien. Mais, cela dit, je m'empresse d'ajouter que la *Vie de Jésus* est au fond un effort désespéré pour enlever le rempart principal des doctrines spiritualistes, le seul qui les conserve dans les masses : la foi à la révélation. Ce que veut M. Renan, c'est mettre en présence sa vraie doctrine, qui est le Dieu de Hegel qui est en train de se faire, et au sein duquel les humains ne sont que des manifestations éphémères de la vie universelle, et la philosophie spiritualiste avec ses idées surannées de Divinité indépendante du monde et d'âme indépendante du corps.

« Voilà ce qu'il ne faut pas dissimuler sous des phrases indulgentes. Sachez-le bien, c'est l'idée de Dieu qui est en péril.

« Et le jour n'est pas loin où catholiques, et protestants, et philosophes spiritualistes sentiront qu'ils sont en face du même ennemi sur un terrain commun qu'ils défendront ensemble ou qui leur manquera à tous à la fois. Nul ne mène aujourd'hui l'attaque avec plus d'habileté et de stratégie que

M. Renan. A lui la direction de la tranchée et des chemins couverts.

« Et moi, je vous dis à vous qui êtes dans la presse comme dans un poste d'observation : « Sentinelle, prenez garde à « vous ! »

« Prenez, mon cher ami, pour ce qu'il vaut, ce bavardage de vacances.

« Il vous appartient de philosopher même au milieu de notre vie affairée. Je vous attends donc à votre livraison prochaine.

        » Tout à vous bien sincèrement,

                  » AMBROISE RENDU. »

M. Desmarest vit dans ce « *bavardage de vacances* » ce qu'il était en effet, un important fragment de philosophie ; il demanda à mon père l'autorisation de publier sa lettre, et la fit suivre dans sa *revue*, de réflexions qui se terminent par cette déclaration catégorique ;

« Quant à la grande question du « Dieu conscient, » « M. Rendu me trouvera toujours sur la brèche, prêt à « défendre avec lui une croyance contre laquelle ne saurait « prévaloir la conspiration de quelques hommes de talent « en France et en Allemagne, car cette croyance, gravée « au plus profond de notre âme, est une des affirmations « les plus anciennes, les plus générales et les plus persis- « tantes de l'humanité. »

Mon père se réjouit de cette déclaration qu'il avait obtenue, plus peut-être que d'un procès gagné.

« Estimé de tous, honoré par la magistrature, déjà « placé sur le seuil de la politique par son élection à un

« grand conseil général, tout l'avenir que la notoriété
« d'un beau talent et la noblesse de caractère ont droit
« de se promettre, pouvait sourire à sa légitime ambition »
(M. Pascalis).

Et, en effet, la vie politique avec ses luttes de chaque
jour, et les grands intérêts qu'elle soulève, aurait réservé
à mon père de nouveaux et plus éclatants succès ; une fois
entré au Corps législatif où le poussaient les vœux du
département de Seine-et-Oise, aucune situation n'aurait
été au-dessus de son mérite.

C'est dans cet éclat de sa renommée, dans ce développement plus rapide chaque jour d'une grande carrière, dans
cet épanouissement d'une vie qui eût été si utile à la religion et au pays, qu'il a été frappé comme d'un coup de
foudre.

Après l'éclatant triomphe remporté dans l'affaire Armand, mon père avait été prendre quelques jours de repos
à Vichy ; déjà atteint trois ans auparavant d'une attaque
très-violente de la maladie causée par l'excès de labeur et
par la fatigue accablante de tant d'affaires de tout genre
menées de front avec un égal succès, il semblait pourtant
avoir reconquis toutes ses forces. S'étant bien trouvé, en
apparence, de l'usage des eaux, il disait à ses clients : « dans
quelques jours » ! Tout à coup au retour d'une excursion
artistique faite à Thiers, et d'où il rapportait de charmants
croquis, il est pris de douleurs très-vives ; le mal éclatait,
au milieu même de la santé, en irrémédiables ravages ;
au bout de quelques heures de souffrance tout espoir était
perdu. Le fervent chrétien vit venir la mort d'un œil
calme ; il l'envisagea sans faiblir, seul avec ma mère et un
prêtre, dans une chambre d'hôtel, loin de ses enfants

hélas! Passant tout à coup, lui plein de jeunesse, d'une
vie si belle à l'agonie, il fit son sacrifice sans une plainte,
sans un murmure. Ah sans doute, au milieu des angoisses
de la mort, la pensée de ces triomphes de la veille, de
ces triomphes que le lendemain devait lui amener encore,
la pensée de quitter ceux qu'il aimait sans leur dire
un dernier adieu, sans laisser tomber sur eux de ses
lèvres une suprême bénédiction, dut déchirer douloureu-
sement son cœur; mais mon père était avant tout chrétien; il avait appris à mourir. En ce moment terrible
comme en tous les autres, Dieu le trouva prêt.

« Ambroise Rendu, — ont dit ses émules qui étaient ses
amis, — a trop peu vécu pour nous qui l'aimions et qui
« le regretterons toujours, mais il a assez vécu pour
« ajouter encore à la tradition d'honneur et de vertu que
« lui avait laissée son père, et pour léguer à ses enfants
« avec un nom glorieux, le plus précieux des héritages,
« les souvenirs d'un homme de cœur et la renommée d'un
« homme de bien (1). »

Cette mort soudaine produisit partout une émotion profonde ; au palais, ce fut un événement et comme un deuil
professionnel. « La terrible nouvelle de la mort de votre
« cher frère, écrivait le procureur général Dupin, a, je dois
« le dire, consterné la Cour. Les regrets sont unanimes,
« ceux des magistrats se confondent avec ceux du bar-
« reau. » Et lors de la rentrée solennelle qui suivit la catastrophe, l'avocat général, M. Paul Fabre, ce juge si
autorisé dans les questions d'éloquence, devant la Cour

____

(1) Discours de M. Allou et de M. de la Chère.

de cassation tout entière, « vous aussi, s'écriait-il en
« s'adressant aux avocats, vous avez eu votre deuil ; mais
« vous n'avez pas seuls ressenti la perte de ce jeune et
« éloquent Rendu, dont le talent grandissait chaque jour,
« et trouvait avec une souplesse merveilleuse l'accent qui
« convenait à chaque cause, soit qu'elle lui demandât
« seulement les ressources de la logique, soit qu'elle
« l'emportât dans des sphères plus élevées et le mît à
« même de déployer tout ce qu'il y avait dans son esprit de
« puissance de généralisation et de portée philosophique.
« Les regrets de la Cour se sont associés aux vôtres. »

Hors de Paris, dans les barreaux de province, l'émotion
ne fut pas moins grande ; des avocats de diverses Cours
rendirent à celui dont ils avaient tant de fois invoqué les
lumières, des hommages publics. « La parole d'Ambroise
« Rendu, écrivit M. Rabier, de Cognac, avait retenti dans
« toutes les grandes affaires de ces dernières années. Qui
« ne se souvient encore de son admirable et pathétique
« plaidoyer dans la question d'annulation d'un mariage
« contracté par erreur avec un forçat libéré ? Des mâles
« accents qu'il a fait entendre en faveur de la dignité et
« des prérogative de la presse ? Qui a oublié son noble et
« fier langage dans l'affaire Mirès, lorsqu'au début de sa
« plaidoirie, il s'étonne, devant le tribunal le plus élevé
« et le plus digne de respect, d'avoir rencontré sur les
« lèvres du rapporteur, au lieu d'un rapport un réqui-
« sitoire « *res sacra miser !* » La Cour entendit la dé-
« fense et cassa l'arrêt ; récemment enfin, dans l'affaire
« Amand, qui a tant passionné l'opinion publique, il s'est
« montré supérieur à lui-même. Et cette voix ne reten-
« tira plus ! »

Dans le département de Seine-et-Oise, ce fut une douleur publique ; de cette douleur il reste un monument dont la famille d'Ambroise Rendu a droit d'être particulièrement fière, et que je puis faire connaître. En apprenant la fatale nouvelle, l'illustre président du conseil général, S. Exc. le garde des sceaux, M. Baroche, écrivait à mon oncle, M. Eugène Rendu, la lettre qu'on va lire.

Paris, 31 mai 1864.

« Monsieur,

« J'ai appris hier avec la plus vive douleur la mort de votre honorable frère ; depuis qu'à divers titres, et notamment comme son collègue au conseil général, j'avais eu l'occasion de nouer des relations avec lui, j'avais conçu pour sa personne, pour son caractère et pour son talent une estime bien sincère.

« Je voyais en lui un homme d'avenir destiné à honorer notre département de Seine-et-Oise, et, à chaque circonstance nouvelle qui me le faisait connaître mieux, je sentais augmenter les sentiments d'affection qu'il m'avait inspirés.

« C'est du plus profond de mon cœur que je m'associe à votre trop légitime douleur.

« Si jamais mon nom est connu des jeunes enfants que laisse votre frère, dites-leur quels étaient pour leur père mon attachement et ma considération. »

Je me garderai d'ajouter rien à de tels témoignages. Et en terminant cette notice, comme au début, je laisse la parole à des voix plus désintéressées que ne peut l'être la mienne.

« La mort d'Ambroise Rendu, — écrivait M. Campenon (1),

____

(1) *Critique française* (juin 1864).

—a été beaucoup pleurée. A ses funérailles (1), on aurait cru
voir une grande famille réunie : c'étaient des plaideurs qui
regrettaient celui qui les avait sauvés ou qui devait les sauver.
Il y en avait qui, par lui, ont justement échappé à la Cour
d'assises; tel vieil inventeur qui lui doit sa fortune ; tel
homme qui lui doit son nom. Vingt années de vie judiciaire
se retrouvaient, autour de ce cercueil, personnifiées en
quelques groupes de clients semblables à ceux de la vie antique, pour former une dernière fois cortége à leur avocat.

« M. Ambroise Rendu était l'héritier d'un nom aussi connu
que respectable : ce nom survit encore brillamment dans
son frère, il revivra dans ses fils. Mais en retrouvant en eux
ses qualités solides et chères, nous aurons toujours le regret
de ne plus revoir cette figure honnête et sympathique qui
personnifiait pour nous l'avocat accompli. C'est certainement
dans le souvenir de tout le bien réalisé ainsi sans bruit, sans
ostentation, sans appel même à la reconnaissance, qu'il a
dû trouver quelque consolation à l'heure des séparations dé-

(1) Tous les journaux rendirent hommage à cette noble vie si cruellement
brisée; on lisait dans *le Constitutionnel*, à la date du 5 juin 1864 :

« L'église de Saint-Thomas-d'Aquin n'était pas assez vaste pour contenir la
foule qui se pressait hier aux funérailles de M. Ambroise Rendu, et, dans cette
foule émue, quelle unanimité de douleur et de regrets! De toutes les bouches,
ou plutôt de tous les cœurs sortait l'expression des sentiments de haute estime,
d'admiration et de respect que le talent hors ligne et le caractère du jeune et
illustre avocat avaient universellement inspirés. Tant de force, tant d'activité,
une si grande situation déjà conquise, de si magnifiques promesses d'avenir,
tout cela évanoui en quelques heures, tout cela brisé par un coup de foudre!
On se redisait que depuis quelques années Ambroise Rendu avait attaché son nom
à toutes les causes célèbres plaidées devant la Cour de cassation; que, son talent
grandissant chaque jour encore, et son éloquence profitant des conquêtes inces-
santes de son travail et de sa science, aucune mission publique n'aurait été
dans peu de temps au-dessus de l'énergie de sa volonté et de la puissance de
son esprit.

« En même temps qu'on rappelait les succès de l'homme public, on exaltait les
vertus de l'homme privé : cette charité qui se cachait à elle-même, cette modestie qui
le faisait rester comme étranger à ses propres triomphes, cette passion du bien
en toutes choses, ce désir de rendre service aux faibles et aux petits, qui, dans

chirantes plutôt encore que dans la mémoire des triomphes oratoires les mieux mérités. »

Si ces quelques pages, faible tribut de ma tendresse, peuvent servir à raviver une fois encore ton souvenir chez tous ceux que tu as aimés et secourus, ô mon père ! ce sera ma plus chère récompense. Pour nous, qui sommes tes enfants, nous conserverons ta mémoire comme un trophée, et comme un enseignement ; qu'il nous soit permis de te suivre, quoique de loin, dans la voie d'honneur que tu nous as tracée ; ce vœu est le plus digne hommage qu'il nous soit permis de rendre à ta mémoire !

AMBROISE RENDU fils.

12 novembre 1867.

---

une vie si occupée, lui faisait toujours réserver une place pour les œuvres d'assistance ; et enfin cette force chrétienne dont, sur le lit de douleur, où la mort est venue tout à coup le frapper loin de ses quatre enfants, il avait donné un dernier et si admirable exemple.

« La triste cérémonie s'est accomplie avec une grande solennité et dans le recueillement d'une véritable consternation. Le deuil était conduit par le fils aîné du défunt, jeune homme de dix-huit ans, et par son frère, M. Eugène Rendu ; les cordons du poêle étaient tenus par M. le procureur général Dupin ; M. Dufaure, bâtonnier ; M. Mathieu Bodet, président de l'Ordre des avocats à la Cour de cassation ; de la Chère, membre de ce dernier barreau. On remarquait dans l'assistance les notabilités de la magistrature, du barreau, du Conseil d'État, MM. le président Pascalis, Nicias Gaillard, de Raynal, de Gaujal, Jules Favre, Marie, de Sèze, Lachaud, Allou, Nicolet, Busson-Billaut, Hébert, Mathieu, etc.; MM. de Forcade la Roquette, Leroy de Saint-Arnaud, Thayer, sénateurs ; des députés, des membres de l'Institut, des chefs de toutes les grandes administrations, des littérateurs et des artistes. Les uns et les autres étaient là comme les témoins des aptitudes universelles qui avaient fait d'Ambroise Rendu une nature exceptionnelle, et comme les interprètes de la douleur générale.»

PLAIDOYERS

DE

M^E AMBROISE RENDU

Affaire ALEM ROUSSEAU.

RÉPRIMANDE.

Cour de cassation (chambre criminelle). — Audience du 2 mars 1860.

Cette affaire intéressait particulièrement le barreau ; de sa solution devait dépendre la délimitation
précise de ses rapports avec la magistrature, aussi
l'opinion publique s'était-elle vivement émue.

Le 26 octobre 1859, M. Alem Rousseau, bâtonnier de l'ordre des avocats de la ville d'Auch, avait
à défendre une accusée devant la Cour d'assises du
Gers, présidée par M. Lesueur de Pérès, conseiller à
la Cour impériale d'Agen.

A l'audience, et avant de donner à M. Alem Rousseau l'avertissement prescrit par l'art. 311 du Code
d'instruction criminelle, le président lui adressa les
paroles suivantes :

« Je n'ai reçu à l'hôtel de la Présidence ni votre
visite, ni votre carte de visite ; que ce fait soit le
résultat de l'intention ou d'un oubli de votre part,

1

il n'en est pas moins contraire aux convenances, aux usages établis et aux devoirs de votre profession ; je vous invite à ne plus le commettre à l'avenir. »

M. Alem Rousseau répondit qu'il avait agi intentionnellement, et qu'il agirait ainsi à l'avenir à l'égard du président.

Alors le substitut du procureur impérial prit la parole et requit contre M. Alem Rousseau l'application des art. 103 du décret du 10 mars 1808 et 18 de l'ordonnance du 20 novembre 1822.

Sur cet incident, M. Alem Rousseau ayant déposé des conclusions écrites, et les ayant ensuite développées, la Cour d'assises rendit un jugement par lequel :

« M. Alem Rousseau, avocat, était condamné à la peine de la réprimande. »

Contre cet arrêt de la Cour d'assises, et contre l'observation que lui avait faite à l'audience le président, M. Alem Rousseau se pourvut en cassation ; le pourvoi fut soutenu en ces termes par Ambroise Rendu :

Un magistrat éminent, dans ce langage éloquent et pittoresque dont il a le secret, vous disait, il y a quelques jours :

« L'audience est le champ d'honneur des avocats. »

Or, dans ce champ clos, l'honneur de l'avocat, c'est qu'il ne combat point pour lui-même ; c'est, qu'étranger à toute considération personnelle, il couvre de sa parole, de son dévouement, de sa bonne renommée, les intérêts toujours graves, souvent sacrés qui lui sont confiés. De là ce beau nom de *patronus* donné par la loi romaine, ce beau titre de défenseur attribué par notre Droit à l'avocat exerçant son ministère. Pour que ce noble rôle soit accompli, il est une condition essentielle, objet d'une prescription commune à la Magistrature et au Barreau. C'est une de ces nombreuses occasions où nous les voyons l'une et l'autre à un rang inégal, sans doute, séparées par une distance que notre respect maintiendra toujours, quoique votre bienveillance la diminue si souvent, où nous les voyons concourir dans le même esprit au même but : la bonne administration de la justice. C'est une de ces situations pour lesquelles un magistrat faisait entendre naguère dans une autre enceinte ces paroles précieuses sous la protection desquelles je mets d'avance toute ma plaidoirie :

« Laissons uni ce qui ne doit pas être divisé. La magistrature et le barreau ont les mêmes ancêtres, la même religion, les mêmes autels, le même sang; nous appartenons à la même famille; nul ne répudiera cette parenté. »

Quelle est donc cette prescription commune à la famille judiciaire, à la magistrature et au barreau? C'est que l'avocat, d'une part, se renferme exactement à l'audience dans les convenances et dans les nécessités de la défense; c'est que, d'autre part, le magistrat chargé de la tenue de l'audience se borne à réprimer, s'il y a lieu, les écarts de la défense, les fautes commises à l'audience par le défenseur. Voilà, circonscrits par la même limite et au point de vue de l'audience, le devoir de l'un et le droit de l'autre.

La conséquence, c'est que le magistrat, sur son siége, en face de l'avocat à la barre, doit bannir de son esprit toute préoccupation relative à des faits, à des fautes même, que l'avocat aurait pu commettre en dehors de l'audience; et qu'il ne saurait être possible, sans l'atteinte la plus grave à une condition essentielle de la libre défense, que, pour des actes étrangers à l'audience, le défenseur, transformé en prévenu, fût contraint à se défendre lui-même, et à plaider dans sa propre cause quand il ne doit plaider que la cause de son client.

Si ces conditions essentielles venaient à être méconnues, ces rapports altérés, ces règles violées par l'erreur de magistrats oubliant leur compétence et excédant leurs pouvoirs, nous ne doutons pas qu'il ne vous appartînt, ici comme toujours, de rétablir par votre censure l'ordre troublé de juridictions, conformément au principe posé en termes admirables par votre arrêt du 5 avril 1841 en matière disciplinaire:

« L'institution de la Cour de cassation a surtout et avant tout pour objet de contenir les tribunaux dans les limites de leur compétence et de réprimer les excès de pouvoir ; que ce soit à raison de la personne, de la matière, de la juridiction, la voie est ouverte. La Cour de cassation est une autorité tutélaire et protectrice du droit de tous les Français d'être jugés, suivant la loi, par les tribunaux compétents. »

C'est sous l'empire de ces principes qu'il faut apprécier la cause.

Je rappelle en peu de mots les faits :

L'audience de la Cour d'assises du Gers du 26 octobre 1859 est ouverte par M. le conseiller Lesueur de Pérès, exerçant la fonction de président. Au banc de la défense est assis Mᵉ Alem Rousseau, bâtonnier de l'Ordre des avocats du ressort.

C'est un vétéran du barreau, dont il est aujourd'hui le chef, presque un septuagénaire, vieilli par les épreuves plus encore que par les années, homme d'opinions politiques avancées, mais qui s'est noblement sacrifié à ses convictions, et que ses adversaires mêmes honorent de leur profonde estime. Son vœu le plus cher était de se présenter à votre barre, mais ses forces l'ont trahi, hélas ! Alem Rousseau ne vit plus aujourd'hui que par la tête et par le cœur.

Après la constatation de l'identité de l'accusée, M. le président, avant de donner l'avertissement de l'art. 311 du Code d'instruction criminelle, adresse au défenseur l'objurgation suivante :

« Je n'ai reçu à l'hôtel de la Présidence ni votre visite, ni votre carte de visite; que ce fait soit le résultat de l'intention ou d'un oubli de votre part, il n'en est pas moins contraire aux convenances, aux usages établis et aux devoirs de votre profession ; je vous invite à ne plus le commettre à l'avenir. »

Sous le coup de cette censure, que devait faire l'avocat ? Je suppose admis, ce qui sera prouvé bien facilement plus tard, que le président ne fût pas fondé à prononcer cette sentence, qu'il fût dans son tort.

L'avocat devait-il refouler les sentiments qui s'agitaient en lui, comprimer à deux mains les battements de son cœur, et, élevant au besoin les regards vers la divine image qui plane au-dessus de nous tous pour nous rappeler que le devoir peut commander jusqu'au sacrifice de soi-même; l'avocat devait-il se taire ?

C'eût été assurément un acte d'abnégation héroïque.

Cet effort, quelque difficile qu'il fût, était-il le devoir du défenseur ?

J'en doute, messieurs.

L'avocat n'était pas seulement devant le président et la Cour; il était en face d'un autre tribunal devant lequel il allait avoir à défendre un accusé.

Or, ce qu'il devait à son client vis-à-vis du jury, ce n'était pas seulement le secours de sa parole, mais l'autorité de son caractère. Il devait plaider pour lui *integri status*, et ne pas se lever *diminué, courbé* par une censure qui le présentait au jury comme infidèle à ses devoirs.

L'avocat n'est pas maître de renoncer, même pour un moment, à une partie de sa considération personnelle, s'il est vrai qu'il n'est pas seulement l'organe sonore d'un système, l'instrument passif d'une défense, s'il ne veut encourir l'énergique invective de l'apôtre : Airain sonnant, cymbale retentissante, *æs sonans, cymbalum tinniens*, et s'il se rappelle la définition qui est sa loi : *vir bonus dicendi peritus*, l'honnête homme avant l'orateur.

Se relever d'une censure si elle était imméritée, voilà ce qu'il se devait à lui-même, ce qu'il devait avant tout à son client.

Mᵉ Alem Rousseau devait répondre; il répondit par une déclaration et par des conclusions.

La déclaration, il ne nous appartient pas de l'apprécier; mais qu'on la rapproche de celle que l'avocat venait de subir! Ah! messieurs, toute parole amère échangée entre la magistrature et le barreau nous cause une douloureuse impression, et soyez sûrs que cette douleur est partagée par mon confrère. Sans doute, il eût fallu que rien dans la parole de l'avocat ne trahît une émotion trop naturelle, qu'il sût ne rien perdre de son calme et de son sang-froid, de sa déférence; mais qui ne fera une part à la surprise d'un tel incident, au trouble du défenseur, prêt à tout, excepté à se défendre lui-même, à l'angoisse de cet avocat en cheveux blancs, de ce chef de l'Ordre censuré tout à coup comme ayant méconnu son devoir.

J'arrive aux conclusions. Et ici ce n'est pas l'homme qu'il faut voir, c'est le principe, c'est le droit.

Au nom de l'accusé, qui ne doit point souffrir d'un tel débat, on revendique les immunités de la défense, protégée par cette règle suprême qu'elle ne doit être troublée par aucun fait étranger à l'audience.

C'est en présence de ces conclusions, qui établissent une connexité indivisible entre la cause de l'incident, l'objurgation du président, la réponse de l'avocat et le droit de la défense, que la Cour statue, appréciant tout à la fois ces divers points de vue, les embrassant tous dans les décisions dont vous connaissez les termes.

Alem Rousseau, censuré par M. le président, réprimandé par la Cour, s'est pourvu en cassation, et je viens, sans crainte et sans embarras, soutenir devant la magistrature suprême un pourvoi qui élève contre des magistrats une double imputation d'incompétence et d'excès de pouvoir. C'est que je sais qu'à la hauteur d'où vous jugez ces questions, Messieurs, pour vous toute considération s'efface, excepté celle du juste et du vrai, et il me semble que je rends le plus bel hommage à l'autorité de la magistrature quand je viens lui demander de consacrer elle-même les bornes que lui a posées la loi.

Vous me permettrez donc, Messieurs, de discuter avec une respectueuse liberté l'acte ou plutôt la sentence émanée du président, l'acte émané de la Cour d'assises elle-même.

Et d'abord, le pourvoi contre la sentence du président est-il recevable?

Oui, si elle est entachée d'incompétence et d'excès de pouvoir; et si le pourvoi est recevable, il est fondé par là même, puisqu'elle est atteinte d'un vice qui tombe nécessairement et principalement sous votre censure. On objecte : Mais ce n'est ni un jugement, ni un arrêt; ce n'est pas une décision faisant grief, et le pourvoi est sans intérêt.

Sans doute, ce n'est ni un jugement ni un arrêt; mais ne nous arrêtons pas en si grave matière à une question de mots; allons aux choses. Qu'est-ce que cette objurgation consignée au procès-verbal? C'est une sentence du juge ou c'est un acte d'une autorité judiciaire *prononçant disant droit dans l'exercice de ses fonctions*.

Or, l'art. 411 du Code d'instruction criminelle dit expressément que tout acte judiciaire autre que les jugements et arrêts peut encourir la cassation.

Répondra-t-on que ce n'est que sur le pourvoi du procureur général, agissant d'après l'ordre du garde des sceaux ?

Cela est vrai, quand il y a simple contravention à la loi.

Mais, s'il y a excès de pouvoir..., le droit de la partie lésée reparaît.

Nul ne peut souffrir d'un abus de pouvoir judiciaire sans avoir un recours à votre *autorité tutélaire*. C'est la doctrine du mémorable arrêt de 1841.

J'ai cité dans le Mémoire une application récente et remarquable de ce principe dans une affaire disciplinaire.

Il s'agissait de poursuites contre un avoué. Le tribunal avait à donner un simple avis sur lequel le garde des sceaux devait statuer. C'était un acte judiciaire qui n'était ni jugement ni arrêt.

J'ai été chargé de déférer à la Cour de cassation pour excès de pouvoir, parce que, toutes les fois que l'autorité judiciaire s'exerce, elle doit le faire dans la limite de sa compétence et de ses pouvoirs, à peine d'encourir la censure de la Cour suprême.

On objectait que ce n'était pas une décision, que c'était un simple acte judiciaire ne faisant pas grief, et que dès lors le pourvoi était sans intérêt et partant irrecevable, et que si l'acte était irrégulier, le garde des sceaux apprécierait.

Je répondais : La Cour suprême, gardienne de l'ordre des juridictions, ne peut remettre à personne le soin de les maintenir, de quelque manière qu'elles se soient exercées. Or le pourvoi, mûrement examiné, a triomphé par arrêt de cassation du 6 avril 1858. (B. 58—1—385.)

Cet arrêt est la réponse à une objection : c'est que le président peut être appelé à s'expliquer devant le garde des sceaux, et qu'il ne faut pas que la Cour suprême intervienne dans ce débat possible. Mais je réponds : La Cour ne jugera ni les intentions ni la personne, elle appréciera la sentence au point de vue légal ; et c'est par elle que dans l'intérêt de tous il convient que le droit soit reconnu et les pouvoirs définis ; seule elle est compétente à cet égard, et l'on ne concevrait pas qu'elle réservât au ministre de la justice le soin de tracer les règles de la compétence disciplinaire.

On s'étonne de voir déférer à la Cour de cassation un acte émané du président seul.

Mais la procédure devant la Cour d'assises offre des exemples nombreux d'actes du président soumis au contrôle de la Cour suprême, soit que le président prenne, en vertu du pouvoir discrétionnaire, des mesures étrangères à ce pouvoir, soit qu'en vertu du droit de police de l'audience, il porte une atteinte arbitraire à la liberté de la défense. Dans ce cas, la Cour de cassation se saisit et prononce.

Maintenant, qu'est-ce que l'acte judiciaire que nous attaquons ? C'est une décision, disons mieux, c'est une sentence proprement dite. C'est la déclaration d'une faute professionnelle et la censure de cette faute prétendue.

Déclaration publique et consignée au procès – verbal comme tout incident d'audience, elle a tous les caractères d'une sentence, et par *celui dont elle émane*, et par ce *qu'elle prononce*, puisqu'elle émane d'un magistrat dans l'exercice de son pouvoir judiciaire, puisqu'elle apprécie, qualifie et censure un fait dont elle s'attribue la connaissance.

C'est une vraie peine disciplinaire.

Peu importe que le président n'ait pas d'attribution à cet égard.

S'il a exercé en réalité une attribution qu'il n'a pas, ce n'est qu'un excès de pouvoir de plus.

La véritable qualification de cet acte judiciaire, c'est celle de sentence, sentence du juge atteignant l'honneur et la considération de l'avocat.

Donc l'intérêt moral, l'intérêt professionnel engagé dans toute affaire disciplinaire est *là tout entier*.

De cette sentence, il résulte d'ailleurs un grief direct et positif.

Il y a une juridiction instituée pour connaître de manquement étranger à l'audience.

Elle peut être saisie.

Si elle l'est, les choses doivent lui arriver entières.

En présence de la sentence du président, elles ne le sont plus.

Et, en effet, quelle sera la situation du Conseil de discipline et de l'avocat? Voyons toutes les hypothèses.

Le Conseil se considérera-t-il comme lié par la sentence du président? Mais c'est une condamnation prononcée d'avance; j'écarte cette hypothèse inadmissible.

Si le Conseil ne se croit pas lié légalement, l'avocat ne se présente pas moins sous le coup d'un préjugé redoutable, et s'il est condamné, la décision perd de son autorité en perdant de son indépendance.

Son droit d'appel aux chambres réunies est même entravé, car le président, avec une chambre de la Cour, a formulé une condamnation.... C'est une récusation forcée qui vient diminuer le nombre des juges d'appel et les garanties de l'inculpé.

Si le Conseil acquitte, c'est un conflit regrettable, où deux sentences vont se disputer, à l'égard de l'avocat, la sanction suprême de l'opinion.

L'une aura pour elle la légalité... mais elle est secrète, sans publicité possible.

L'autre est irrégulière, mais proclamée à l'audience ; consignée au procès-verbal, elle sera répétée par toutes les bouches.

Le blâme, tout illégal qu'il est, restera sur la réputation de l'avocat.

L'acquittement sera enseveli dans la conscience de quelques hommes.

Est-ce que l'honneur sera sauf? Comment dire qu'il n'y a pas de grief, qu'il n'y a pas d'intérêt dans une matière où le seul intérêt véritable est un intérêt d'honneur?

Donc le pourvoi est recevable. S'il est recevable, il est doublement fondé, car l'acte dont il s'agit est entaché :

1° D'incompétence ;

2° D'excès de pouvoir.

L'incompétence est manifeste.

En effet, la compétence du président est limitée :

A ce qui concerne la police de l'audience ;

A l'exercice du pouvoir discrétionnaire ;

Et à l'avertissement à donner à l'avocat, selon l'article 311.

J'écarte les deux derniers points, évidemment étrangers à la question. Reste le droit de faire la police de l'audience et la compétence qui en résulte ; mais ils sont ici sans application aucune.

En supposant que le fait constituât une faute professionnelle, il n'en serait pas moins vrai qu'il était étranger à l'audience. Dès lors, il rentrait dans les attributions de la juridiction disciplinaire ordinaire.

Il devait être renvoyé à l'appréciation du Conseil de discipline en premier ressort.

Or, s'il y avait une juridiction qui devait régulièrement en connaître, par là même toute autre autorité devait s'abstenir de l'apprécier et de le qualifier.

Cela a déjà été démontré. C'est d'ailleurs évident de soi-même ; je cherche vainement des objections sérieuses.

On ne dira pas, sans doute, que le fait pouvait se rattacher à la police de l'audience parce que la visite préalable au président est le moyen de constater l'identité de l'avocat, la condition de son admission à l'audience même.

En fait, la question ne pouvait être envisagée et ne s'est pas posée à ce point de vue. L'avocat, c'est le bâtonnier qui n'avait pas à justifier son identité et le premier mot du président est le nom même de M⁰ Alem Rousseau, qu'il l'interpelle.

Aussi, le président et la Cour ont posé la question en termes généraux.

La visite n'est pas envisagée comme équivalant à l'exhibition d'un passe-port, mais comme un témoignage *obligé* de respect.

Il est donc bien certain que c'est un fait qui ne s'est ni accompli, ni manifesté à l'audience.

L'incompétence est démontrée. L'excès de pouvoir n'est pas moins facile à établir. Ce vice résulte de ce que le fait tel qu'il est constaté ne constituait pas une faute professionnelle.

La Cour de cassation peut-elle faire cette déclaration contrairement à la déclaration des juges du fait?

Y a-t-il là une appréciation du fait souveraine?

A cet égard, les incertitudes de la justice ont cessé; l'autorité d'un arrêt de 1841, qu'on pourrait nous opposer est détruite par celle d'un arrêt du 13 juillet 1850 (affaire Laurens-Rabier), arrêt rendu sur les conclusions énergiquement motivées de M. le procureur général Dupin; on y lit :

« Attendu qu'en prononçant une peine à raison des faits qui, tels qu'ils se trouvent relatés en la décision attaquée, se sont réduits, de la part de Laurens-Rabier, à l'exercice

d'un droit dont il a pu, sans mériter aucun reproche,
se prétendre investi, et qui ne tombaient pas sous la juridiction disciplinaire attribuée aux chambres des avoués
par l'arrêté du 13 frimaire an IX, la chambre des avoués
près le tribunal civil de la Seine a excédé ses pouvoirs. »
(S. 1850—1—577.)

Ici, quel est le fait incriminé ?

L'absence de visite par elle-même, — indépendamment
de toute circonstance particulière qui lui donnerait un
caractère blessant, — et quelle qu'ait été l'intention de
l'avocat.

Je rappelle les termes du procès-verbal.

La question est donc celle de savoir si la visite au président de la Cour d'assises avant l'audience, par cela seul,
qu'elle est dans les usages, est *un devoir professionnel?*

A Dieu ne plaise que je désapprouve ces démarches de
convenance, ces manifestations révérentielles qui révèlent
publiquement les sentiments de respect pour la magistrature
qui sont dans le cœur de chaque avocat.

Je crois et je proclame qu'en semblable matière, il faut
aller au delà du devoir *bono corde et animo volenti*, comme
dit l'Ecriture.

Et je le dis avec un profond sentiment de reconnaissance,
envers une magistrature qui nous rend les rapports personnels si faciles et si doux, que le plus grand châtiment pour
nous serait d'en être privé.

Voilà mon sentiment, notre sentiment à tous exprimé du
fond de l'âme. Donc la visite de l'avocat est bonne, est
excellente.

Et pourtant, Messieurs, y a-t-il là une obligation dans le
sens *strict* du mot, dont l'inaccomplissement soit un manquement au devoir professionnel?

Aucune loi, aucun règlement ne l'a dit.

Et je n'hésite pas à affirmer qu'en cela ils ont fait sagé-
ment.

Des raisons heureusement fort rares, mais qui n'en
sont pas moins puissantes, peuvent rendre impossibles les
rapports personnels, hors de l'audience, de l'avocat le
plus honorable, le plus attaché à ses devoirs, vis-à-vis de
tel ou de tel magistrat. Des dissentiments privés, des luttes
d'intérêts, des différends de famille, et surtout, il faut
bien le reconnaître, à la suite de toutes nos discordes,
et de nos révolutions, des antécédents politiques peuvent opposer un obstacle insurmontable à tous rapports
privés.

Le barreau, Messieurs, et c'est là son éternel honneur,
est toujours l'inviolable asile des vaincus dans toutes les
luttes politiques. Plus d'une fois, la magistrature la plus
élevée lui a confié le dépôt de ses regrets et de ses espérances. Plus d'une fois, il a été fier de recevoir d'elle, non
moins fier de lui rendre ceux qu'une tourmente passagère
avait arrachés à leur siége, et dont la dignité s'était
noblement conservée par l'isolement. Or, messieurs, qui
ne comprendra, qui ne respectera la susceptibilité de
ces âmes blessées, et qui voudrait, par une règle imprudente, rapprocher de force les vaincus et les vain-
queurs ?

Je n'ai pas à insister sur ces raisons dans la cause ;
mais je rappellerai ce que chacun sait : M. le conseiller
Lesueur de Pérès et le représentant Alem Rousseau
avaient figuré, non sans éclat, dans des camps bien opposés.

Il est de votre haute sagesse de ne pas laisser oublier de
telles vérités et le sage tempérament qu'elles exigent. Vous
saisirez, j'en suis sûr, l'occasion qui vous est offerte de les
proclamer avec cette autorité suprême qui s'attache à vos
arrêts.

En droit, Messieurs, les visites, obligatoires à l'égard des autorités, ont été réglées par des lois spéciales et n'ont jamais compris les avocats.

Il y a le décret de l'an XII sur les préséances.

Il y a surtout un décret spécial qui règle le cérémonial vis-à-vis du magistrat qui vient présider les assises.

Il est l'objet d'une réception solennelle ; il reçoit la visite des autorités.

Il n'est rien dit en ce qui concerne le barreau.

Je rappellerai à cette occasion un exemple éclatant à une époque qui est dans tous nos souvenirs. Le Conseil de l'Ordre des avocats, à la Cour impériale de Paris, a été invité à se joindre le 1er janvier à la visite des corps constitués au chef de l'Etat. Il n'a pas cru pouvoir se rendre à cette invitation. Son refus a-t-il été considéré comme un manquement ? Non, sans doute !!!... On a compris la gravité de ses motifs, et le barreau n'a été accusé d'avoir méconnu ni les convenances, ni le devoir.

Donc, M. le président des assises a imposé à l'avocat une obligation arbitraire, et l'a arbitrairement censuré pour y avoir manqué.

Donc, l'excès du pouvoir est justifié sous ce premier rapport.

L'excès de pouvoir apparaît encore à un second point de vue qui vous touchera plus que tous les autres : celui de la liberté de la défense.

Ce grand principe a été revendiqué par l'avocat dans des conclusions lues à l'audience et jointes au dossier.

« Bernarde Gesta,

« Conclut à ce qu'il plaise à la Cour,

« Dire et juger que l'avocat qu'elle a choisi doit être admis, sans être interpellé ni réprimandé avant d'avoir dit un seul mot, à l'assister aux débats et à présenter sa défense.

« Que d'ailleurs aucune loi n'oblige un avocat à aller faire visite à un président d'assises lorsqu'il croit avoir devers lui des raisons de s'abstenir ;

« Qu'elle a demandé acte à la Cour des paroles textuelles que M. le président lui a adressées, sans que ledit avocat eût encore prononcé un mot à l'audience, si ce n'est pour la récusation des jurés.

« Signé : le défenseur,
« Alem Rousseau. »

Ainsi la question s'engageait sans équivoque.

Or, le principe, c'est que l'avocat appartient tout entier a sa cause, à son client, tant qu'il ne s'écarte pas des règles tracées par l'art. 311 du Code d'instruction criminelle ; s'il s'en écarte, la magistrature a la souveraine appréciation du fait ; il perd son immunité, mais c'est lui-même qui a compromis la défense ; si elle est troublée, c'est lui qui est responsable de ce malheur... et dans ce cas, on a vu la magistrature venir en aide à la défense, soit en renvoyant la cause, soit en faisant intervenir un autre défenseur.

Mais si l'avocat ne manque pas à ce devoir d'audience, la défense, et la *défense par son organe*, est inviolable. L'entraver, la considérer dans la personne de l'avocat, est un abus qui intéresse essentiellement la bonne administration de la justice.

Or, s'il est un trouble, une entrave apportée à l'exercice du droit de défense, c'est bien celui qui résulte de l'acte qui vous est déféré, soit que l'on considère la signature de l'avocat en elle-même, soit qu'on l'envisage vis-à-vis du jury.

L'avocat doit à sa cause toute son attention, toute sa présence d'esprit, toutes les ressources, toutes les forces de son intelligence. Il n'a d'autre adversaire que celui de

son client, et, tant que le jury n'a pas prononcé, la Cour
d'assises elle-même n'est en quelque sorte que le témoin de
ce duel.

Et voici que par une diversion aussi puissante qu'elle est
irrégulière, l'avocat est l'objet d'une attaque personnelle,
forcé de se défendre lui-même, de reléguer pour un moment
au second rang le seul intérêt du débat.

Mais si cette diversion est irrégulière, illégale, comme je
l'ai prouvé, elle est par là même d'autant plus funeste qu'elle
est nécessairement inattendue.

L'avocat peut-il, doit-il sans injure supposer que le magistrat outrepassera ses pouvoirs ?

Aussi sommes-nous fondé à vous présenter comme couvert par une excuse vraiment légale (l'excuse de la provocation) ce cri que la surprise a dû arracher à l'avocat dans
une situation où, frappé lui-même, il a encore la présence
d'esprit d'invoquer pour son client les droits imprescriptibles
de la défense.

Or, à la place du défenseur émérite, rompu à toutes les
péripéties des audiences, je suppose un jeune débutant
atteint tout à coup par l'objurgation que vous connaissez.
Vous le figurez-vous déconcerté, anéanti par une censure
imméritée, venant ensuite balbutier plutôt que plaider la
cause qui lui était confiée.

Et qui pourra dire que la défense se sera librement produite?

Représentez-vous d'ailleurs l'avocat, quel qu'il soit, devant
le jury. C'est un tribunal improvisé, étranger aux choses et
aux personnes du monde judiciaire, qui ne connaissait sans
doute pas la veille le défenseur assis devant lui. Et voici
qu'avant que le défenseur ait dit un mot, il est signalé par
le président à ces juges, qu'il devra tâcher de persuader,
comme un homme qui ne connaît pas son devoir. Quelle
sera, après cette censure, l'autorité de sa parole, quand son
caractère sera abaissé d'avance?

Ah ! Messieurs, la loi a permis à l'audience de discuter les témoins dans leur conduite antérieure, tant il est vrai que l'autorité de la parole humaine dépend du caractère de celui qui la prononce ! La loi n'a pas permis qu'on discutât le défenseur non plus que le juge. Et qu'a fait autre chose M. le président Lesueur de Pérès ?

Voilà peut-être, Messieurs, le point le plus grave de cette grave affaire.

Or, ici, aucun texte n'enchaîne l'exercice de votre autorité tutélaire ; j'en atteste les arrêts mémorables où, sans viser aucune loi, vous avez cassé pour violation du grand principe de la libre défense des accusés !

Voilà la grande question qu'ont régulièrement soulevée les conclusions jointes au dossier et que le pourvoi soumet avec confiance à vos méditations.

J'arrive à la décision de la Cour d'assises.

C'est un arrêt proprement dit.... Il n'y a pas doute sur la recevabilité du pourvoi.

Les griefs que nous avons formulés l'atteignent-ils ? Le dispositif, dit-on, est inattaquable, la réprimande étant prononcée à raison d'un fait d'audience.

Peu importe qu'à côté d'un motif juridique se trouve un motif qui ne l'est pas, — la peine n'en reste pas moins légalement justifiée. — On ne casse pas pour l'erreur d'un motif, c'est la jurisprudence constante.

A supposer qu'il en fût ainsi, le pourvoi n'en aurait pas moins son utilité.

Fréquemment la Cour, tout en rejetant le pourvoi, condamne et censure dans ses motifs des motifs erronés, quand son silence paraîtrait la consécration implicite de principes faux ou dangereux.

Or, d'après ce qui a été démontré, toute la première partie de l'arrêt consacre, en se l'appropriant, une double erreur :

Sur la compétence du président,

Sur l'existence d'un prétendu devoir professionnel.

La Cour comprend de quel intérêt il est pour la magistrature aussi bien que pour le barreau que la question ne reste pas indécise.

Je lui rappellerai à cet égard un seul précédent, dans un cas fort analogue où, comme ici, un intérêt général était en jeu. Il s'agissait de savoir si le notaire peut, comme l'avocat, le médecin, garder le secret même vis-à-vis de la justice sur ce qui s'est dit confidentiellement dans son cabinet.

Une décision quasi-disciplinaire avait frappé le notaire qui avait refusé de répondre au juge d'instruction, par le motif que le notaire n'avait pas le droit de garder le secret, et que, d'ailleurs, la communication qui lui avait été faite n'avait pas un caractère confidentiel.

J'avais l'honneur de soutenir le pourvoi, et la Cour n'a pas oublié les éloquentes conclusions de M. l'avocat général Plougoulm.

Dans cette affaire Lamarre, elle a rejeté le pourvoi par le motif de fait, mais elle a posé en droit un principe qui donnait pleine satisfaction aux grands intérêts engagés en réglant la situation du notariat vis-à-vis du magistrat instructeur.

« Dans le cas où les faits sur lesquels ils sont interrogés leur sont révélés sous le sceau du secret, les notaires peuvent être dispensés de déposer. » (Arrêt du 10 juin 1853, S. 53, 1. 378.)

La Cour voit l'analogie des situations : conflit entre la magistrature et un corps constitué ; solution consacrée par arrêt de rejet qui rétablit les principes.

Si donc, nous avons réussi à faire partager à la Cour nos convictions, que la visite préalable n'est pas un devoir professionnel ; que le fait, en tout cas, ne pouvait être apprécié à l'audience, la Cour n'hésitera pas à le proclamer pour l'avantage de tous, dans le grand intérêt de prévenir, pour l'avenir, de nouvelles et regrettables discussions. Jamais elle n'aura fait un plus utile usage de son pouvoir tutélaire.

Mais nous pensons qu'elle ne se bornera pas à cela.

En effet, tout se tient dans l'ensemble de l'incident, et il semble impossible de laisser debout l'arrêt, si la Cour reconnaît l'illégalité de la sentence première.

Voyez l'économie de l'arrêt :

La Cour d'assises n'a pas frappé d'une peine divers faits distincts et isolés dont un seul justifierait l'application de cette peine.

Elle a frappé principalement un fait dérivé dont elle apprécie la gravité d'après celle qu'elle attribue à un fait primordial dont ce dernier n'est que la conséquence.

En effet, ce dernier fait est grave dans le système de l'arrêt, parce que c'est l'aggravation d'une faute première, en matière disciplinaire plus qu'en toute autre, on applique la maxime :

Peccare humanum, perseverare diabolicum.

Jamais, on peut le dire, à moins d'inconvenance énorme, l'avocat n'est réprimandé pour une parole au moment où elle lui échappe.

On l'invite à expliquer, à retirer...

Ici, la parole n'a le caractère d'offense grave qu'en vertu des prémisses posées.

Evidemment, l'appréciation eût été toute différente en dehors de ces prémisses.

Si la Cour eût reconnu licite le fait antérieur, qu'elle déclare illicite, elle eût été en face d'une circonstance atténuante, je ne dis pas assez, en face d'une *excuse légale*.

Car l'avocat doit être considéré comme placé sous le coup d'une provocation imméritée.

Ce n'est donc pas le fait d'audience en lui-même qu'elle frappe, c'est le fait caractérisé par le fait antérieur à l'audience qui se trouve constitutif du délit : l'arrêt le constate à deux reprises.

Il y a là un enchaînement d'idées auquel on ne peut échapper.

Il eût fallu que la Cour dit :

« Sans qu'il y ait lieu de rechercher si l'avocat était tenu ou non de faire la visite et si le président a été ou non dans son droit en déclarant qu'il avait manqué à son devoir. »

Ceci posé, est-ce le cas d'appliquer le principe de notre jurisprudence ?

Non, car il vous amènerait à maintenir une décision par un motif tout différent de celui sur lequel elle se fonde.

Vous donneriez à la déclaration d'audience isolée une gravité que la Cour lui eût refusée certainement si elle l'eût isolée, comme vous seriez obligés à le faire.

J'ajoute une observation essentielle. Il s'agissait ici d'une véritable question préjudicielle analogue à une question d'excuse légale, de provocation et en quelque sorte de légitime défense.

Sans doute la Cour aurait eu le pouvoir souverain de l'écarter comme étrangère au débat.

Mais si elle la résolvait comme nécessaire à l'appréciation du fait ultérieur, elle était réellement en dehors de sa compétence, elle excédait les limites de ses pouvoirs.

Or, s'il en est ainsi, il faut casser l'arrêt pour le double motif de l'incompétence et de l'excès de pouvoir.

C'est incompétemment qu'elle apprécie la faute prétendue de l'avocat qui aurait eu lieu en dehors de l'audience.

C'est par excès de pouvoir qu'elle qualifie devoir professionnel ce qui n'en est pas un.

J'espère que la Cour aura vu d'un œil favorable le pourvoi d'Alem Rousseau et mes propres efforts pour la défense d'un confrère dont je suis fier d'être ici l'organe. Vous êtes, Messieurs, convaincus, j'en suis certain, qu'il ne s'agit ni d'une lutte d'amour-propre ni de susceptibilité d'une vanité blessée. C'est un vieil avocat qui, brisé par l'âge, tient encore son drapeau d'une main ferme, et défend son honneur professionnel, couronné de ses cheveux blancs ; c'est un bâtonnier, l'un des chefs de l'Ordre, l'un des gardiens de nos immunités, qui se croit obligé de conserver intact le dépôt de franchises du barreau confié à sa vigilance. Voilà notre cause sous son véritable aspect. Elle est digne, nous osons l'affirmer, de votre sympathique intérêt, et qu'il nous soit permis, en terminant, d'y faire un dernier appel en vous exprimant nos intentions les plus sincères, notre vœu le plus cher.

Notre intention, c'est sans doute de maintenir le droit de la défense et la garantie du barreau, mais aussi et surtout de prévenir des conflits que les habitudes bienveillantes de la juridiction suprême nous permettent à peine de comprendre et nous obligent à déplorer encore plus amèrement.

Notre vœu, c'est que le respect du barreau pour la magistrature s'augmente encore, s'il est possible, par l'admirable spectacle que donnera l'autorité judiciaire dans sa plus haute expression, en se posant à elle-même des bornes et en délimitant ses pouvoirs.

La Cour, par un arrêt dont je n'ai pas besoin de reproduire en détail les considérants, rejeta le pourvoi

de M⁰ Alem Rousseau, tant en ce qui concernait l'observation faite à l'audience par le président, qu'en ce
qui avait rapport à l'arrêt de la Cour d'assises.

Les motifs principaux du jugement étaient ceux-ci :

« Que les paroles prononcées à l'audience par le
président n'avaient pas le caractère d'une décision
judiciaire, et ne pouvaient par conséquent être qualifiées, d'après les termes du pourvoi, *de sentence du
président* ;

« Que la condamnation disciplinaire qui avait frappé
M⁰ Alem Rousseau était motivée seulement par la
réponse qu'il avait faite à l'observation du président,
réponse qui constituait un manquement grave envers
la Cour d'assises elle-même. »

Affaire **MIRÈS**.

La caisse générale des chemins de fer.

Cour de cassation (chambre criminelle). — Audiences des 20 et 24 décembre 1861.

Un arrêt de la Cour impériale, confirmant en partie un jugement du tribunal de la Seine, avait, en incriminant les chefs de prévention qui suivent, condamné M. Mirès à cinq ans de prison et 3,000 francs de dommages-intérêts.

Ces chefs d'accusation étaient :

1° La liquidation d'office, les 30 avril, 2 et 3 mai 1859, des clients débiteurs de la Caisse, liquidation faite dans la crainte d'une guerre générale. — Cette liquidation était appelée *exécution*, et qualifiée d'escroquerie;

2° L'émission de 56,000 *promesses* d'obligations du chemin de fer de Pampelune à Saragosse, au lieu de 52,080 obligations.

Le jour de l'arrestation de M. Mirès, il restait à livrer 120 obligations à neuf souscripteurs; ils furent remboursés par les liquidateurs; ce fait était qualifié d'abus de confiance;

3° Abus de dépôt, relativement à trois clients de la Caisse, qui avaient remis 199 obligations des ports de

Marseille, et auxquels il avait été délivré des récépissés sans indication de numéros.

Ces clients n'ayant pas demandé d'avances en échange de leurs remises, leurs titres étaient en portefeuille ; néanmoins, l'arrêt qualifiait *d'abus de dépôt* la prétendue disposition de ces valeurs. Ces clients furent remboursés par les liquidateurs ;

4° Le dividende de 1857, pour avoir compris dans l'inventaire une partie de la commission accordée par les chemins romains, alors, disait l'arrêt, que les actions n'étaient pas encore placées ;

5° L'intérêt de 25 francs par actions, ou 3 p. 100 du capital, distribué pour les exercices 1858, 1859 et 1860.

Sur cet arrêt, Mirès se pourvut en cassation, et Ambroise Rendu, chargé de l'examen des trois premiers faits incriminés (1), s'exprima en ces termes :

Messieurs, c'est avec l'émotion la plus douloureuse que les défenseurs de Mirès ont entendu le rapport qui vous a été présenté hier. Nous nous préparions à soutenir, sur le seul terrain du droit, l'un de ces graves débats où les personnes s'effacent pour ne laisser apparaître que les principes, où la lutte ne s'établit qu'entre l'arrêt et la loi. Nous avons entendu apprécier, dans cette enceinte, en termes d'une rigueur cruelle, et la vie, et les pensées, et le caractère de Mirès, tout, jusqu'au ton de ses écrits, jusqu'à sa tenue aux audiences, jusqu'à ses sentiments d'aujourd'hui, et, le rappellerai-je, Messieurs, jusqu'au faste prétendu

___

(1) Les derniers étaient réservés à Me De La Chère.

de sa maison, qui protesterait insolemment contre les arrêts
de la justice ! Nous avons vu se dessiner en traits ardents je
ne sais quelle physionomie d'un homme sans conscience et
sans foi, remplaçant l'honneur par l'audace, affectant sans
pudeur le mépris de tout droit. Et c'est sous l'influence de
ces impressions personnelles qu'on semblait inviter la Cour
de cassation à accomplir son œuvre suprême !

Nous nous sommes demandé avec angoisse quel rôle était
donc fait, quel devoir était imposé à la défense. Fallait-il,
relevant une à une chacune des assertions du rapport,
reprendre la discussion de tous ces faits, pour rendre à
Mirès son vrai caractère, étrangement défiguré, pour justifier sa famille même... Hélas ! on regrettera d'avoir ajouté
une douleur à ses douleurs ; car on ne savait pas, sans
doute, quel pieux dévouement d'une femme et d'une fille
on venait contrister ; on ne savait pas, en accusant son attitude, que cette maison était réduite aux ressources qu'a
bien voulu lui laisser le séquestre judiciaire, et que ses
équipages mis en vente ne feront plus ombrage à personne.

Messieurs, devant la justice, devant la plus auguste, la
plus impartiale de toutes les justices, les situations doivent
être égales. S'il y a encore ici une accusation, il faut qu'il
y ait une défense. Je dois donc protester, et je proteste de
toute l'énergie de mon âme, au nom de mon confrère et au
mien, contre des appréciations que repousse notre conviction profonde, et je supplie la Cour de bannir des préoccu-
pations dangereuses dont elle semblait être préservée par la
nature même de sa juridiction.

Ce n'est qu'avec regret, un regret immense, que je me
verrais entraîné par la nécessité de la défense hors des
calmes et sûres régions de la discussion juridique. Je m'effor-
cerai d'y maintenir le débat, en faisant ressortir pourtant
les circonstances qui vengeront le demandeur de tant d'im-

putations qui ne paraissaient pas devoir trouver d'écho dans cette enceinte.

En dehors de toute question de personne, mon droit, mon devoir, rendu plus rigoureux par le rapport même, sera de vous présenter à mon tour le caractère et la physionomie de l'arrêt, qui seul devrait être ici en cause, et de l'instruction qui en est la base. L'arrêt, c'est là notre adversaire véritable. Son contrôle et sa censure, c'est là l'œuvre de votre juridiction. Il m'appartient de vous dire à quel point de vue, selon moi, et sous quel aspect doit être envisagée la décision que vous avez à juger, et que le pourvoi vous demande de condamner dans son ensemble et dans ses détails.

Eh bien ! Messieurs, une observation se présente tout d'abord. Ce que le pourvoi vous demande en vous déférant l'arrêt qui a frappé Mirès, c'est de compléter une tâche déjà commencée par la justice. A chaque degré de juridiction un pas a été fait vers le terme : il appartient à votre haute sagesse d'achever l'œuvre et d'atteindre le but.

Vous avez pu suivre dans le rapport la marche décroissante du procès, l'élimination progressive et comme spontanée de la plupart des griefs accumulés tout d'abord contre les prévenus. Au début, une dénonciation, tristement, misérablement célèbre, prétendait venger la société des manœuvres imputées à Mirès. Et voilà qu'elle est tombée sous la réprobation universelle, et qu'on a pu la flétrir elle-même comme une manœuvre indigne, organisée pour dépouiller Mirès !

Cette dénonciation entassait contre les gérants de la Caisse des chemins de fer je ne sais quel nombre de délits empreints d'un caractère odieux de déloyauté et de cupidité ; elle leur reprochait jusqu'à des crimes, des faux en écritures de commerce. C'était ce qui avait surtout ému le Gouvernement et déterminé les poursuites. Après un premier examen, le ministère public, dans son réquisitoire, le juge d'instruction, dans son ordonnance, ont écarté tous les crimes prétendus et une foule de délits. Le jugement de première instance, si défavorable à Mirès, a pourtant encore rejeté ou réduit deux chefs de prévention. En appel, je vois disparaître, avec une tentative d'escroquerie, un autre fait considérable : celui du détournement de 21,000 actions de la Caisse des chemins de fer ; et c'était le seul qui fût encore incriminé comme présentant un bénéfice pour les gérants !

Aujourd'hui, il reste quatre sortes de faits. Nul ne présente l'ombre d'un intérêt personnel pour son auteur, et il faut reconnaître que le plus souvent celui-ci n'a subi que des pertes. C'est dans l'intérêt d'autrui, c'est à ses propres dépens que Mirès aurait commis des escroqueries, des abus de confiance, des détournements ! Singulier coupable, Messieurs, que cet homme ! Poursuivi, condamné pour avoir détourné la fortune d'autrui... et il n'y a pas une partie civile au procès, et ses actionnaires ont élevé la voix de toutes parts en sa faveur ! Ils le suivent jusqu'ici de leur sympathie persistante, de leur confiance obstinée dans sa probité et son dévouement ; et la société qu'il a gérée n'a pas de créanciers ; et toutes les affaires qu'il a créées sont debout, et plusieurs resteront comme une gloire pour notre époque et pour notre pays.

Vous voyez à quelle distance le procès est aujourd'hui de son point de départ !

Ce n'est pas assez ; et il suffit de lire l'arrêt attaqué pour se convaincre qu'il n'a pas dit le dernier mot du débat. En présence de moyens de défense considérables, formulés dans des conclusions précises par un éminent jurisconsulte, cet arrêt adopte purement et simplement les motifs des premiers juges, comme si rien de nouveau n'était ressorti du débat !

Une telle décision, en de telles circonstances, a soulevé

la critique universelle. Elle n'a satisfait personne, ni les amis, ni les ennemis de Mirès; elle a si peu éclairé le public qu'il a fallu une note du *Moniteur* pour en expliquer le sens et la portée. Déjà l'opinion l'a sévèrement jugée. L'opinion qui, depuis 89, exerce légalement son contrôle sur les décisions judiciaires; l'opinion, à laquelle le législateur a rendu hommage en ordonnant au juge de motiver publiquement ses décisions, l'opinion a condamné l'arrêt. A vous, Messieurs, il est réservé de le frapper d'une censure plus efficace, et je viens la demander avec confiance.

Le pourvoi présente de nombreux moyens; c'est qu'il s'attaque à tous les chefs de l'arrêt, tous entachés d'erreur au point de vue du droit. Et j'ajoute avec une satisfaction profonde, le droit ici jettera la lumière jusque sur les faits en révélant leur caractère. Sans sortir de son domaine, sans que la discussion s'égare un instant, vous vous convaincrez que l'erreur s'étend aux mobiles, aux intentions mêmes des pratiques incriminées, mal qualifiées par l'arrêt. Une fois dépouillés du caractère légal qui leur est donné, les faits apparaîtront, comme des actes, non pas sans doute réguliers toujours, au point de vue du droit civil, mais d'une bonne foi manifeste, d'un dévouement constant aux intérêts des actionnaires; et votre conscience, je l'affirme, sera rassurée à l'avance sur les suites de votre décision suprême.

J'espère vous démontrer successivement l'extrême gravité des moyens de cassation; mais permettez-moi tout d'abord une considération dont il est impossible de n'être pas touché. Parmi ces moyens divers, il en est un auquel le demandeur s'attache avec la plus énergique insistance. Il en a fait l'objet d'un travail spécial où il le signale à votre attention sous tous ses aspects : le succès de ce moyen est le but de ses vœux les plus ardents, de ses efforts les plus actifs. C'est celui qui est tiré de la violation du droit de la défense, et qui a pour but de faire censurer par la Cour suprême le refus de la contre-expertise sollicitée par Mirès. Et pourtant plusieurs autres moyens tendent à l'anéantissement même de la poursuite, et celui-ci ne se propose que de rouvrir tout le débat en y apportant la lumière.

Devant la Cour impériale Mirès répétait aux magistrats : « A un acquittement immédiat fondé sur des raisons de droit, je préfère un examen contradictoire et par voie de nouvelle expertise, pour confondre le rapport d'expert qui incrimine et flétrit ma vie tout entière. »

Aujourd'hui, il vient vous supplier d'examiner avant tout la légalité du refus opposé à la demande d'annulation de la première expertise, de décider s'il y avait lieu de repousser la demande d'une expertise nouvelle à laquelle il voulait et veut encore devoir son salut.

Voilà ce qui remplit sa pensée dans les longues heures de sa captivité. Voilà ce qui inspire les publications qui sont parvenues jusqu'à vous, Messieurs. Cette opiniâtre insistance m'a ému profondément, elle vous touchera vous-même ; car ce n'est pas l'insolence de l'orgueil qui se révolte, mais c'est le vœu, c'est le cri d'une âme pénétrée de la droiture de ses intentions ; et s'il est un sentiment honorable, c'est celui d'un prévenu qui rejette le bénéfice d'un doute légal, pour appeler le grand jour sur tous ses actes. Tel est le sentiment qui domine Mirès et dont je suis heureux d'être ici l'organe ; car devant la Cour de cassation aussi il y a une moralité du débat !

Je vais vous exposer où le demandeur en cassation voit la violation persévérante à son égard du droit de la défense, ce droit que vous avez consacré par tant d'arrêts et protégé contre toute atteinte. Je vous démontrerai ensuite comment ce grief se précise et se résume en une violation formelle de la loi.

Le premier moyen du pourvoi consiste : 1° dans la violation du droit de la défense, résultant notamment de l'omission de statuer sur une demande en nullité de l'expertise ; 2° dans l'absence de motifs suffisants pour justifier le rejet de la demande de contre-expertise.

J'associe ces deux bases du moyen de cassation, parce qu'elles sont intimement liées ensemble : la garantie de la défense est tout entière dans l'examen fait par le juge des moyens qu'elle produit, et la preuve de cet examen doit résulter des motifs de la décision. Le juge ne saurait se borner à condamner, il faut qu'il dise pourquoi il condamne. Je ne viens pas ici présenter des considérations banales sur le droit de la défense, ni des récriminations stériles sur les rigueurs, pourtant bien excessives et bien gratuites, de l'instruction. Je ne conteste pas non plus le pouvoir accordé au juge de choisir ou de rejeter les moyens de s'éclairer, et particulièrement l'expertise. Je ne vous demande pas de restreindre ce pouvoir ; mais je soutiens qu'il ne peut être exercé que suivant certaines conditions, et que, dans l'espèce, ces conditions ont été méconnues.

Dans ce but, j'ai à préciser : 1° quelle était la prétention de Mirès, son moyen essentiel de défense ; 2° de quelle manière, selon le pourvoi, il devait y être légalement statué ; 3° enfin, comment l'arrêt y a effectivement statué. J'aurai présenté ainsi tous les éléments de décision.

Le grief tiré du défaut de motifs a une double portée, qu'il est essentiel de préciser : l'une générale, l'autre spéciale. Il s'attaque au refus non motivé de la contre-expertise ; il s'attaque au rejet non motivé d'un moyen de défense péremptoire, dirigé contre le jugement, en ce qui concerne les éléments du délit d'escroquerie. Ce deuxième point de vue ressortira de lui-même de la discussion du premier ; mais il doit être mis en relief, car il n'est point signalé dans le rapport, quoiqu'il ait été présenté dans le mémoire produit au nom du demandeur ; et cependant il constitue un moyen de cassation décisif.

En premier lieu, le rejet de la demande en nullité de l'expertise, ainsi que de la demande de contre-expertise est-il légalement motivé ?

Rapprochons d'abord la défense de Mirès du système qu'il avait à combattre.

La prévention a eu deux bases qui se confondent en une seule, la dénonciation et l'expertise. C'est à ces deux œuvres, à leurs auteurs seuls, qu'incombe la responsabilité du procès et de ses suites : et, je le proclame bien haut, afin que cette parole retentisse de toutes parts. La dénonciation était concertée entre deux hommes qui possédaient tous les secrets de Mirès et pouvaient les travestir à leur gré ; car Mirès est une de ces natures méridionales, vives et ouvertes, qui se livrent facilement et dont on abuse sans peine.

Eh bien ! ces deux hommes, devenus les ennemis de Mirès, comme on l'est de celui dont on a reçu les bienfaits, ces hommes, par l'audace et l'artificieuse vraisemblance de leurs assertions, forçaient la main au pouvoir et rendaient les poursuites inévitables.

Le rapport, par la complication inextricable des matières qui en faisaient l'objet, s'imposait, pour ainsi dire, aux magistrats, et rendait leur contrôle presque impossible. Aussi la responsabilité du procès tout entière est dans l'œuvre de ces hommes, et non ailleurs ; et si Mirès doit sortir victorieux de la lutte, l'opinion sait déjà qu'à eux seuls elle devra demander compte de tant de désastres accomplis.

Mirès s'attaquait de toutes ses forces au rapport d'expert par une double raison ; c'est que, d'une part, ce rapport contenait toutes les bases de l'accusation ; et que, d'autre part, les conditions dans lesquelles il avait été fait démontraient suffisamment qu'il ne pouvait pas être l'expression de la vérité.

Mirès vous dit : Jamais ma défense n'a été libre et légale,

ni dans l'instruction, ni devant le tribunal, ni devant la Cour, et les phases premières que la Cour de cassation n'a pas à apprécier directement doivent servir cependant à caractériser la phase dernière accomplie devant la Cour impériale, et sur laquelle porte spécialement le moyen de cassation.

Il vous dit : Le jour où mon arrestation est venue brusquement arrêter la marche de mes affaires, la justice s'est vue dans la nécessité de contrôler des opérations engagées sur une échelle immense.

Pour asseoir la prévention, il fallait scruter une comptabilité dont l'ensemble et les détails échappaient évidemment à l'investigation du magistrat instructeur.

Trois experts ont été nommés, et certes ce n'était pas trop de leur collaboration pour suffire à une pareille tâche.

Le premier était M. Izoard, inspecteur des finances; le second M. Van Hymbeck, employé supérieur de la Banque de France; le troisième, M. Monginot.

Sur ces trois hommes auxquels avait été collectivement confiée l'expertise, celui qui offrait le plus de garanties, M. Izoard, se retire tout d'abord; M. Van Hymbeck refuse d'adhérer aux parties essentielles du rapport. Un seul reste, le sieur Monginot. Celui-ci opère, et comment opère-t-il? Il fait son travail avec le concours et sur les données fournies par les dénonciateurs; il n'interroge pas, il n'entend pas une seule fois Mirès, tenu alors au secret et réduit à l'impossibilité de fournir aucun renseignement.

Ce travail embrassait une gestion de huit années, des opérations colossales, le maniement de plusieurs milliards, des sociétés au capital de 800 millions, une comptabilité immense. Et l'expert n'avait pas un éclaircissement à demander à l'organisateur de ces gigantesques entreprises!

Eût-il eu les intentions les plus droites, toutes les lumières imaginables, je dis qu'il lui eût été impossible de ne pas

s'égarer en l'absence des renseignements indispensables de
l'intéressé.

Dans une pareille situation, l'expert faisait vraiment
l'œuvre du juge. On comprend que le juge puisse faire vérifier par experts les points obscurs d'une cause, mais à la
condition qu'il puisse s'assimiler l'expertise, la contrôler, en
faire sa propre chose. Or, l'expert opérait réellement l'instruction; il remplissait la mission du juge. Dès lors, son travail se trouvait moralement soumis aux conditions des actes
de l'instruction, c'est-à-dire à l'audition du prévenu.

Messieurs, c'est une cruelle chose que de juger et de condamner sans entendre. Je me le disais hier avec tristesse en
entendant certaines parties du rapport. On vous dépeignait
la personne, les sentiments de Mirès d'après des comptes
rendus d'audience, d'après les éléments d'un débat qu'il
appartient à la Cour suprême d'apprécier au point de vue,
non des personnes, mais du droit. On avait, disait-on, étudié
Mirès. Où donc, grand Dieu! dans le silence du cabinet, sans
le voir et sans l'entendre? Et moi, je me rappelais mes
longues conversations avec cet homme, et ces communica-
tions intimes où toutes les pensées se révèlent, où l'âme
elle-même se dévoile. Je me rappelais combien, face à face
avec Mirès, en dehors des excitations de la lutte, du bruit,
de la publicité qui avaient pu exalter outre mesure une nature ardente, j'avais été frappé de l'accent d'une bonne foi
sûre d'elle-même, de la simplicité de toutes les explications,
d'une sécurité absolue qui n'est pas le signe d'une conscience
troublée. J'avais fait mon instruction aussi, et, plein de mes
souvenirs, je me demandais comment on avait pu, sans
même avoir vu cet homme, prétendre vous le faire juger!

Je reviens à l'expertise Monginot, accomplie, elle aussi,
sans entendre Mirès.

Ainsi, la défense est sacrifiée dès le début par cela même
que l'expertise n'a pas été contradictoire. Je sais bien que

votre jurisprudence a écarté l'application des règles civiles en matière d'expertise criminelle, et admis que le juge d'instruction pouvait y faire procéder sans l'assistance du prévenu. Mais cette règle repose sur une présomption toute d'équité et de raison. C'est, comme je l'ai déjà dit, que le juge, nanti du travail de l'expert, peut en faire par ses propres vérifications son œuvre personnelle, car le juge peut avoir un auxiliaire pour l'exercice de ses pouvoirs; mais il n'abdique pas, mais il ne substitue personne dans ces pouvoirs mêmes. Or, dans les circonstances de la cause, en était-il ainsi? Qu'on jette les yeux sur le rapport d'expert, sur cette montagne de chiffres et de calculs, et l'on se convaincra que le juge d'instruction ne pouvait que s'en rapporter aux conclusions de l'expert.

Le dossier, d'ailleurs, parle ici éloquemment! Le rapport d'expert, un volume de 232 pages in-folio, est déposé le 30 mai 1861;

Le réquisitoire du ministère public est du 1er juin;

L'ordonnance de renvoi du juge d'instruction est de la même date, 1er juin!

La prévention prend tous ses calculs, toutes ses données dans l'expertise, elle a donc bien pour base unique l'expertise faite en dehors du prévenu.

Et, chose douloureuse à dire, presque impossible à croire! le juge d'instruction n'a pas même interrogé Mirès sur les résultats de l'expertise; il ne l'a pas mis en face de toutes les conclusions formulées contre lui. Or, il y a en fait d'instruction une pratique élémentaire, c'est que le prévenu est appelé, avant que le juge d'instruction rende son ordonnance, à s'expliquer devant lui sur les données du rapport d'expert qui l'incrimine. Eh bien! cette règle de justice, de bon sens, d'humanité... on l'a oubliée à l'égard de Mirès!

Il faut pourtant que la discussion contradictoire s'établisse sur ce document.

Quelle ressource reste au prévenu?

Est-ce que, dans les rapides heures de l'audience, il sera matériellement possible, au milieu des interrogatoires, des auditions de témoins, des plaidoiries, de reprendre article par article tout cet échafaudage de l'accusation?

Mais il faut auparavant que le prévenu connaisse et étudie le document lui-même. Eh bien! le croiriez-vous, Messieurs, la partie essentielle de ce document, il n'en a pas même eu communication avant sa condamnation en première instance.

Le rapport est accompagné d'une pièce volumineuse, intitulée *Annexe principale*, et qui renferme précisément les éléments d'où on fait ressortir que les titres déposés à la Caisse ont été vendus, et à quel taux; d'où l'on induit un prétendu bénéfice de deux millions et plus par suite de la liquidation d'office des clients.

Eh bien! cette pièce qui faisait le corps de l'accusation, Mirès n'a pu l'obtenir qu'à la fin de juillet; le greffier du tribunal le certifie. Je tiens la pièce qui l'atteste. Et le jugement était rendu dès le 11 de ce mois, Mirès était condamné vingt jours avant que le document capital du procès ait pu être soumis à une vérification quelconque!

En présence d'une expertise qui avait eu lieu dans de telles conditions, qui avait eu de telles conséquences, la Cour pouvait-elle se refuser à ordonner une contre-expertise sans sacrifier tous les droits de la défense?

Tout était à faire devant la Cour. Mirès, enfin nanti de *l'annexe principale*, attaque le rapport comme partial ou plutôt hostile, comme rempli d'erreurs sur les points les plus essentiels; il en demande la nullité, et conclut à une nouvelle expertise.

Et d'abord, partialité et hostilité de l'expertise!

En effet, tout le rapport, entièrement à charge, retrace au point de vue excessif de l'accusation toute la carrière financière de Mirès; il incrimine même les faits couverts par la prescription. Malgré la sage et humaine doctrine qui veut que le rapport contienne ce qui est favorable comme ce qui est défavorable, il ne relève pas un fait qui vienne à la décharge du prévenu.

« Le rapport, pour être complet, dit un éminent magis-
« trat, doit consigner le détail exact et minutieux de tous les
« faits dont on peut tirer des inductions en quelque sens que
« ce soit. Ces rapports, dit Jousse, doivent être rédigés tant
« pour la charge de l'accusé que pour sa décharge, soit en
« constatant le fait, soit en estimant la cause qui y a donné
« lieu. Ainsi, dans l'un et l'autre cas, les experts ne doivent
« rien omettre de ce qui peut aller à la décharge de l'ac-
« cusé (1). »

Le rapport est attaqué comme rempli d'erreurs, et ce n'est pas là une allégation générale et vague, mais c'est l'articulation précise, dans des conclusions formelles qui les relèvent un à un, de faits contraires à ceux admis par l'expertise. Ainsi, et c'est là une erreur capitale, la principale accusation, celle d'escroquerie, consistait dans le détournement d'un bénéfice de 2 millions acquis aux clients, bénéfice résultant, suivant l'expertise et le jugement, de la différence entre le prix d'une vente à de hauts cours et celui d'une vente à des cours inférieurs. Sur ce point, la discussion de droit trouvera sa place dans un autre moyen; mais, en fait, Mirès articulait que ce prétendu bénéfice, présenté comme provenant de la vente de la chose d'autrui, était le résultat d'une erreur matérielle; que l'expert, et après lui les magistrats, avaient pris pour une indication de vente une opération toute différente, et négligé de recourir au livre, qui seul pouvait les éclairer.

Pour expliquer cette opération, il suffisait de connaître le

---

(1) Faustin Hélie, tome V, page 665.

mécanisme de la Caisse générale des chemins de fer, et particulièrement de la caisse des titres. Cette dernière ne recevait des titres nominatifs qu'accompagnés d'un transfert, et
des titres au porteur que sur un récépissé n'indiquant pas
les numéros ; cela devait être, pour que la Caisse fût libre de
disposer de ces valeurs. Leur entrée comme leur sortie de la
caisse était mentionnée sur un livre d'ordre tenu par le caissier à titre de renseignement relatif à la caisse des titres. La
sortie pouvait avoir lieu pour des causes bien différentes,
c'est-à-dire non-seulement pour la vente, mais encore pour
l'échange ou la restitution. Or, l'expert a considéré à tort
comme vendus tous les titres dont ce livre d'ordre constatait
la sortie ; il n'a pas eu recours aux livres légaux, c'est-à-dire
au livre-journal, au grand-livre, au livre de caisse, pour vérifier si la sortie des titres correspondait à une vente ou à
une restitution, ou à un échange ; l'expert n'a pas consulté
le compte de valeurs diverses qui seul pouvait lui faire connaître les ventes et les achats opérés pour le compte de la
Société. C'est par cette erreur capitale que l'expert est arrivé
à un bénéfice fictif, tandis qu'un examen plus attentif lui
aurait prouvé que la Caisse, loin de bénéficier, avait subi
une perte de 3 millions.

Enfin, Mirès ne se bornait pas à signaler ces erreurs
comme ôtant au travail de l'expert toute valeur morale ;
mais de plus, et c'est un point capital, il demandait la nullité de l'expertise, parce que l'expert n'avait consulté qu'un
livre sans portée et non pas les livres légaux. Ses conclusions sont formelles sur ce point.

« Attendu que l'expert, dans son rapport, page 206, après
avoir reconnu qu'il existe sur les livres de la Société deux
comptes, l'un relatif aux rentes françaises, l'autre relatif aux
valeurs diverses, qui forment un ensemble et se rattachent
entre eux, ajoute qu'*il eût été trop long* de subdiviser le

compte des valeurs, c'est-à-dire de le dépouiller complète-
ment, article par article, valeur par valeur, par achats et
ventes; que, pour ce motif, *l'expert l'a complétement écarté de
son travail* et s'en est tenu purement et simplement au
compte *rentes françaises* qu'*il déclare avoir relevé à part;*

« Attendu que précisément le compte *application, valeurs
diverses*, formant une dépendance du compte rentes françaises, contient toutes les ventes comme tous les achats de
valeurs en dehors de la rente, et par son économie, com-
binée avec le résultat du compte rentes françaises, permet
seul d'apprécier le résultat général et de fixer les époques
où les ventes et les achats ont été effectués ;

« Attendu que, en dehors des comptes ci-dessus indiqués,
il n'existe, dans la comptabilité générale de la Caisse des
chemins de fer, aucun autre élément d'appréciation, et que
l'expert ayant écarté ce moyen de vérifier, le seul certain,
et de plus le seul légal, puisque seul il a pour base les
livres légaux, l'expertise est nécessairement entachée d'*un
vice qui la frappe de nullité*. »

La Cour impériale, saisie d'une demande en nullité du
document qui était la base de l'accusation, ne pouvait s'abstenir d'y statuer sans violer le droit de la défense et la
disposition spéciale de l'article 408 du Code d'instruction
criminelle. Or, les motifs et le dispositif de l'arrêt sont
muets à cet égard, et par cela seul la cassation doit être
prononcée.

Comme conséquence des griefs qui viennent d'être rappelés, en présence de telles conclusions, comment l'arrêt
pouvait-il légalement statuer? Moralement, l'arrêt devait
admettre une vérification, car le prévenu demandait la
lumière, même au prix de sa détention prolongée. Sans
doute la Cour de cassation n'est pas juge de la convenance
des expertises; et pourtant son arrêt du 16 février 1860,

affaire Bobœuf, lui réserve à cet égard une certaine faculté
d'appréciation : « Les questions soulevées au procès sem-
blaient, a dit la Cour, par leur nature, exiger les lumières
de la science ! » Est-ce donc qu'ici les questions n'exigeaient
pas par leur nature une vérification nouvelle ?

Aux conclusions, à fin de contre-expertise, la Cour répond
une seule chose : C'est qu'elle est suffisamment éclairée !

.En droit une telle réponse est-elle suffisante ? Il faut ici
faire une distinction que la raison et la loi commandent. Il
faut rechercher si la demande de nouvelle expertise est
présentée d'une manière générale, ou si, au contraire, elle
est appuyée sur des motifs spéciaux.

Je comprends parfaitement que la réponse de l'arrêt soit
suffisante quand on demande à un tribunal une expertise
ou une contre-expertise, afin de s'éclairer sur un point
qu'on lui signale, en termes généraux, comme douteux et
obscur, ainsi qu'il arrive le plus souvent. On dit au juge :
Eclairez-vous ; il répond : Je suis éclairé. Le motif est en
rapport avec la demande. Le rejet de la demande est
justifié.

Mais cela ne suffit plus quand le prévenu présente une
articulation d'erreurs, taxativement désignées et constituant
les éléments du délit ; il s'agit là de moyens de défense
spéciaux qui sollicitent et exigent une réponse spéciale. Or,
dans la cause actuelle, chaque erreur est l'objet d'une articulation directe et d'une conclusion précise.

M. le rapporteur vous l'a dit à propos d'un autre moyen,
en s'associant cette fois à la théorie du pourvoi : « Quand à
un fait, sur lequel repose l'accusation, le prévenu oppose un
fait qui en est la contradiction, ce n'est pas un simple argument, c'est un moyen de défense sur lequel le juge ne peut
s'abstenir de s'expliquer. » Eh bien ! cette observation, si
juste, s'applique directement ici. Le jugement est attaqué
dans sa base, il s'agit donc d'un moyen de défense ; dès

lors, il ne suffit plus d'une affirmation. Il faut au moins faire vérifier, quand le prévenu le demande, ou expliquer pourquoi on ne fait point vérifier. Se dire éclairé n'est pas donner un motif sur une articulation. « Quand on condamne, il faut, suivant l'expression de M. le rapporteur, dire pourquoi l'on condamne. » Le pourvoi reproche à l'arrêt de ne l'avoir pas fait.

En présence des erreurs signalées avec précision, la Cour ne pouvait répondre légalement que de trois manières : admettre les moyens articulés, les écarter avec motifs, ou les faire vérifier. De ces trois choses, elle n'a fait ni l'une ni l'autre. Elle se déclare éclairée, puis elle adopte les motifs des premiers juges. Se dire éclairé en rejetant la vérification par de nouveaux experts, c'est dire que l'on a vérifié et examiné ; or, si la Cour a examiné, il faut que son examen se révèle par l'indication de ce qu'elle a fait pour s'éclairer ; autrement, rien ne constate que le fait écarté ait été apprécié, que le moyen de défense ait été discuté. Nous allons donc trouver dans l'arrêt des motifs sur les articulations repoussées... Mais l'arrêt adopte les motifs des premiers juges, qui ne détruisent en rien les articulations, puisqu'elles sont dirigées contre ces motifs eux-mêmes, les réfutent et forment la contradiction du système du jugement.

Ainsi le jugement affirme une vente faite à un cours élevé et ayant produit un bénéfice, et les conclusions réfutent cette affirmation par des moyens spéciaux établissant que la vente n'a pas eu lieu. Le jugement affirme encore bien d'autres faits également repoussés et combattus par des articulations précises restées sans réfutation.

Dans ces circonstances, l'adoption des motifs des premiers juges n'est point une réponse : elle viole le droit de la défense, car elle ne constate pas que la défense ait été entendue par le juge, et c'est en même temps une violation de la loi de 1810, puisque le moyen de défense reste sans que des motifs le réfutent. Donc, à ce double point de vue, l'arrêt doit être cassé.

J'ai répondu d'avance à cette objection, faite par M. le conseiller-rapporteur, que les articulations d'erreurs dans l'expertise étaient de simples arguments qui n'exigeaient pas de réponse. Vous avez vu, Messieurs, qu'ils constituaient des moyens à l'appui d'une demande spéciale. Cette demande se caractérisait précisément par les moyens présentés à l'appui. Générale, si elle se bornait à réclamer de nouvelles lumières, elle pouvait être repoussée par des motifs généraux. Spéciale, si elle s'attaquait à des griefs spécifiés et à des erreurs précises de l'expertise, elle ne pouvait être rejetée que par des motifs spéciaux. C'est pour avoir méconnu cette distinction, si juste et si vraie, que la Cour a violé le droit essentiel de la défense.

Certes, vous ne regretterez pas de censurer l'arrêt à cet égard, et d'établir ainsi la nécessité de la contre-expertise. Ce sera l'anéantissement moral d'une expertise déplorable, dont le caractère a pu être jugé quand on a vu, chose inouïe, l'expert Monginot adresser audacieusement, au dernier moment du débat, alors qu'aucune réponse n'était plus possible, une lettre, lue à l'audience par le ministère public, où il revendiquait seul l'œuvre confiée à trois, où il répondait, lui, associé à la haute mission du juge, au Mémoire des avocats de Mirès, et entrait avec eux en lutte personnelle.

On vous a dit dans le rapport que ce procès devait réparer d'immenses scandales; ce devait être une condamnation terrible pour un seul, mais aussi un profond enseignement pour tous. Je le veux, mais à une condition : c'est qu'il ait fait la lumière, c'est qu'il ait éclairé jusqu'au fond la gestion tant incriminée, c'est qu'après la décision chacun sache où est le bien, où est le mal, où est le vrai, où est le faux. Or, Messieurs, on peut discuter, dans la subtilité du droit, sur le mérite légal du rejet des conclusions de Mirès à fin de contre-expertise; mais ce qui est acquis, ce qui est évident pour tous, c'est qu'elles n'ont pas été réfutées, c'est qu'elles ont enlevé à l'expertise toute sa valeur morale; c'est, il faut bien le dire, qu'elles ont enlevé toute l'autorité à l'arrêt qui se fonde sur cette expertise.

Je le dis en terminant sur cette première branche du moyen, je le dis avec un sentiment profond. Si vous rapprochez, Messieurs, les articulations si nettes et si précises des conclusions, de l'arrêt attaqué, vous serez convaincus que la lumière ne s'est pas faite; car si les articulations sont exactes, les délits n'existent point, et rien ne vous prouve qu'elles ne sont pas exactes. Cette lumière qui manque, d'où pouvait-elle venir? D'une contre-expertise qui eût eu l'un ou l'autre de ces résultats : ou de confondre à jamais Mirès et de le rejeter dans la classe des malfaiteurs vulgaires, ou de faire éclater au grand jour la probité de tous ses actes. Messieurs, le demandeur en cassation ne recule pas devant cette redoutable alternative. Que dis-je? il la sollicite, il l'implore; il oublie presque, en la réclamant, les moyens d'ailleurs irrésistibles de son pourvoi. Il redemande la lutte avec ses moyens légitimes de défense. Un tel vœu, qui se justifie d'avance, qui l'honorera toujours, un tel vœu sera exaucé.

J'ai à faire une seconde application de la démonstration qui précède.

La contre-expertise écartée, la condamnation essentielle, celle relative à l'escroquerie, se trouve fondée sur l'affirmation pure et simple d'un fait sans lequel le délit ne saurait exister, et que la contre-expertise aurait fait vérifier. Ce fait, générateur du délit dans le système de la prévention, c'est la vente à de hauts cours de valeurs remises à la Caisse des chemins de fer. Or, le fait de la vente et le prix étaient formellement contestés par les conclusions de Mirès; c'était là un moyen principal de la défense. L'arrêt n'a donc pu, sans

répondre à ce moyen, se borner à maintenir le fait affirmé
par le jugement; c'est ce qu'expliquait récemment un de
vos éminents rapporteurs à propos de l'affaire Raspail. Il
vous disait, en citant à cet égard de nombreux monuments
de jurisprudence, que l'affirmation par le juge de l'élément
constitutif du délit n'était légalement suffisante que lorsque
l'existence et le caractère de cet élément n'étaient pas contestés; que si, au contraire, le fait était dénié par le prévenu, le juge ne pouvait plus se contenter de l'affirmer, mais
qu'il devait le justifier, l'établir par des raisons spéciales.
Telle était précisément la situation, dès lors que Mirès contestait le fait des ventes qui, suivant l'expert, auraient été
opérées à de hauts cours, et qu'il déclarait, preuves en
mains, que ces ventes n'avaient pas été faites et que le prix
attribué à ces prétendues ventes était imaginaire.

Ainsi le premier moyen a une double portée. Le rejet sans
motif des articulations de faits précisés par les conclusions
vicie l'arrêt dans son ensemble, quant au refus de la mesure
d'instruction demandée; il le vicie particulièrement quant à
la condamnation sur le chef principal de la prévention, le
délit d'escroquerie.

J'arrive, Messieurs, à la discussion des moyens spéciaux
du pourvoi. Cette discussion fait naître une question capitale.
La Cour ne devra-t-elle pas casser l'arrêt, par cela seul qu'un
ou plusieurs des moyens spéciaux seront justifiés? Ou bien
pourra-t-elle le maintenir, par cela seul qu'un chef de l'arrêt,
sur un délit suffisant pour justifier l'application de la peine,
serait maintenu? La première solution nous a paru évidente
en droit et en fait.

Sans doute, par une jurisprudence que M. le rapporteur a
qualifiée lui-même de rigoureuse, vous avez admis que lorsqu'une peine a été prononcée pour plusieurs délits, il importe
peu qu'on en fasse disparaître quelques-uns, si un seul suffit
pour motiver l'application de la peine, parce qu'en l'absence

de présomptions contraires, on peut croire que le juge a voulu appliquer à ce délit la peine prononcée.

Mais, à côté de ce principe sévère, vous avez admis une exception pour le cas où il est certain ou simplement probable qu'abstraction faite de certains délits, le juge n'eût pas appliqué la même peine. C'est ce que vous avez jugé dans le cas où le maximum a été prononcé à raison de la récidive.

Dans l'arrêt qui vous est déféré, peut-il y avoir doute? Le juge a appliqué le maximum, et il vous explique lui-même sa pensée :

« Considérant, porte l'arrêt, que le nombre des délits dont Mirès s'est rendu coupable, leur nature, leur durée, l'énormité du préjudice causé, le scandale qui en est résulté, ne permettent pas de diminuer la peine prononcée par les premiers juges. »

Ainsi, ce qui détermine la rigueur de la peine, l'application du maximum, c'est d'abord *le nombre* des délits. Mais si vous en supprimez une partie, le nombre en sera diminué, et la mesure ne sera plus la même. — *La durée.* — Mais elle n'est pas la même pour tous, et une cassation, même partielle, portera nécessairement atteinte à un second élément de gravité de la peine. — *L'énormité du préjudice.* — Mais il est éminemment relatif, et, comme les autres éléments, il diminue par la suppression d'une partie des délits relevés dans l'arrêt. Si donc vous enlevez une partie des causes qui ont déterminé le juge, vous ne pouvez maintenir la peine qui en est le résultat.

Je tenais, Messieurs, à vous indiquer l'intérêt et la portée de chacun des moyens particuliers avant d'en aborder la discussion. Voyons maintenant quelle en est la valeur.

Le deuxième moyen de cassation est spécial à la prévention d'escroquerie. Le pourvoi soutient que les éléments légaux du délit n'existent pas, et que l'arrêt doit être cassé, soit pour défaut de motifs, soit pour fausse qualification des faits.

L'escroquerie ! Ce mot fait mal... surtout quand on le rapproche de la parole du ministère public devant la Cour impériale :

« Otez la fantasmagorie des chiffres, vous n'aurez plus qu'un escroc vulgaire, détournant par de honteuses manœuvres tout ou partie de la fortune d'autrui. »

Ici encore, Messieurs, on vous représentait hier Mirès dévoré de la soif de l'or, ne créant, n'imaginant tant d'entreprises que comme des manœuvres colossales, des moyens gigantesques d'accumuler les millions et d'élever sa richesse à des hauteurs inconnues.

Ah ! c'était là une cruelle et étrange méprise ! C'était le renversement absolu de la vérité. La fortune, Mirès l'avait acquise avant de devenir gérant de la Caisse des chemins de fer en 1854, avant le commencement de toutes ces vastes entreprises qui ont fait sa grandeur et sa chute. — Il était riche, quand il a pris la direction de la Caisse des chemins de fer. Il avait réalisé 4 millions. Mais le capital, c'était pour lui l'instrument des grandes choses, le levier qui soulève le monde.

Messieurs, il faut être juste pour notre temps, et Mirès en est ici la personnification singulière. La richesse, pour ces puissantes individualités qui dirigent le mouvement industriel de notre époque, la richesse, ce n'est pas le but, c'est le moyen. A d'autres temps, à d'autres mœurs, les loisirs dorés et les plaisirs de l'oisiveté. Pour nos financiers, le capital est l'élément souverain du travail, et le travail grandit avec le développement même des richesses qui l'alimentent.

Les voyez-vous, ces millionnaires, penchés sur la carte du monde, comme le grand capitaine sur les plans de ses campagnes ; ils dévorent le temps, ils suppriment l'espace par leurs voies ferrées, ils fécondent l'industrie par leurs commandites, ils consolident les États par les emprunts. L'argent, pour eux, ce n'est pas la jouissance, c'est la puissance, et leur passion, ce n'est pas la cupidité, c'est l'ambition !

Voilà notre siècle, Messieurs, voilà Mirès. Je dis à ceux qui l'ont condamné : Blâmez, si vous voulez, les erreurs, les abus, les entraînements, le vertige de ces choses ; mais ce sont elles qui ont fait rayonner partout l'influence financière de la France après sa suprématie guerrière ; ce sont elles qui font aujourd'hui de Paris la capitale du monde. Comprenez du moins ces conceptions grandioses, et ne les traitez pas comme les viles combinaisons d'un escroc !

Eh bien ! Messieurs, Mirès, que le rapport vous représente comme je ne sais quel juif de Venise occupé laborieusement à escroquer quelques économies de quelques misérables, Mirès, c'était l'organisateur de vastes exploitations houillères et métallurgiques dans le Midi, de l'éclairage au gaz de la ville de Marseille, cette métropole du commerce méridional. C'était lui qui avait relevé les finances de l'Espagne par l'emprunt qui a donné l'essor au crédit de cette puissance. C'était lui qui avait réalisé la pensée de régénérer l'industrie et l'agriculture dans les Etats romains par l'influence vivifiante des chemins de fer, et d'ouvrir de toutes parts des accès vers la capitale du monde catholique : et dans cette entreprise, Mirès a versé 100 millions ! C'était le fondateur de cette société des Ports de Marseille qui, en face de l'Orient ouvert à nos entreprises, offrait à notre commerce maritime ses entrepôts, ses quais et ses bassins : création magnifique, Messieurs, car en la voyant et l'admirant, le Souverain a récompensé l'industriel au milieu de ses œuvres comme le soldat au champ de bataille en posant sur sa poitrine le signe de l'honneur ! Mirès avait fait enfin le chemin de Pampelune, achevé avec une rapidité merveilleuse ; et si le sultan Abdul-Azis fût monté six mois plus tôt sur le trône, l'emprunt ottoman aurait été peut-être la plus grande conception de Mirès.

Il faut se souvenir de toutes ces choses accomplies, en appréciant les moyens financiers employés pour les réaliser et le mode de circulation des capitaux qui était le système de la maison Mirès, et qui est incriminé par l'accusation d'escroquerie.

Ce système, Messieurs, est indiqué dans les statuts qui distinguent nettement les prêts sur dépôts de titres et les ouvertures de comptes courants. Les *dépôts* de titres ont toujours été scrupuleusement respectés. Il n'en est pas question ici. Ce dont il s'agit, c'est l'opération qui consistait à faire des avances en compte courant contre la remise de titres pris également en compte courant. Cela s'est fait pendant huit années vis-à-vis de dix mille clients, non-seulement sans procès, mais encore sans une seule réclamation.

Comment s'ouvraient ces comptes courants?

Il faut clairement expliquer ce point, car lorsqu'il sera bien compris, le procès sera jugé et la prévention s'évanouira sur ce chef.

Voici donc la double opération faite quotidiennement par la Caisse des chemins de fer.

Un client se présentait, apportant des titres au porteur, réclamant des avances.

On lui délivrait un simple reçu énonçant la nature des valeurs, le nombre de titres remis, mais ne portant jamais leurs numéros. Aucun acte public ou enregistré n'était dressé, comme la loi l'exige en matière de nantissement. Une fois le simple reçu délivré au client, sans aucune mention du numéro des titres, la remise était constatée, d'après le même principe, sur le livre des comptes courants et sur un livre spécial aux titres.

4

Pour le client, on portait au crédit le nombre des titres qu'il remettait, et au débit les avances qu'il recevait.

Pour la Caisse, on portait au crédit les avances faites au client, et au débit le nombre des titres qu'on avait reçus de lui.

Et ici il est important de remarquer que l'on ne recevait en compte courant que des titres au porteur ou des titres nominatifs avec transfert en blanc, et par conséquent pouvoir de vendre.

Les titres reçus étaient rangés, non pas dans un dossier spécial à chaque client, mais dans la caisse des titres où ils étaient classés d'après leur nature, sans distinction de numéros

Chaque trimestre, le compte était arrêté et envoyé aux clients. Ces comptes trimestriels portaient, comme les livres dont ils étaient extraits, les titres sans numéros, tant de *Nord*, tant d'*Autrichiens ;* au crédit du client, les sommes avancées à son débit.

Quant aux coupons, ils suivaient le sort des titres. Tant que le client était créditeur de ces titres, il avait droit à ces coupons, véritables fruits de la chose, et ils étaient portés à son compte. Tout cela est, d'ailleurs, parfaitement constaté dans les conclusions de Mirès devant la Cour.

Quelle était la conséquence de cette manière d'opérer ? C'était, tant que le compte *courait*, une situation égale et réciproque pour la Caisse et pour les clients, situation régie par les principes du compte courant. Le client disposait des avances dont il était débiteur, n'étant tenu qu'à la restitution des sommes avec les intérêts. La Caisse, de son côté, pouvait disposer des titres dont elle était débitrice, n'étant tenue qu'à la restitution de pareils titres et de leur produit consistant dans le montant des coupons. Elle disposait, suivant son droit, à son jour, à son heure, quand et comme bon lui semblait. Mais, je me hâte de le dire, dans le mouvement quotidien des titres, elle avait soin d'en conserver toujours assez pour pouvoir satisfaire aux demandes de retrait. Et, en effet, pendant huit ans, elle a toujours exactement répondu aux demandes de restitution; et quand, au moment de cette mise en liquidation qui est venue frapper la Société comme un coup de foudre, M. de Germiny, qui, certes, n'était pas l'homme de Mirès, a fait un inventaire des titres en caisse, il en a trouvé pour 25 millions! En présence de ce chiffre, que devient cette fantasmagorie de ventes à tout prix et de caisse vide?

Non, Messieurs, la Caisse n'a pas été prise au dépourvu, et, sachez-le bien, les restitutions, lorsqu'elles ont été demandées, se sont faites avec autant de régularité que d'exactitude. Le client soldait son débit en restituant les avances avec les intérêts; la Caisse soldait son débit en restituant les titres et le montant des coupons. Mais quels titres? Ceux dont elle était débitrice, c'est-à-dire, d'après le récépissé remis au client, un même nombre de titres de même espèce. Et, dans le fait, si les actions que l'on délivrait au client contre le remboursement étaient de même nature, jamais ce n'étaient les mêmes numéros. En effet, le plus souvent, c'étaient les dernières actions entrées qui étaient les premières sorties. Qu'importait au client? Rien évidemment! Aussi, aucun de ceux qui ont demandé le retrait de leurs titres ne s'est-il avisé de réclamer et d'objecter que ce n'étaient pas les mêmes numéros. Si l'observation avait été faite, on aurait répondu au réclamant : Voyez votre récépissé, il n'énonce pas de numéros. Je vous dois tant d'Autrichiens, mais non tels ou tels numéros d'Autrichiens. Voilà ce qu'on eût répondu; mais, je le répète, jamais aucune réclamation n'a eu lieu.

Tel était le mécanisme fort simple de la Caisse, tels sont les faits qui sont très-nettement articulés dans les conclusions, et c'est en présence de cette articulation non contestée qu'il faut apprécier l'arrêt.

Or, le pourvoi reproche à l'arrêt : 1° un défaut de motifs; 2° une fausse application, et, par suite, une violation des principes du nantissement que la Cour a appliqués alors qu'il fallait appliquer ceux du compte courant.

Le défaut de motifs consiste dans le rejet non motivé d'un moyen de défense péremptoire soulevant une question préjudicielle sur la qualification légale du contrat intervenu entre les parties, question que la Cour a tranchée par voie de prétérition.

Pour bien apprécier la nature du moyen de défense, il faut préciser le système de la prévention; mais, avant tout, je dois rappeler comment se sont liquidés les comptes courants dont j'ai exposé le mécanisme.

Le 30 avril, l'Empereur demandait au Corps législatif d'élever à 140,000 hommes le contingent annuel de l'armée et de voter un emprunt de 500 millions. Une dépêche nous apprenait le passage du Tessin par les Autrichiens. Une proclamation annonçait à l'Europe que l'Italie serait libre des Alpes à l'Adriatique. — La France avait tressailli, comme toujours, au bruit du canon. Mais le monde des affaires fut ébranlé jusque dans ses fondements, car les hommes de finance calculent ce que coûte la gloire.

La Bourse subissait une baisse formidable. Le montant des avances faites en compte courant dépassait la valeur des titres de près de 3 millions, c'est l'expert Monginot qui le constate; Mirès redoutait une baisse plus considérable encore, et par conséquent un accroissement de la dette des clients; il pensa qu'il devenait nécessaire de liquider la position.

Mais dans quel intérêt? On vous a dit, dans le rapport, que la Caisse n'avait plus de titres, que c'était elle-même qui voulait éviter une catastrophe en échappant à la nécessité de restituer les titres qu'elle n'avait plus! Voyez, Messieurs, le danger d'avancer des faits non constatés dans la cause. Cela est absolument faux. L'inventaire de M. de Germiny a établi l'existence en caisse de 25 à 30 millions de titres, et on reconnaît que les titres vendus le 30 avril ont été livrés !

Rentrons donc dans la vérité. C'étaient les clients que la baisse menaçait avant tout, c'était leur intérêt que cherchait à sauver Mirès. La position des clients qui avaient des valeurs en compte courant s'aggravait chaque jour, et Mirès eut la pensée de faire leur affaire par une mesure énergique, violente, si l'on veut, mais qui était toute à leur avantage.

Il fallait une mise en demeure, cela est vrai, et l'on n'en a point fait. Mais recourez donc à des mises en demeure quand le canon gronde et que la situation s'assombrit d'heure en heure ! Ce n'était pas possible... Chaque instant de retard pouvait augmenter le mal. Mirès le comprend et il écrit aux clients : « Je vends vos valeurs et je vous crédite du prix. » Par là il affranchit les clients des conséquences désastreuses d'une nouvelle baisse, car, au lieu des valeurs qui se déprécient chaque jour, ils ont une créance fixe en argent ; c'est ce qu'on a appelé les exécutions, et que Mirès appelle la liquidation d'office des clients.

C'était une mesure évidemment irrégulière au point de vue civil, mais ne pouvant donner lieu, suivant nous, qu'à des conséquences civiles. L'évidence, l'éclat, que dirai-je ? la naïveté même de l'irrégularité, en attestent la bonne foi ; et cependant, suivant la prévention, cette mesure est délictueuse et constitue une manœuvre frauduleuse. Toutefois, elle n'est pas à elle seule le délit d'escroquerie, ceci est essentiel ; elle ne forme qu'un des éléments de l'escroquerie.

Ces points rappelés, le système du jugement peut facilement être précisé. Il consiste à dire :

Il y a eu remise de titres au porteur en nantissement, et demeurant par conséquent la propriété des déposants ;

Il y a eu vente peu après la dation en nantissement de ces titres, c'est-à-dire de la chose d'autrui ;

Cette vente, faite à de hauts cours, a produit un prix appartenant aux clients et sur lequel ils avaient un droit acquis ;

Mais les gérants ont voulu se libérer à meilleur compte, et pour cela ils ont :

1° Dissimulé la vente faite à de hauts cours ;

2° Annoncé une vente fictive à des cours inférieurs à l'effet de s'approprier la différence. Par là ils n'ont payé que partie de leur dette véritable.

Dans ce système puissamment combiné, tout se tient et s'enchaîne. Les prémisses concédées, il faut aller jusqu'au bout et en subir les conséquences. Mais précisément, parce que tout s'enchaîne, si le point de départ fait défaut, si la base manque, tout s'écroule.

Or, c'est précisément à la base que s'est attaquée la défense : « Votre argumentation, dit-elle, s'appuie tout entière sur ceci : il y a eu nantissement, il y a eu un premier prix de vente, acquis et dissimulé aux clients, de valeurs données en nantissement, et, comme telles, propriété des clients. Puis, une seconde vente annoncée, mais fictive, des mêmes valeurs, qui a donné une différence de prix, et l'escroquerie a consisté à employer des manœuvres pour s'approprier frauduleusement cette différence appartenant aux clients. » C'est bien là le délit. Mais la défense dit : « Le prétendu délit a un double élément, de fait et de droit, et je conteste l'un et l'autre. »

L'élément de fait, c'est une vente réellement faite aux prix indiqués ; or, je me suis déjà expliqué sur ce point en présentant le premier moyen : je rappelle, qu'à cet égard les conclusions articulaient que les ventes n'avaient pas eu lieu, et que l'erreur de l'expert provenait de ce qu'il avait puisé ses données dans un livre d'entrée et de sortie des titres, au lieu de les puiser dans les livres légaux.

Quant à l'élément de droit, voici ce que dit la défense : « Je veux bien supposer un instant que la première vente ait eu lieu. Mais s'il était vrai que cette première vente fût étrangère aux clients et ne pût ni leur profiter, ni leur nuire ; s'il était vrai que le prix ne leur appartenant pas, ils n'eussent eu aucun droit à la différence entre la première vente et la seconde ; si cette différence était aux risques et périls de la Caisse des chemins de fer ; si tout cela était vrai, il n'y aurait plus d'objet de la prétendue escroquerie, car il n'y aurait plus de différence acquise à autrui à s'approprier. Il n'y aurait plus d'intention frauduleuse de s'approprier la chose d'autrui, puisqu'il n'y aurait pas chose d'autrui. Il n'y aurait plus de manœuvres employées dans ce but, le but n'existant plus. Enfin, l'événement dont on aurait inspiré la crainte n'aurait plus été chimérique, puisque la baisse persistante aurait déprécié au préjudice des clients les valeurs existant à leur crédit. »

Cet enchaînement d'idées est aussi rigoureux que celui du jugement. Eh bien ! pour établir tout cela, pour renverser ainsi tout l'échafaudage du jugement, il suffisait de réfuter une assertion, une affirmation du jugement, à savoir : « Que les valeurs ont été données en nantissement ; » et de démontrer qu'elles avaient été données non en nantissement, mais en compte courant !

La différence était capitale, en effet, puisque le nantissement maintenant au débiteur la propriété du gage, le créancier ne peut en disposer, tandis que le compte courant enlève la propriété à celui qui fournit la valeur et la met à la disposition de celui qui la reçoit en compte.

C'était évidemment là une question *préjudicielle* qui touchait à la base même de la prévention. Ce n'était pas un simple argument de discussion, c'était un moyen de défense péremptoire. Et de là, Messieurs, une conséquence irrésistible. En présence de conclusions qui contestaient en fait et en droit l'existence même du nantissement, ce fondement même de la prévention, l'arrêt qui se borne à affirmer qu'il y a nantissement, fait une inconcevable pétition de principes et n'est pas motivé.

Sans doute une affirmation du juge est suffisante lorsqu'il s'agit seulement de constater un fait ou un élément non contesté du délit. Mais lorsque cet élément de délit est contesté, en droit comme en fait, le juge est tenu de justifier et d'établir son affirmation. C'est ce que vous avez jugé notamment, et je l'ai rappelé plus haut, dans l'affaire Raspail. Or, ici il n'y a qu'une affirmation et rien de plus. La défense déniait l'existence du nantissement et articulait qu'il y avait compte courant réciproque. Veuillez, Messieurs, vous reporter aux pages 14, 15, 16, 18 des conclusions imprimées, si habilement rédigées par l'éloquent défenseur de Mirès devant la Cour de Paris. J'y lis notamment ce qui suit :

« Attendu... que le créancier ne devient pas créancier gagiste, c'est-à-dire *privilégié et préféré aux autres créanciers*, par cela seul que la chose mobilière lui est remise, qu'il faut encore et *nécessairement* le contrat authentique ou privé avec enregistrement; qu'ainsi tout créancier peut faire saisir-arrêter, aux mains du gérant de la Caisse, les titres qu'elle a reçus, et prendre sa part proportionnelle sur le montant des valeurs saisies, sur lesquelles tous les créanciers ont des droits égaux à ceux de la Caisse, non nantie par un titre authentique ou enregistré; que le bénéfice de l'article 2073 ne s'attache donc pas à la convention; que ces principes sont désormais consacrés par le dernier état de la jurisprudence. (Cassation, 19 juin 1860 : Sirey, 1860, 1re partie, 689; Rouen, 24 janvier 1861 : Sirey, 1861, 2e partie, 207; Amiens, 2 mars 1861 : Sirey, 1861, 2e partie, page 158);

« Attendu qu'un caractère essentiel du nantissement, c'est qu'il est un contrat réel, laissant, en conséquence, au débiteur gagiste le droit de revendiquer le gage qui lui appartient, tel qu'il l'a remis, tel qu'il est individuellement spécifié dans le contrat; mais attendu que la convention produite détruit toute idée de nantissement; que le simple reçu qui la constate ne déclare pas autre chose que le nombre des valeurs remises, sans numéro, sans désignation qui en détermine l'individualité, qui permette de les reconnaître;

« Attendu que, sans la double preuve d'une constatation par acte public ou privé enregistré et d'une désignation précise de l'objet mobilier, il ne saurait y avoir nantissement, c'est-à-dire privilége pour le créancier; que le droit résultant du privilége ne pouvant être invoqué par le créancier, il est hors de doute que le débiteur ne peut réclamer contre lui aucune obligation corrélative. »

Un peu plus loin, les conclusions ajoutent :

« Attendu que la convention n'étant ni un nantissement ni un dépôt, il y a lieu, pour rejeter définitivement du procès les chefs relatifs à l'escroquerie et à l'abus de confiance par la violation de dépôt, de préciser la nature de la convention;

« Attendu que cette convention est, sans aucun doute, un *contrat de compte courant*, non-seulement par sa nature, mais encore par l'exécution qu'elle reçoit;

« *Par sa nature :*

« Attendu, en effet, que la convention consiste dans cette double opération :

« Le client reçoit une somme d'argent de la Caisse qui l'en débite et qui, par conséquent, s'en trouve créditée;

« Le client remet une certaine quantité d'actions à la Caisse qui l'en crédite et qui, par conséquent, s'en trouve débitée;

« Attendu que ce qui constitue le compte courant, c'est tout justement le crédit et le débit ouverts à chacune des parties contractantes, crédit et débit qui se balancent définitivement au jour du règlement ; qu'ainsi, par sa nature, la convention entre le client et la Caisse est un *contrat de compte courant* ;

« *Par l'exécution qu'elle reçoit :*

« Attendu, en effet, que d'un commun accord elle se réduit à un simple reçu du nombre de titres, sans désignation spéciale, sans numéros ; que le compte ouvert au client ne se compose au crédit que du nombre des titres ; qu'à chaque semestre le compte courant est balancé par compte d'intérêts au débit du client, par compte de revenus-coupons à son crédit, et qu'il reprend de nouveau ses errements de compte courant, jusqu'au jour du règlement ou de la balance définitive ;

« Qu'ainsi le *compte courant* seul est la convention entre le client et le gérant de la Caisse. »

En présence de conclusions aussi précises, aussi formelles, que trouvons-nous dans l'arrêt ? l'abstention, le vide ! L'arrêt répond, il croit répondre en prenant le nantissement pour point de départ et en raisonnant sur les conséquences que produit en droit un nantissement reconnu. Et voilà toute sa réfutation du système de défense ! Encore une fois, c'est affirmer et non répondre. Le défaut de motif est donc certain, incontestable, et je suis affligé de le redire encore : la défense est étouffée dans le silence, et son droit, sa garantie, déplorablement sacrifiés.

Au fond, l'arrêt contient une violation flagrante des dispositions de la loi sur le nantissement, et il suffit pour s'en convaincre de rappeler les principes du nantissement, résultant de la combinaison des art. 2071 et 2079 du Code Napoléon. Il en ressort que le nantissement est un dépôt assurant le privilége du créancier sur le prix à réaliser par la vente de l'objet en gage. Mais, aux termes de l'art. 2074, il faut deux conditions pour que le nantissement soit valable ; je viens de le rappeler en citant les conclusions prises par Mᵉ Crémieux devant la Cour impériale. Ces deux conditions sont : 1° qu'il y ait un acte authentique ou enregistré qui le constate ; 2° que cet acte contienne une spécification de l'objet remis en gage. En ce qui touche l'acte enregistré, la jurisprudence, que j'ai citée tout à l'heure, a admis qu'il n'y avait pas de distinction à faire pour le gage commercial. Sans acte ayant date certaine, le nantissement n'existe pas, même alors que les parties ont voulu le constituer. Et que l'on ne dise pas que ce n'est vrai qu'à l'égard des tiers. Non ! il n'y a pas nantissement dès l'instant que l'objet remis reste soumis à la saisie des tiers et aux effets de la faillite du débiteur ; dès lors qu'au lieu lieu d'être le gage d'un seul, il demeure le gage commun des créanciers.

La seconde condition de l'existence du nantissement manque bien plus encore dans la cause actuelle. Car si l'on peut discuter sur la nécessité de la première entre les parties contractantes, il n'y a pas de doute possible en ce qui concerne la seconde. Or cette condition fondamentale, *sine quâ non*, de l'existence du nantissement, c'est la spécification des objets remis en gage. C'est là une condition constitutive du contrat, et qui est de son essence, parce qu'elle est indispensable pour que le débiteur qui remet l'objet en gage en conserve la propriété. Si les objets donnés en nantissement n'ont pas été spécifiés, le créancier qui les a reçus ne doit plus tels ou tels objets déterminés, mais seulement des objets de même nature. Ce n'est plus alors un droit de propriété, *jus in re*, mais une simple créance, *jus ad rem*. Je vais montrer tout à l'heure l'influence décisive de ce principe certain.

Enfin l'art. 1923 du Code Napoléon exige que le dépôt

volontaire soit prouvé par écrit, et cet article est applicable au nantissement. Une simple affirmation de l'arrêt ne saurait donc constituer une preuve légale de l'existence du nantissement, alors que dans ses conclusions Mirès la contestait.

Il y a plus : il ne se bornait pas à dénier le nantissement, il articulait que le contrat intervenu entre lui et les clients de la Caisse était un compte courant réciproque ; et, à l'appui de son articulation, il apportait une triple preuve écrite :

1° Les récépissés donnés aux clients et mentionnant les titres sans numéros ;

2° Le livre des comptes courants faisant foi contre la Caisse des chemins de fer ;

3° Enfin les comptes trimestriels adressés aux clients et qui, par cela même, établissaient que le contrat avait reçu exécution et était devenu définitif. De sorte que Mirès ne se retranchait pas seulement derrière un défaut de preuve légale du contrat de nantissement, il prouvait, lui, qu'il y avait un compte courant réciproque, et que, par suite, il avait le droit de faire ce qu'il a fait.

J'examine maintenant si les valeurs au porteur, dans les conditions où elles se trouvaient, pouvaient entrer en compte courant.

Qu'est-ce que le compte courant? Que la Cour me permette de lui lire la définition qu'en donne M. Monginot lui-même, notre expert, dans un ouvrage intitulé : *Nouvelles études sur la comptabilité*, p. 430 : « On appelle compte courant, dit-il, une convention directe par laquelle deux personnes se prêtent réciproquement des espèces ou des *valeurs*, dont chacune, en vertu d'un mandat tacite, peut *user librement*, se constituant ainsi créancières ou débitrices l'une de l'autre, et règlent leur situation entre elles, soit à des époques déterminées, soit à des époques qu'elles ont fixées. »

M. Massé lui-même, l'honorable président de la Chambre

qui a rendu le jugement en première instance, écrit la même chose dans son ouvrage sur le droit commercial ; vous trouverez cette citation dans la consultation de M° Crémieux, produite à la Cour :

« Le compte courant, dit-il, est un contrat par lequel il est convenu que les prêts réciproques que pourront se faire, sous forme d'avances ou de remises, deux commerçants qui sont en rapport d'affaires ou de correspondance, n'établiront entre eux les rapports de débiteur à créancier qu'au moment de l'arrêté de compte.

« Sans doute, les avances ou remises faites en compte courant ne constituent pas des prêts purs et simples ; car, autrement, il n'y aurait pas de compte courant, il y aurait des prêts réciproques, qui se solderaient par voie de compensation à mesure qu'ils se rencontreraient, au lieu de devenir des articles de débit et de crédit destinés à ne se solder qu'en fin de compte. Mais il y a prêt en ce sens que chacun des contractants *est propriétaire des remises ou des avances dont il est débité et dont il crédite son correspondant. C'est parce qu'il y a prêt, qu'il y a transmission ;* s'il n'y avait *que dépôt,* la *propriété ne serait pas transmise.* »

Dans l'estimable traité de MM. Delamarre et Poitevin, je trouve qu'il y a dans ce contrat transmission réciproque de propriété. Les passages sont nombreux et concluants. Je me borne à les signaler à l'attention de la Cour.

Pour que cette transmission de propriété puisse avoir lieu, il faut des choses fongibles : les titres au porteur sont-ils des choses fongibles ? L'arrêt a dit que la nature des titres au porteur répugne à la qualification de choses fongibles.

Je réponds en faisant ici une distinction qui lève, selon moi, toute difficulté.

Assurément, les valeurs au porteur peuvent n'être pas des choses fongibles ; elles ne le sont pas nécessairement, forcément; elles le sont suivant la manière dont elles ont été remises et dont elles sont dues. Si elles ont été spécifiées par des numéros, par exemple, elles ne sont pas fongibles; l'action portant le n° 100 n'est pas la même chose, ne peut être remplacée par celle portant le n° 200; l'une ne peut en effet, alors, faire la fonction de l'autre. Il n'y a pas lieu à la maxime romaine : *Quia una alterius vice fungitur, ideo dicuntur fungibiles.* Ce sont alors des corps certains, dus *in specie;* il y a alors un *jus in re*, un droit de propriété.

Mais si, au contraire, il n'y a pas eu de spécification dans la tradition de ces titres, s'ils n'ont été remis au détenteur que *in genere*, s'ils n'ont pas été individualisés, le déposant n'a plus aucun droit de propriété sur telle ou telle action en particulier; il n'a plus qu'un *jus ad rem*, un droit de créance tendant à lui faire obtenir tel nombre d'actions de telle nature. C'est la différence entre la médaille et la pièce de monnaie. Or, dans la cause actuelle, le fait est certain, incontestable; il n'y a pas eu de spécification, pas d'indication de numéros; il y a donc évidemment une chose fongible.

Vous voudrez bien, Messieurs, vous reporter sur ce point aux conclusions prises par l'honorable défenseur de M. Mirès devant la Cour :

« Attendu, y est-il dit, qu'aucun motif ne saurait soustraire au droit commun les actions au porteur; que remises en compte courant, quand on peut les remettre soit en nantissement, soit en dépôt, en exécutant les prescriptions de la loi, c'est évidemment par la volonté réciproque des parties, de leur libre choix, que le mode de compte courant est préféré; qu'il n'y a aucune différence entre des lettres de change ou tout autre titre payable au porteur, se résolvant en une somme d'argent, et des actions au porteur, les seules admises par la Caisse générale dans la convention... »

C'est pour cela, je le répète, que la Caisse générale s'était interdit de délivrer aucun récépissé portant un numéro ; elle voulait que le *jus ad rem* fût substitué au *jus in re* de celui avec lequel elle contractait.

Nous avons, dans notre Mémoire imprimé, cité un arrêt qui montre l'esprit de la jurisprudence, je veux parler de l'arrêt Charvier, par lequel la Cour, sur ma plaidoirie, a décidé que les titres au porteur ne sont pas, dans les inventaires, soumis à la formalité de la cote et du paraphe ; que, par leur nature, ils se rapprochent de la monnaie courante, et doivent lui être assimilés plutôt qu'aux *papiers*, qui, aux termes de l'art. 943 du Code de procédure civile, doivent être cotés et paraphés de la main de l'un des notaires.

Cet arrêt, dont je vous prie de remarquer la date récente, 13 avril 1861, porte que ces valeurs ont pour caractère substantiel d'être transmissibles librement par la simple tradition, sans aucune formalité, et sans qu'il y ait lieu à aucune justification de la possession, sauf le cas de vol ou de perte. Ces sortes de valeurs sont ainsi assimilées par la Cour de cassation à la monnaie courante.

Voyez quels progrès ont faits les idées ! Et votre arrêt n'est que le reflet de l'opinion publique, qui toujours marche en avant de la législation, surtout en matière commerciale ; on vous l'a dit au commencement de l'année en des termes que vous n'avez pas oubliés.

J'ajoute que si le compte courant peut s'appliquer aux titres au porteur, il *doit* leur être appliqué, dès que l'existence d'un compte courant est admise dans les rapports des parties ; car le compte courant doit être réciproque. Je cite encore M. Monginot... c'est parmi nos adversaires que nous trouvons nos plus fermes appuis :

« Nous examinerons ultérieurement, dit-il, s'il faut admettre la distinction généralement acceptée entre le compte courant simple et le compte courant réciproque. Si le compte courant simple ne se confondait pas forcément avec le contrat de prêt ou le contrat de mandat, nous le disons de suite, notre définition du mot compte courant ne serait pas exacte. Puis enfin, reconnaissons qu'il manque à la langue française, sinon au langage commercial, un mot exprimant par lui-même et sans confusion d'idées, que deux personnes ont chacune vis-à-vis l'une de l'autre, et en même temps, les droits de créancier et de débiteur; que ces droits sont frappés d'un sommeil obligé; et enfin que les dettes réciproques ne se compensent pas aux termes du droit commun, pour que, suivant la vérité et le droit, le titre de créancier n'appartienne qu'à celui qui a le plus donné, et le titre de débiteur à celui qui a le plus reçu. Disons donc que le compte courant simple, tel qu'il est défini par les auteurs, n'est qu'une interprétation frauduleuse de notre législation, l'abus et la surprise prenant la place du droit.

« Le principe de la réciprocité dans le compte courant fait, au contraire, disparaître toutes ces objections, et place ce nouveau contrat dans le droit. »

Si donc M. Mirès avait fait des comptes courants simples, suivant l'expert Monginot, il aurait fait une chose frauduleuse.

Il faut admettre cependant que M. Mirès n'était pas l'ineptie même. Avant de se livrer à ses immenses opérations, il consultait, il s'éclairait; or, s'il a ouvert le livre de M. Monginot, s'il y a lu que le compte courant simple n'est qu'une interprétation frauduleuse de notre droit, pourra-t-on lui reprocher d'avoir pratiqué des comptes courants réciproques, et lui dire, de par l'expert Monginot, qu'il est un escroc, qu'il est un trompeur?

Vous savez, Messieurs, avec quelle précision, quelle netteté le système de Mirès était formulé dans les conclusions de son éminent avocat! Vous me permettrez d'en replacer un passage sous vos yeux :

« Attendu que l'intention des parties, l'une de recevoir, l'autre de donner la libre disposition des actions, ressort, sans contestation possible, des faits reconnus, qu'il suffit de rappeler :

« *De la part de la Caisse :*

« La Caisse ne reçoit aucun titre nominatif, sans qu'il y ait transfert en blanc, *ce qui lui en laisse la libre disposition;*

« Si le transfert ne lui convient pas, elle exige que les titres nominatifs soient convertis en titres au porteur, *ce qui lui en laisse la libre disposition ;*

« Elle refuse d'insérer les numéros des titres dans les reçus qu'elle en donne, et se trouve ainsi munie de titres sans numéros, *ce qui lui en laisse la libre disposition ;*

« Elle ouvre un compte courant, où elle porte au crédit du client le montant de l'action, dont elle devient ainsi débitrice, *ce qui lui en laisse la libre disposition ;*

« Elle envoie chaque trimestre un règlement dans lequel figurent au crédit du client les actions dont elle est ainsi débitrice, *ce qui lui en laisse la libre disposition ;*

« *De la part des clients :*

« En consentant soit à donner un transfert en blanc lors de la remise des titres nominatifs, soit à substituer à des titres nominatifs que la Caisse refuse, des titres au porteur, qu'elle réclame ; en adhérant à la suppression des numéros de ces titres sur le reçu qui leur est donné ; en acceptant le compte courant sur sa rédaction à chaque renouvellement, les clients témoignent évidemment l'intention de laisser leurs titres, désormais sans désignation précise, à la libre disposition de la Caisse, qui n'en doit compte qu'au jour du règlement. »

Je le répète, en terminant sur ce point, dans la pensée de Mirès, comme dans la pensée des clients, les valeurs entraient en compte courant comme les sommes avancées.

Et qu'on n'objecte pas le paiement des coupons. C'est là un argument en notre faveur, bien loin d'être une objection. Au point de vue où se place Mirès, qui est le seul vrai, le paiement des coupons est un fait tout naturel, tout simple ; la Caisse avait reçu les titres, et c'était de ces titres, non de leur valeur, qu'elle était débitrice. Ne devait-elle pas restituer ce qu'avaient pu produire ces titres, à moins qu'il n'y eût eu novation? or, le fruit de la créance, c'était le montant des coupons. Donc les coupons devaient être payés par la Caisse, soit qu'elle eût disposé, soit qu'elle n'eût pas disposé des titres.

Je pourrais résumer la discussion, mais au point où elle est arrivée, il me semble que la démonstration est complète. La lumière est faite, Messieurs, nous sommes ici en face de l'évidence. Il faut s'arrêter ; car devant cette clarté l'on se sent ébloui.

Ce que l'arrêt attaqué a repoussé, c'est la vérité, et vous la consacrerez, j'en ai la conviction la plus parfaite.

Il faut maintenant examiner si, dans ce qui reste de l'arrêt, il y a de quoi constituer un délit.

Messieurs, ce qui a été fait par la Caisse des chemins de fer a été fait publiquement, d'une manière patente ; cela a été pratiqué au grand jour pendant huit années.

C'était la foi financière de Mirès ; pour lui les valeurs au porteur étaient assimilées complétement à des effets de commerce. La libre circulation de ces valeurs, telle est la force, la puissance de la richesse mobilière dans les sociétés modernes.

La mise en mouvement de ces valeurs est indispensable à toutes les grandes entreprises industrielles ou financières. Une banque n'est pas une succursale du Mont-de-Piété ; une maison de banque ne peut, sans s'anéantir, se faire maison de prêts purs et simples. Il faut qu'elle renouvelle continuellement son capital.

Et que font les maisons qui avancent sur titres, le Comptoir d'escompte par exemple ? Outre les titres qu'on lui remet en dépôt avec autorisation de les vendre, il se fait remettre des effets négociables, souscrits par l'emprunteur, effets négociables qu'il porte à la Banque et qu'il fait escompter. Et c'est ainsi que son capital se reconstitue à l'instant même.

Mirès opérait différemment. Il ne se faisait pas remettre un effet de commerce négociable ; mais il fallait qu'il fît quelque chose, autrement sa banque se serait bien vite épuisée, son capital eût été immédiatement absorbé, et il y aurait eu, quoi ? 5 pour 100 d'intérêts, sur lesquels il eût dû prélever tous les frais d'administration !... Est-ce avec ce revenu restreint, ridicule, qu'il eût fondé le crédit qui lui permettait la réalisation des immenses opérations qu'il a créées ?

Et cependant, voilà ce que l'arrêt veut vous faire admettre. Mais l'idée de Mirès n'est-elle pas bien plus féconde, bien plus pratique ? Elle créait des capitaux, elle permettait de grandes entreprises.

D'ailleurs, la garantie n'était-elle pas grande pour les clients ? le capital de la Caisse était là : 50 millions !

Voilà donc la sincérité, la moralité des opérations de Mirès rétablies. J'ajouterai que ce système des avances à l'aide d'un compte courant de titres, c'est le perfectionnement d'une pratique usuelle consacrée par la jurisprudence et pratiquée par un grand établissement public, par la Banque de France elle-même ; je veux parler des emprunts sur titres à la Bourse, de la mise en report.

On veut emprunter sur titres à la Bourse, que fait-on ? On fait une double opération au comptant et à terme, la différence entre les deux prix formant l'intérêt des prêts. Ainsi, j'ai des titres et j'ai besoin d'argent ; pourtant, je ne veux pas aliéner mes titres, car j'ai foi dans la hausse ultérieure ;

je remets ces titres à l'agent de change, qui effectue l'opération appelée *report* ; je reçois l'argent, je supporte la différence entre les deux prix qui constitue, comme je l'ai dit, l'intérêt du prêt.

J'ai droit aux titres, sur remboursement de la somme empruntée ; mais c'est un droit non de propriété, mais de créance, non pas *in specie,* mais *in genere.* Par exemple j'ai emprunté sur 100 Autrichiens ; en remboursant la somme qu'on m'a prêtée, je reprendrai 100 Autrichiens, mais quelconques ; le prêteur se libérera en me fournissant des titres quelconques.

Jusqu'ici l'analogie avec le compte courant pratiqué par Mirès est frappante : l'emprunteur a la libre disposition des fonds, il conserve un droit aux titres, mais un droit de créance, un *jus ad rem ;* il a droit non aux mêmes titres, mais au même nombre de titres de même nature ; le prêteur a la libre disposition des titres, devenus sa propriété ; il est débiteur de titres semblables.

Les différences avec le système de compte courant employé par Mirès sont celles-ci : A la Bourse, où est la garantie de l'emprunteur? uniquement dans la solvabilité de l'agent de change qui répond de la restitution des titres. Chez Mirès, au contraire, la garantie, c'est le capital de la caisse. A la Bourse, l'échéance est brève, fatale, c'est la fin du mois; faute de remboursement de la somme avancée, il faut faire un nouveau report, et alors il y a des frais de courtage; chez Mirès, au contraire, l'échéance est illimitée. La faillite de l'emprunteur n'atteint pas le reporteur à la Bourse ; si l'emprunteur, chez Mirès, tombe en faillite, la masse conserve contre le prêteur son droit aux titres, et le porteur n'a contre la masse qu'une créance chirographaire qui se paiera en dividende.

Ainsi le système Mirès, c'est l'imitation du prêt sur titres à la Bourse avec des modifications favorables à l'emprunteur, c'est l'imitation de la mise en report. J'ai dit que ce système était sanctionné par la Banque de France elle-même. Tous les journaux n'ont-ils pas affirmé, en effet, sans avoir été contredits, qu'à la liquidation du 30 septembre, elle a mis en report pour 37 millions de francs de valeurs?

Après ces explications, vous comprenez, Messieurs, quelle émotion s'est emparée des défenseurs de Mirès, à tous les degrés de juridiction, lorsqu'ils ont entendu incriminer la théorie par eux présentée, comme contraire à toutes les lois, bien plus à tous les principes de morale ; lorsqu'ils ont entendu déclarer qu'ils prétendaient justifier des combinaisons inouïes, monstrueuses, scandaleuses. Mais devant la Cour de Paris, un écrit courageux est venu restituer aux choses leur véritable caractère : la protestation, la douleur de ces honorables avocats s'est exhalée dans cet écrit où ils ont revendiqué la responsabilité et l'honorabilité de leurs doctrines (1). Le défenseur de Mirès à la Cour impériale s'est fait l'éloquent interprète du même sentiment.

Et moi, je viens redire ici à mon tour :

Le système de la maison Mirès était honnête et loyal; il était conforme aux usages du commerce; il était utile et fécond, car il généralisait une combinaison qui facilite le mouvement des capitaux ; il méritait les sympathies, et non le blâme, car il a rendu d'immenses services et il n'a causé aucun préjudice.

Je proteste donc de toute la puissance d'une entière conviction contre les qualifications que lui a infligées l'arrêt de la Cour de Paris.

Je me hâte de rentrer dans la discussion et je précise le point où elle est arrivée. J'ai démontré qu'en droit, le système du nantissement était impossible, inadmissible ; qu'au contraire, le contrat intervenu entre les parties était réelle-

---

(1) Consultation de MM^{es} Plocque et Mathieu.

ment un « compte courant réciproque »; que le compte courant peut s'appliquer aux titres au porteur et que son
application à ces sortes de valeurs est utile et honnête.

Il me reste à vous démontrer, Messieurs, que, par suite,
le délit d'escroquerie disparaît, c'est-à-dire à tirer la conclusion du moyen de cassation pris dans son ensemble, et à
justifier cette conclusion à savoir que le nantissement une
fois écarté, les éléments constitutifs du délit d'escroquerie
n'existent plus en fait.

Parcourons rapidement les motifs de l'arrêt ou plutôt du
jugement, puisque l'arrêt, lui, n'a pas de motifs. Je prends
la sentence corps à corps, et je vais montrer qu'il n'en
reste plus rien.

La déclaration du nantissement? Elle est écartée, anéantie.

La vente à de hauts cours? Elle est également mise à
néant.

Le défaut de consentement des clients à la première vente,
la dissimulation de cette prétendue vente? Qu'importe si la
Caisse avait le droit de vendre, si, par conséquent, la vente
demeurait étrangère aux clients.

L'intention frauduleuse de s'approprier les différences
entre les cours hauts et bas? Mais elle n'existait, à l'égard
des clients, ni en fait ni en droit.

Les manœuvres frauduleuses, la vente fictive de valeurs
déjà vendues? Mais les titres étant restés aux crédits des
clients, la vente réelle était possible et s'est parfaitement
opérée en fait.

Tous ces points établis, qu'était-ce donc que l'*exécution?*
C'était tout simplement une liquidation par la vente de ce
qui appartenait aux clients. Ce que faisait Mirès en envoyant
la lettre signée Malabar, c'était substituer les rapports de
vendeur et d'acheteur à ceux de prêteur et d'emprunteur;
c'était convertir au crédit du client ses titres en leur valeur
en argent, c'était rendre le client créancier du prix au lieu

d'être créancier du titre, c'était constituer la Caisse débitrice du prix au lieu d'être débitrice des titres, au lieu de rester tenue de rendre la chose. Une fois admis que le client n'avait pas cessé d'être créditeur des titres, c'était une vente parfaitement réelle, avec tous les effets de droit de la vente, qui s'opérait entre le client et la Caisse.

L'exécution, si l'on veut, a été violente, l'opération irrégulière au point de vue civil ; il fallait, dira-t-on, le consentement du client à la vente ou sa mise en demeure. Un fait irrégulier s'est passé, soit ; mais ce fait n'est nullement délictueux ; il pouvait y avoir une réclamation civile, s'il y avait eu préjudice, mais une poursuite criminelle était impossible ; car, en définitive, il n'y a ici qu'une gestion d'affaires, qui ne pouvait être qu'avantageuse pour les clients de la Caisse.

Et c'était si bien une gestion d'affaires, que la vente était obligatoire pour la Caisse, sans l'être pour le client ; la Caisse était liée, le client ne l'était pas.

Cette lettre d'avis, dont on a tant parlé, donnait un titre au client ; il lui suffisait de ne point accepter l'opération ; il était maintenu dans tous ses droits comme créancier ; s'il n'acceptait pas la vente, il restait créancier de ses titres, la Caisse seule était tenue : la lettre constatait une liquidation d'office non consentie par le client, il n'y avait pas d'engagement synallagmatique.

Le client était libre d'accepter ou non ; il acceptait si la baisse devenait plus forte, car alors l'opération était avantageuse pour lui ; il n'acceptait pas si la hausse revenait : il se faisait réintégrer, et c'est ce qui a été fait pour la plupart des clients, bien avant les poursuites.

Et, disons-le bien haut : cette éventualité prouvait évidemment la sincérité de la croyance de Mirès à la baisse, la confiance qu'il faisait une opération utile aux clients, sa bonne foi en un mot.

Et cette bonne foi n'est-elle pas attestée, d'ailleurs, par un fait irrécusable? En même temps qu'il liquidait d'office les clients, par crainte de la baisse, Mirès opérait pour son compte à la baisse, en vendant 300,000 francs de rente, et s'exposait personnellement à une perte qui, par suite de la hausse survenue, s'est élevée à plus de deux cent mille francs !

Donc, cette opération qu'on a voulu rendre odieuse en la stigmatisant du mot obscur et terrible : exécution! cette opération c'était, Messieurs, une mesure de salut public prise à ses risques et périls, par Mirès, mais prise en honnête homme, dans un moment suprême.

J'aborde les autres éléments constitutifs de l'escroquerie : et d'abord la crainte d'un événement chimérique. L'arrêt a dit : La baisse ne pouvait atteindre les clients de Mirès, puisque leurs valeurs étaient vendues, puisqu'ils n'avaient plus ces valeurs. Mais c'est toujours la même erreur capitale; si, comme j'espère l'avoir démontré, les clients étaient créanciers en titres, leur créance variait avec la valeur des titres qui en étaient l'objet, et la baisse pouvait les atteindre. La baisse n'était donc pas pour eux un événement chimérique. C'était une menaçante réalité. Eh! Messieurs, qui oserait dire aujourd'hui, même après cet héroïque effort qui a pu enchaîner soudain la fureur des batailles, qui oserait dire que la crainte d'une guerre générale fût, au moment où commença la guerre d'Italie, une crainte chimérique?...

Vous le voyez donc bien; abstraction faite du nantissement, on ne retrouve plus dans la cause les éléments de l'escroquerie, ni au point de vue de l'intention, ni au point de vue de la légalité; il faut en effet de toute nécessité, pour qu'il y ait délit, qu'il y ait une chose d'autrui à détourner, à s'approprier; et dans le système de l'arrêt de la Cour de Paris, l'opération étant caractérisée et qualifiée nantissement, la Cour trouve dans le fait de l'exécution une intention frauduleuse de s'approprier la chose d'autrui.

Mais dans le système de la défense, il y a une opération qui n'est pas réalisée, une chance aléatoire qui ne peut être avantageuse qu'au client, tandis que la Caisse ne peut rien s'approprier, rien gagner. Cette observation, Messieurs, est de la plus grande importance. Le jour où Mirès faisait l'opération, il ne savait pas si l'affaire serait bonne ou non ; les chances pouvaient être favorables au client ; quant au banquier, il ne gagnait rien, car il se constituait débiteur d'une somme fixe au lieu d'être débiteur d'un titre d'une valeur variable.

Où l'arrêt attaqué voit un escroc, nous voyons, nous, un banquier loyal, faisant une opération qu'il croit utile à ses clients et dont il assume sur lui seul tous les risques. Est-il donc possible de trouver une escroquerie dans une opération par laquelle on ne veut ni ne peut rien gagner ?

Ainsi, que l'on se place soit au point de vue moral, soit au point de vue légal, l'escroquerie est impossible, si vous écartez le nantissement ; elle est impossible surtout si au lieu du nantissement vous admettez le compte courant ; l'idée du compte courant acceptée, tous les éléments de l'escroquerie s'évanouissent. Telle est la conclusion à laquelle je ne comprends pas que l'on puisse échapper.

J'ai rempli, je l'espère, Messieurs, ma tâche sur ce point. Et j'ai fait plus que réfuter légalement, juridiquement les motifs de l'arrêt. Je crois l'avoir atteint moralement, dans son essence même, je crois l'avoir frappé au cœur. Evidemment, la Cour a statué sous l'empire de cette préoccupation que le système de la maison Mirès était une monstruosité commerciale et financière, un vaste piége tendu à la confiance du public. Si j'ai pu vous convaincre qu'il y avait là l'application d'une idée simple, grande, honnête autant que féconde, celle d'un compte courant réciproque, comprenant les valeurs au porteur aussi bien que les avances ; si j'ai pu vous persuader que les liquidations d'office, appelées exécutions n'étaient que des gestions d'affaires irrégulières civilement, mais exclusives de tout délit, est-ce que vos consciences, Messieurs, ne se soulèveront pas contre les qualifications flétrissantes de l'arrêt de Paris? Et si j'ai seulement réussi à vous démontrer la possibilité que la maison Mirès ait pratiqué un système tout autre que le système incriminé, je serai parvenu au but de toute ma discussion ; c'est que le problème n'est pas résolu par l'arrêt, c'est que le procès n'est pas jugé, c'est que vous ne pouvez maintenir la décision qui condamne comme escroc celui qui peut-être n'a été qu'un hardi et intelligent novateur.

A l'audience suivante, Ambroise Rendu continua ainsi sa plaidoirie :

J'ai démontré à la fin de l'audience d'hier jusqu'à la plus complète évidence que c'est en se plaçant dans l'hypothèse d'un nantissement préexistant que l'arrêt a admis l'escroquerie ; que le nantissement écarté, l'arrêt ne constate plus les éléments constitutifs du délit, car les faits qu'il relate changent entièrement de caractère, et il n'y a plus, abstraction faite du nantissement et du droit de propriété préexistant des clients sur les titres remis à la Caisse, ni intention frauduleuse, ni manœuvres, ni crainte d'un événement chimérique. Et j'appelais tout spécialement l'attention de la Cour sur ce point décisif qu'en écartant le nantissement, et, par suite, le droit acquis du client au prix de la première vente, ce qu'on appelle l'exécution, au lieu d'être pour le banquier un moyen de détourner, et à coup sûr, un bénéfice acquis, n'est plus qu'une opération tout aléatoire, où il ne saisit rien, où il ne détourne rien, où il se livre, au contraire, à une chance de perte plus que de gain, et accomplit une gestion d'affaire irrégulière sans doute, mais qui peut et qui doit dans sa pensée tourner au profit du client.

Et je concluais : pas de nantissement, pas d'escroquerie !

J'arrive aux troisième et quatrième moyens de cassation : je serai plus bref, car je serai soutenu par l'opinion de M. le rapporteur, ici toute favorable au pourvoi; mais j'aurai, en expliquant les opérations, l'occasion de faire ressortir leur vrai et légitime caractère.

Le troisième moyen concerne les obligations du chemin de fer de Pampelune à Saragosse, et un prétendu abus de confiance, résultant de ce que les gérants auraient détourné ou dissipé les deniers de certains souscripteurs en leur remettant des titres provisoires engageant la Caisse générale des chemins de fer, au lieu des titres définitifs engageant la Compagnie du chemin de Pampelune à Saragosse.

Je soutiens qu'ici encore les éléments constitutifs du délit font défaut d'après les faits constatés, et que, par suite, il y a fausse application et violation des art. 408 et 406 du Code pénal. A cet égard, M. le conseiller-rapporteur a donné son entière adhésion au système du pourvoi.

J'insisterai pourtant, car je veux qu'il ne reste rien, mais absolument rien, de cet incroyable grief.

Je vais rappeler le fait apprécié par l'arrêt, et je veux vous montrer que ce fait est absous par l'honnêteté, par la loyauté, avant de l'être par la loi.

La Compagnie du chemin de fer de Pampelune voulait réaliser un emprunt; elle voulait émettre 52,080 obligations. La Caisse des chemins de fer sert d'intermédiaire ; elle ouvre une souscription publique; elle offre au public les obligations à 250 fr. Quelle était la situation, quel était le rôle de la Caisse? C'était un banquier, investi de la confiance de la Compagnie de Pampelune d'une part, et d'un autre côté de la confiance du public, des souscripteurs. La Caisse devait à la Compagnie le montant de l'emprunt souscrit; aux souscripteurs, les titres au prix d'émission, c'est-à-dire 250 fr., avec leur valeur résultant de leur nombre, soit pour chaque titre un cinquante-deux millième du nombre total.

La Caisse émet les 52,000 obligations, et la souscription s'élève jusqu'à 56,312. Les gérants se sont demandé : Que faire de cet excédant de 4,312 obligations souscrites en plus? Il n'y avait pas de réduction proportionnelle possible.

Les gérants imaginèrent un moyen bien simple, qui satisfaisait et l'intérêt et le vœu des souscripteurs et l'intérêt de la Compagnie, moyen qui ne pouvait causer aucun préjudice aux souscripteurs, qui pouvait même leur donner un bénéfice et qui n'occasionnait de sacrifices que pour le banquier seul.

Les gérants de la Caisse se sont dit : On n'augmentera pas le chiffre des obligations pour satisfaire les souscripteurs, car il y aurait alors une fraude et un préjudice pour eux. En effet, si au lieu de 52,000 obligations, on venait à en créer 56,000, le souscripteur, en échange de son argent, ne recevrait plus qu'un cinquante-six millième au lieu d'un cinquante-deux millième ; sa part dans le fond commun serait moindre, et il y aurait plus de titres sur la place.

Ce n'est pas ce qu'on a fait, je le dis et le répète avec l'arrêt attaqué lui-même ; mais si j'insiste, c'est qu'une erreur s'est glissée sur ce point ; il y a eu confusion à cet égard dans les documents imprimés du procès qui laissent entendre qu'on aurait effectivement émis 56,000 obligations au lieu de 52,000 que la Caisse était autorisée à émettre.

Voici la combinaison que les gérants ont adoptée. Il y avait deux manières également efficaces de procurer des titres aux souscripteurs : ou l'émission directe par la Compagnie ou le rachat à la Bourse des titres qui manquaient.

La Caisse s'est dit : « Si je livre aux 52,000 premiers souscripteurs les titres fournis par la Compagnie de Pampelune ; si aux 4,312 derniers, je livre les titres apportés à la

Bourse que je me procurerai ; si enfin je les livre aux souscripteurs au taux de l'émission à 250 fr., sans plus-value, après les avoir achetés, moi, 252 fr., 255 fr., peu importe, j'aurai accompli mon mandat vis-à-vis de tout le monde, vis-à-vis de la Compagnie de Pampelune et vis-à-vis des souscripteurs. Il y aura même avantage pour les souscripteurs, les titres seront plus facilement classés, et il n'y aura de préjudice que pour moi, puisque je rachèterai plus cher que le taux de l'émission. » Cette combinaison peut être qualifiée d'imprudente, mais elle n'a rien qui choque ni la loi ni la morale.

Eh bien ! elle a été réalisée de tous points, cette combinaison. Les 52,000 titres définitifs ont été livrés ; pour le reste, on a remis des reconnaissances provisoires par lesquelles la Caisse s'engageait à fournir aux souscripteurs les titres définitifs.

Je dis la Caisse, car elle s'engageait, et non pas les gérants seuls. Ici, il faut rectifier une erreur matérielle de l'arrêt. Les titres provisoires étaient signés non par les gérants personnellement, mais bien par *J. Mirès et C*. La Caisse générale et un capital de 50 millions étaient engagés et responsables, et non pas seulement et personnellement les gérants.

En fait, il y a eu à la Bourse des rachats quotidiens, et ensuite livraison journalière des titres définitifs aux porteurs des promesses, et, au jour de l'arrestation, il n'y avait plus que 9 souscripteurs pour 120 obligations, c'est-à-dire pour 30,000 fr., qui n'avaient pas encore reçu leurs titres définitifs. Et encore, c'est qu'ils n'avaient pas réclamé, c'est qu'ils n'avaient pas demandé la régularisation de leur position. Il suffisait pour clore cette affaire, qu'en un seul jour les liquidateurs, avec les millions qu'ils avaient en caisse, achetassent 120 obligations du chemin de fer de Pampelune !!! Et tout eût été dit.

Voilà donc l'opération que l'arrêt a qualifié d'abus de confiance, de dissipation et de détournement de deniers !

Pour justifier la condamnation, il faut que l'arrêt constate trois choses : 1° l'intention frauduleuse; 2° l'inexécution du mandat; 3° la dissipation et le détournement des deniers, ayant causé préjudice.

L'arrêt attaqué n'établit aucun de ces trois éléments : il suffit, Messieurs, de l'examiner avec quelque attention pour s'en convaincre. Quant à l'intention, en quoi peut-elle consister? à s'approprier les deniers d'autrui, tout au moins à causer préjudice à des tiers. Or la Cour impériale constate un but, une intention tout autre qu'une intention frauduleuse ; je dis plus, une intention négative de toute intention coupable. La Cour dit que le but de la combinaison, le but avoué et condamnable était de soutenir artificiellement les cours.

L'arrêt fait ici une confusion déplorable entre deux choses essentiellement distinctes. La loi pénale punit la hausse artificielle, que l'art. 419 du Code pénal définit et caractérise. C'est le soutien des cours, sans bourse délier, sans achats réels, par de faux bruits, par de fausses nouvelles. Voilà les moyens frauduleux; hélas ! voilà ce qui arrive tous les jours à la Bourse. Que de bruits mensongers n'y fait-on pas courir, que de dépêches suspectes, que de renseignements imaginaires, apocryphes !..... Et cela passe !..... Et combien sont rares les condamnations pour ce délit? Est-ce là ce qui est reproché à Mirès? lui impute-t-on quelque chose de semblable? Non; l'arrêt constate un tout autre fait. Mirès a soutenu les cours, dit-il, par l'achat effectif, à prix d'argent, des titres vendus après l'émission. Mais, Messieurs, et ici je fais appel à vos consciences, mais c'est une chose légitime, c'est un acte loyal; ce n'est pas là la hausse artificielle, c'est purement et simplement un obstacle utilement et honnêtement apporté à une baisse artificielle.

Dans toute souscription, en effet, il y a deux classes de souscripteurs : les uns, souscripteurs sérieux, qui souscrivent pour garder leurs titres en portefeuille; les autres, qui ne souscrivent que pour revendre, pour spéculer. Ces derniers apportent à la Bourse les titres qu'ils ont souscrits; les offres de ces titres, faites simultanément sur le marché, entraînent immédiatement un abaissement, quelquefois un effondrement des cours. Voilà la baisse artificielle; rien n'est plus fâcheux, rien n'est plus nuisible aux souscripteurs sérieux. Il serait à désirer que, dans toutes les grandes entreprises, des capitalistes reprissent ces titres déclassés. Je le répète, si ce n'est pas avec de faux bruits, mais avec de l'argent, qu'on arrive au classement définitif des titres, il n'y a préjudice pour personne. Sur ce point, les précédents sont nombreux et pris de haut.

Ouvrez l'*Histoire du Consulat et de l'Empire*, vous y lirez que le ministre Mollien rachetait les bons de la Caisse d'amortissement pour en empêcher la baisse. L'Empereur, pendant nos grandes guerres, assurait le maintien du cours de la rente en faisant racheter avec les fonds de la caisse de l'armée. En 1814, le baron Louis, cet intègre et noble ministre, ce restaurateur de nos finances, le baron Louis fait racheter des bons de liquidation, des bons royaux, qui arrivaient sur le marché en trop grand nombre; il les fait racheter pour empêcher leur dépréciation. Plus près de nous, en 1852, lors de la conversion des rentes, il fallait que la rente 5 p. 0/0 se tînt au-dessus du pair pour assurer le succès de cette grande opération. Le ministre des finances, M. Bineau, eut de vives inquiétudes à cet égard. On se rappelle une conférence célèbre où il fut fait appel par le Ministre aux influences financières de l'époque. 120 millions furent employés à racheter des rentes, et c'est ainsi qu'on empêcha la dépression des cours. Je le dis hautement, cette opération était bonne et loyale.

Le tort de Mirès a donc été d'imiter de grands exemples, de comparer les moindres choses aux plus grandes.

> Urbem quam dicunt Romam, Melibœe, putavi
> Huic nostræ similem...

Et le poëte ajoute :

> Stultus ego!

Oui, Mirès a peut-être été un sot de suivre ces grands exemples; mais il n'a pas été un trompeur.

On a dit qu'il faut distinguer parmi les opérations de Bourse celles qui sont faites dans l'intérêt de l'Etat et celles qui le sont pour des intérêts privés. Loin de nous une telle doctrine, Messieurs. Non, non, il n'y a pas deux morales. Ce qui est bien est bien, ce qui est mal est mal, et pour tous et envers tous, et il faut le proclamer avec d'autant plus d'assurance qu'aujourd'hui les souscriptions particulières ont atteint les proportions des emprunts émis par les États. Quand l'État a donné l'exemple, tous ont le droit de l'imiter, tous ont le droit de le suivre dans la voie qu'il a tracée.

Quant à l'inexécution du mandat, je réponds à l'arrêt : Cet élément manque par deux motifs; l'inexécution n'est pas constatée au point de vue pénal; de plus, et surtout, la ratification du fait, de la part des souscripteurs, ressort de l'arrêt même et fait disparaître jusqu'à la possibilité du délit.

La loi punit l'inexécution du mandat, mais non son exécution par équivalent. Au lieu du titre, la Caisse a donné au souscripteur un moyen certain de se procurer le titre. On a objecté que ce n'était pas la même chose; qu'au lieu de l'engagement de la Compagnie de Pampelune, le souscripteur n'avait que l'engagement de la Caisse. Mais qu'on le remarque, celui qui s'est engagé, c'est le banquier choisi par les parties pour intermédiaire, c'est celui dont l'entremise avait été acceptée à cause de la confiance même qu'il inspirait. Or, ceci est décisif, Messieurs. En effet, en pareille circonstance, c'est le banquier dont la situation inspire confiance au public, c'est lui qui prête son crédit à la Compagnie, ce n'est pas la Compagnie qui prête son crédit au banquier.

Lorsque Rothschild émit les titres du chemin de Saragosse, le public s'est-il bien préoccupé de ce que valait le chemin de Saragosse? Non, il s'est dit : Qu'est-ce que le chemin de Saragosse? C'est le chemin de Rothschild! et il a souscrit. Donc l'engagement de celui qui a la confiance du public est un équivalent véritable de l'obligation de la Compagnie. Et il en est surtout ainsi, alors que la réalisation de cet engagement est si immédiate et si facile.

J'ai donc droit de dire qu'en tout cas il y a exécution réelle, véritable, du mandat par équivalent; qu'en tout cas, le débat sur ce point eût été un débat civil s'il y avait eu préjudice, mais il est constaté que les fonds étaient en caisse et que les porteurs de récépissés provisoires ont été remboursés intégralement, soit par des obligations, soit par des espèces, à leur choix.

J'ajoute qu'il y a eu véritable acceptation, véritable ratification des faits accomplis de la part des souscripteurs, et ceci n'est pas moins péremptoire. Cette ratification est constatée par l'arrêt, au moins implicitement. En effet, le titre provisoire remis par la Caisse était clair, il ne contenait rien de fallacieux ; il portait : La Caisse doit des obligations de Pampelune. La Caisse s'engageait donc par un titre explicite qui n'était pas de nature à tromper le public, un titre contenant une sorte de novation, qui s'opérait vis-à-vis du client, quand ce titre était accepté sans réclamations.

Ah! sans doute, il y aurait pu y avoir délit, si l'on eût remis des titres mensongers, des apparences d'obligations de Pampelune. Le public, qui aurait cru avoir de véritables obligations de la Compagnie, aurait été trompé; il y aurait

6

eu escroquerie, car le titre eût été illusoire, et non plus simple abus de mandat. Mais rien de pareil n'a eu lieu, et aucun reproche de ce genre n'a été fait à Mirès.

Il faudrait enfin, pour établir le délit, que l'arrêt constatât le détournement ou la dissipation des deniers remis par le souscripteur. Cet élément du délit suppose la perte ou l'absence d'emploi. Quant à la perte des deniers, elle n'est pas articulée ; est-ce qu'il n'y avait pas, lors de l'arrestation de Mirès, plus de 30 millions dans la caisse en espèces ou en valeurs !

Il n'y a pas eu davantage absence d'emploi des fonds remis par les souscripteurs. L'emploi est constaté par l'arrêt et il a été ratifié par les clients. Donc, on ne saurait trouver ici, en aucune manière, l'élément essentiel du délit en question, détournement des fonds d'autrui, les fonds étant appliqués à racheter pour les souscripteurs des titres en bourse. C'est l'arrêt qui le déclare, et qui se condamne ainsi lui-même. D'après une jurisprudence constante, pour que l'abus de confiance existe, il faut que le prévenu ait affecté les deniers à ses besoins personnels, et surtout qu'il se soit mis dans l'impossibilité de restituer les fonds, impossibilité qui résulte d'une réclamation inutile, d'une mise en demeure vainement adressée par le déposant. Or, il n'a jamais été articulé et l'arrêt n'a jamais dit qu'il y ait eu impossibilité de restituer de la part de la Caisse, ni mise en demeure quelconque de la part des souscripteurs. De longs mois se sont écoulés après la souscription; personne ne s'était plaint, n'avait réclamé, et pourtant une mise en demeure infructueuse eût été essentielle d'après vos arrêts pour l'existence du délit.

Ici, Messieurs, le droit emporte le fait, les deux choses se confondent; on n'aperçoit plus qu'une opération honnête, et qui plus est, toute au profit d'autrui et aux dépens du banquier seul, qui payait plus cher ce qu'il donnait à meilleur prix, au prix d'émission comme il l'avait promis. Et qu'on ne dise pas, comme on disait hier : Mais le banquier était bien aise d'avoir un million de plus dans sa caisse. C'est absolument inexact, puisque ce million, s'il l'avait touché, ce qui n'est même pas vrai, il le portait à la Bourse pour racheter des titres.

Je dois ici relever, stigmatiser de toutes mes forces une injustice cruelle dans le mode d'appréciation de l'arrêt.

Voilà une opération qui a roulé sur 14 millions. Comment est-elle incriminée? Est-ce dans son ensemble? dans son résultat général? Non. Recherche-t-on ce qui s'est fait pour 56,000 titres? Non. On ne s'occupe que de 120 titres non régularisés définitivement, de 30,000 francs à employer quand les gérants laissaient des millions en caisse. Et au lieu d'apprécier ce détail par l'ensemble de l'opération, c'est l'ensemble qui est apprécié et jugé par ce misérable détail : cela est vrai pour ce grief, c'est plus frappant encore à l'égard du troisième délit, dont je vais m'occuper à présent.

J'arrive au quatrième moyen, relatif au prétendu détournement de valeurs diverses; ici je me trouve sur un terrain encore plus facile, car le rapport me donne raison à tous égards. En lisant l'arrêt, on trouve presque une inculpation de vol et on se dit : Voilà un banquier qui a en caisse des titres en quantité immense, et des sommes qui s'élèvent à des millions. Ce banquier a commis des détournements. Il aura détourné des titres par milliers, il aura ravi des sommes effrayantes!... On trouve quoi! en définitive : 199 obligations des Ports de Marseille, qu'aurait voulu détourner Mirès ! Voilà ce que ces hommes qui remuaient des millions auraient détourné!! Messieurs, les bras me tombent quand j'entends une semblable accusation, et si j'étais en Cour impériale, je me bornerais à m'écrier : Mais c'est impossible ; mais il y a méprise certaine ; mais il suffit d'énoncer le fait pour en faire justice, de par son absurdité même.

Arrivons au droit : le droit va être ici l'anéantissement de l'arrêt et la justification éclatante du demandeur. Il y a ici une triple violation de la loi. Défaut de motifs, violation de l'article 1723 du Code Napoléon, sur la preuve du dépôt; fausse qualification du contrat et violation de l'article 1930 du Code Napoléon.

Et d'abord, puisqu'il s'agit d'une violation de dépôt, il faut préjudiciellement établir le dépôt; le jugement dit : « Attendu qu'il est constant et non méconnu qu'en 1858, 1859 et 1860, des clients de la Caisse générale des chemins de fer lui avaient remis en dépôt des titres de diverses natures, etc..... » et plus loin il ajoute « qu'en vain Mirès objecte que ces titres étant déposés en compte courant, leur dépôt donnait lieu à l'ouverture d'un compte d'attente, et qu'ainsi il a pu en disposer comme des titres remis en nantissement sans commettre aucun délit. » Il y a dans ce jugement une contradiction évidente ; après avoir dit que le dépôt n'est pas méconnu, il constate lui-même la méconnaissance du dépôt par Mirès.

On est confondu, lorsque l'on voit l'arrêt s'approprier ces motifs du jugement, vraiment déplorables à les considérer en eux-mêmes. Et en présence des conclusions formelles prises par Mirès pour contester le dépôt, on est stupéfait lorsqu'on voit l'arrêt persister à dire : « Le dépôt n'est pas méconnu. »

En réalité, l'existence du dépôt était méconnue ; il y avait donc de la part de la Cour nécessité de s'expliquer, de justifier par des motifs l'existence du dépôt.

De là, et par une conséquence forcée, il y a eu violation de l'article 1923 du Code Napoléon sur la preuve du dépôt. S'il n'y a pas d'aveu qui établisse le fait du dépôt, il faut faire la preuve écrite de ce dépôt; le juge correctionnel y est assujetti : la jurisprudence est constante sur ce point.

J'ajoute qu'il y a fausse qualification du contrat et violation de l'article 1930. Les conclusions articulaient l'existence d'un compte courant d'attente ; elles en présentaient les éléments et en tiraient la conséquence légale, et l'arrêt dit : « Il suffit d'énoncer ce système pour le réfuter. » La Cour de cassation se demandera s'il y a là dénégation juridique d'un moyen de défense.

On ajoutait devant la Cour, au nom de Mirès : « Admettons qu'il y ait eu un dépôt, mais le dépôt n'a pas été violé, mais les titres sont dans la caisse, mais voici l'inventaire dressé par M. de Germiny, qui en constate la présence. » C'était un fait positif et matériel opposé, comme moyen de défense, au fait imputé ; ce fait négatif du délit, articulé avec toutes ses circonstances, il fallait que le juge l'examinât, qu'il s'expliquât sur ce point, qu'il motivât le rejet de l'articulation du prévenu. Eh bien ! l'arrêt ne dit encore rien, jamais rien ; il est muet... comme toujours.

Et cependant la Cour sait que les conclusions de Mirès (pages 32 et suiv.) sont catégoriques sur ce point ; qu'il articulait que les obligations étaient là ; que, si on ne les avait pas retrouvées, c'est que les liquidateurs les avaient remises par erreur à d'autres personnes, *après l'arrestation de Mirès*, et qu'en définitive, ce fait ne pouvait rétroactivement retomber à la charge de Mirès. Il y a donc eu une triple violation de la loi.

M. le conseiller-rapporteur a fait une observation capitale : c'est que ce moyen de cassation, qui repose sur un défaut de motif, peut s'appuyer également sur la violation du droit sacré de la défense ; car le juge qui ensevelit dans le silence le moyen de défense d'un prévenu viole nos droits fondamentaux ; il écrase le prévenu, non par la justice, mais par la force. Mais alors, Messieurs, le moyen de défense reste toujours là auprès de lui ; il se dresse comme un vengeur, comme un remords, contre la décision qui a frappé sans entendre.

Eh bien, Messieurs, ce qui est vrai pour ce moyen spécial reparaît avec toute sa grandeur à propos du premier moyen de cassation qui s'attaque à toutes les erreurs de l'expertise; et, si la défense de Mirès a été sacrifiée en ce qui concerne les obligations de Marseille, elle l'a été aussi, par suite du même silence de l'arrêt, pour toutes les erreurs qu'il a signalées à la Cour.

Messieurs, il est de toute évidence que l'arrêt a encouru la cassation sur les deux chefs que je viens de discuter, et je n'en doute pas plus quant au chef relatif à l'escroquerie. Or, je vous le demande, est-ce qu'il serait possible que ces délits effacés en droit, l'arrêt fût maintenu dans cette condamnation qui prononce le maximum de la peine, parce qu'il se trouverait un autre point qui peut-être échapperait à votre censure?

Messieurs, il y a des impossibilités morales, et un tel résultat est une impossibilité de ce genre. Déjà il a été difficile de faire comprendre comment, en présence de l'acquittement de Mirès sur plusieurs chefs, la Cour maintenait néanmoins le maximum de la peine. Une sorte de murmure s'est fait dans le fond des consciences.

Que serait-ce si l'on devait voir encore quelques délits s'évanouir, et cette terrible peine toujours maintenue dans son entier? que dis-je, s'aggravant en quelque sorte par cela même qu'elle se concentrerait davantage, et que les motifs qui l'expliquent iraient s'amoindrissant?

Une considération si grave n'échappera pas à votre prudence.

Le rapport, après avoir souvent et sévèrement critiqué l'arrêt, vous en a cependant demandé le maintien en vous disant qu'il importe à la société, à la justice elle-même, que de semblables procès aient un terme, et que de telles discussions ne se renouvellent pas.

Je doute, Messieurs, que cette préoccupation s'empare

de la Cour suprême, instituée pour faire observer le droit, et le rétablir partout où il est méconnu.

On a parlé de débats scandaleux! Où donc voit-on que l'ordre ou les mœurs soient en péril, parce qu'on discutera encore une fois des pratiques financières, et qu'un banquier défendra sa probité et son honneur?

En quoi la société aura-t-elle à s'alarmer de ce qu'on re-reviendrait devant une nouvelle Cour discuter à peu près ce qui a été plaidé à cette audience?

Vous avez vu le fond du procès, Messieurs, et l'on se tromperait étrangement si l'on craignait que, devant une autre Cour, il ne vînt à apparaître quelque révélation inattendue et scandaleuse.

Le scandale, il n'est pas dans le débat, d'où peut sortir la lumière, il ne serait que dans la décision qui aurait pu obscurcir la vérité en étouffant la défense.

Mais il est un autre intérêt plus réel et plus grand que celui qu'on vous a signalé et qui est plus digne assurément de la sollicitude de la Cour. C'est que l'arrêt qui termine de tels débats judiciaires termine aussi la controverse. C'est qu'il satisfasse aux exigences et de la loi et de l'opinion; c'est qu'après l'avoir entendu, il soit clair pour tous que le procès est jugé. Il est de l'intérêt de la justice, de l'intérêt du public, de l'intérêt du pouvoir lui-même, que le dernier mot soit dit. En est-il ainsi, Messieurs? dans cette immense affaire, l'arrêt de la Cour de Paris a-t-il répondu à l'attente universelle?

A-t-il rempli sa tâche, cet arrêt dont M. le rapporteur a tant de fois déploré l'erreur ou l'insuffisance; cet arrêt qui, laissant le débat au point où il s'était arrêté en première instance, n'a pas eu un mot à dire sur les graves problèmes que les plus éminents jurisconsultes avaient proposés à la Cour?

C'est la chose jugée, je l'entends! Mais ce n'est pas par la seule fiction de vérité qui s'y attache que je veux qu'elle soit protégée en cette solennelle circonstance. Pour l'honneur de la justice de mon pays, je veux que ni l'intérêt, ni la passion ne puissent plus élever la voix après la décision suprême.

Eh bien! je vous le demande encore, qui osera dire qu'après l'arrêt de Paris le procès Mirès est jugé? Qui osera dire, sans sentir s'émouvoir sa conscience et trembler sa parole : « Mirès était un escroc!...

« Le système de sa maison était le renversement de toute morale et de tout droit! »

Habitué au respect de la justice, je sens en moi, je sens en vous, Messieurs, je ne sais quelle révolte contre ces foudroyantes conclusions du juge; je le sens parce que sa décision n'a pas fait la lumière, parce qu'elle a laissé debout sans les réfuter, sans même y répondre, tout ce système de défense, qui était la justification de Mirès.

Vous prononcerez donc la cassation, et vous enlèverez ainsi à la justice le poids d'un arrêt impuissant à se défendre lui-même, d'un arrêt dont l'autorité n'existe plus.

Hélas! Messieurs, j'ai eu la douleur de relire, livrée qu'elle est maintenant à tout le retentissement de la publicité, cette péroraison qui a peint en traits si cruels la personne de Mirès. J'en ai dit assez, et je comprime, par respect pour la Cour, les sentiments qui bouleversent mon âme. Je n'ajouterai qu'un mot. Mirès n'a, dit-on, l'attitude ni d'un prévenu ni d'un condamné. Il crie à tous, au public, à vous-même sa droiture et son innocence. Eh! Messieurs, est-ce qu'il y a un condamné, tant qu'il y a un recours ouvert? Est-ce qu'un arrêt de condamnation existe tant qu'il peut être brisé? Mirès attend tout de l'examen suprême de la justice. Ah! qu'on ne lui reproche pas une confiance qui l'honore, et qui n'est qu'un légitime hommage rendu à votre institution.

Conformément aux conclusions des demandeurs, la Cour rendit l'arrêt suivant, par lequel elle cassait l'arrêt de la Cour de Paris, tant à l'égard de Mirès qu'à l'égard du comte Siméon, qui avait été déclaré civilement responsable :

« La Cour, statuant sur le moyen tiré de la violation des art. 408 et 413 du Code d'instruction criminelle, en ce que l'arrêt attaqué aurait omis de prononcer sur la demande en nullité proposée contre l'expertise ;

« Vu lesdits art. 408 et 413 ;

« Attendu qu'aux termes de ces articles, lorsque le prévenu a subi une condamnation et que, soit dans l'instruction, soit dans l'arrêt de condamnation, il a été omis ou refusé de prononcer sur une ou plusieurs demandes tendant à user d'une faculté ou d'un droit accordé par la loi, cette omission donne lieu à l'annulation dudit arrêt ;

« Que les conclusions prises dans l'espèce, devant la Cour impériale, dans l'intérêt du prévenu, proposaient, en ce qui touche l'expertise : 1° une demande en nullité de l'expertise ordonnée par le juge d'instruction, ladite demande fondée *sur ce que l'expert n'aurait pas pris ses éléments d'appréciation dans les livres légaux de la Société* ; 2° la demande d'une nouvelle expertise ; que l'arrêt a répondu à cette dernière demande en déclarant que la Cour était suffisamment éclairée par l'instruction, les débats et les documents produits dans la cause; mais qu'il a complétement omis de statuer sur la demande en nullité;

« Que la Cour impériale pouvait, s'il y avait lieu, déclarer mal fondé ce chef de conclusions, en contestant le moyen de droit sur lequel il s'appuyait; mais que son obligation impérieuse était d'y répondre et de statuer;

« Qu'il est de principe, en effet, que le juge doit statuer directement sur tous les chefs de conclusions régulièrement prises devant lui; que c'est là une des principales garanties du droit de la défense, garanties consacrées par les dispositions formelles des art. 408 et 413 susénoncés;

« Qu'ainsi, en ne statuant pas sur la demande en nullité proposée par le prévenu, l'arrêt attaqué a méconnu les droits de la défense et violé les dispositions desdits articles;

« Et attendu que l'*expertise*, par la nature et l'étendue des opérations financières qu'elle embrasse, est devenue un des éléments de la poursuite; que les juges de première instance et d'appel en ont fait état; qu'elle se rattache à tous les chefs de condamnation, et qu'ainsi le vice qui entache l'arrêt sur ce point doit déterminer sa cassation;

« Attendu, en ce qui regarde le pourvoi du comte de Siméon, que la cassation de l'arrêt sur le pourvoi de Mirès entraîne, par une conséquence nécessaire, la cassation de l'arrêt qui déclare le comte de Siméon civilement responsable, et le soumet, à ce titre, au paiement des frais ;

« Sans qu'il soit nécessaire de statuer sur les autres moyens des deux pourvois,

« Casse et annule les dispositions de l'arrêt de la Cour impériale de Paris, du 29 août 1861, dispositions par lesquelles Mirès a été condamné à cinq ans de prison et à l'amende, et par lesquelles le comte de Siméon a été déclaré civilement responsable et condamné aux frais.

Affaire ZOÉ HERBIN.

Mariage contracté par erreur avec un forçat libéré.

Cour de cassation (chambre civile). — Audiences des 7 et 11 février 1861.

Mademoiselle Zoé Herbin vivait seule avec sa mère ; au commencement de 1857, elles firent la connaissance du sieur Berthon, qui se présenta à elles comme commerçant ; il fut bientôt admis dans leur intimité, et en mars 1857 il épousait Zoé Herbin.

Peu de mois après ce mariage, à la suite d'une absence que son mari n'avait pu expliquer, Zoé Herbin apprit que Berthon était un forçat libéré, condamné tout jeune encore à quinze ans de travaux forcés, comme complice d'un assassinat commis dans des circonstances atroces ; son âge seul lui avait valu l'indulgence du jury.

Immédiatement, l'épouse trompée forma une demande en nullité de mariage pour erreur dans la personne et défaut de consentement, d'après le texte de l'art. 1108 ; cette demande ayant été repoussée en première instance, Zoé Herbin interjeta appel, mais la Cour confirma, sans toutefois en adopter les motifs, la décision du tribunal.

Zoé Herbin se pourvut en cassation, et Ambroise

Rendu attaqua dans le plaidoyer qui va suivre l'arrêt de la Cour impériale :

Messieurs, vous avez à décider si un mariage contracté par erreur avec un forçat libéré est valable.

En abordant ce débat solennel, j'ai peine à dominer le trouble qui me saisit. Je plaide une question de droit ; mais cette question a ému toutes les familles, mais elle se personnifie dans une infortunée jeune femme dont la destinée, dont la vie va se décider à cette audience. Sa cause a excité partout les plus profondes sympathies. Elle a été plaidée par un homme qui portait au suprême degré l'art d'émouvoir, l'illustre Bethmont, qui, peu de jours avant cette mort qui fut un deuil public, a fait entendre dans ce procès les derniers accents de sa voix puissante. Eh bien ! c'est l'intérêt même qu'elle inspire qui l'a perdue devant les juges du fait. Il s'est répandu un fatal préjugé qu'elle avait pour elle tous les sentiments de la nature, mais qu'elle n'avait point les raisons de droit : comme si la nature et la loi pouvaient être à ce point opposées ! Contre les entraînements du fait et le prestige du talent, les magistrats se sont mis en garde. Craignant de se laisser emporter trop loin, ils sont restés en deçà du but. Il appartient, messieurs, à votre haute sagesse, à vous qui ne sauriez être suspects de laisser fléchir le droit, de faire comprendre à tous qu'il est des questions que le législateur a pu et a dû résoudre avec son âme tout entière, avec son cœur et sa raison, tant elles tiennent de près à ce qu'il y a de plus intime et de plus profond dans la nature humaine. Il vous appartient de donner, je ne crains pas de le dire, à la conscience publique, une satisfaction immense, en conciliant, par votre arrêt, le vœu de l'humanité et l'observation de la loi.

Je ne veux pas vous retracer les circonstances de la cause, ni refaire un tableau qui n'a besoin que d'être vrai pour remuer toutes les âmes. Je paraîtrais vouloir remplacer le raisonnement par l'émotion. Qu'il me suffise de vous rappeler ces simples faits :

Mademoiselle Zoé Herbin, qui vivait seule avec sa mère veuve, a épousé, en mars 1857, le sieur Berthon. Peu de mois après ce mariage, elle apprit que Berthon était un forçat libéré, condamné jadis à quinze ans de travaux forcés comme complice d'un assassinat commis avec des circonstances atroces.

Immédiatement elle forma une demande en nullité de mariage pour erreur *dans la personne*. Cette demande ayant été repoussée en première instance, Zoé Herbin interjeta appel ; mais la Cour de Paris confirma, sans toutefois en adopter les motifs, la décision du tribunal.

Elle s'est pourvue en cassation, et vous avez à juger un arrêt qui condamne une jeune femme, honnête et pure, à vivre... je devrais dire à mourir, unie à un être infâme, à un forçat libéré !

Il vous faut relire les termes de cet arrêt du 4 février 1860, attaqué pour violation des art. 146 et 180 du Code Napoléon :

« La Cour,

« Considérant que la loi a réduit à l'erreur dans la per-
« sonne celle qui pouvait faire annuler l'acte du mariage ;

« Considérant que ces mots : Erreur dans la personne,
« ont un sens plus étendu que ceux : Erreur dans l'individu,
« qui ont été repoussés par les rédacteurs de l'art. 180 du
« Code Napoléon ; que cette dernière expression, si elle
« eût été admise, n'eût compris que la substitution d'une
« individualité physique à une autre ; que le mot personne
« entraîne la pensée d'une individualité civile ; mais que,
« dans un cas comme dans l'autre, il faut que l'erreur
« porte sur une personnalité complète et soulève une ques-
« tion d'identité ;

« Considérant que, dans la cause, l'individualité de Ber-
« thon n'est pas mise en question ; qu'il s'est présenté au
« contrat sous son véritable nom et assisté de sa famille ;

« Que, s'il n'a pas fait connaître ses antécédents, il a
« manqué sans doute à un devoir de loyauté, et a trompé la
« famille à laquelle il s'alliait sur sa situation et ses qua-
« lités, mais non sur sa personnalité physique ou civile ;

« Considérant que c'est avec raison que les premiers
« juges ont déclaré que l'admission de l'erreur sur les qua-
« lités comme cause de nullité de mariage ouvrirait la car-
« rière à des interprétations périlleuses et troublerait pro-
« fondément la sécurité des familles ; que c'est précisément
« pour éviter ce danger que la loi a déterminé d'une manière
« spéciale les causes de nullité de mariage, et n'a pas laissé
« cet engagement sous l'empire des règles générales éta-
« blies pour les autres contrats ;

« Par ces motifs, confirme, etc. »

Quel est le système de cet arrêt ?

Il concède que l'erreur sur la personne civile, comme l'erreur sur la personne physique, peut faire annuler le mariage ; mais il exige qu'il y ait erreur sur la personnalité
complète, qu'il y ait substitution d'une personne civile à une
autre, sans doute par la production de faux actes de l'état civil.

En dehors de ce cas unique, il oppose une fin de non-
recevoir légale à toute demande en nullité de mariage, par
le motif qu'il y aurait erreur sur les *qualités* de la personne
civile et non sur la personne civile elle-même.

Le pourvoi soutient que cette fin de non-recevoir est arbitraire, illégale.

Il soutient que toute erreur dans la personne civile est
une erreur sur des *qualités* plus ou moins nombreuses et
essentielles ; mais que c'est une illusion de croire, avec
l'arrêt, qu'elle peut porter *sur la personne civile complète*.

Il prouvera que, du moment où l'erreur dans la **personne** civile est admise, le juge ne peut se refuser à examiner en fait si les qualités sur lesquelles a porté l'erreur sont assez *substantielles* pour que leur absence vicie le consentement conformément à la disposition de l'art. 146 du Code Napoléon, et, par conséquent, puisse motiver la nullité.

Si cela est vrai, l'arrêt devra être cassé pour s'être refusé à une appréciation de faits que la loi lui soumettait.

Or, je démontrerai ce point, qui suffirait à ma tâche, *historiquement,* en recherchant l'origine de notre législation ; *juridiquement,* en analysant en droit les éléments de la personnalité civile, et en discutant les prescriptions formelles de notre loi.

J'irai plus loin, et j'établirai que si l'arrêt ne se fût pas arrêté à une fin de non-recevoir, s'il eût examiné en elle-même la cause de nullité invoquée, à savoir, l'erreur sur la qualité de forçat libéré, il aurait été obligé d'y voir, d'après la loi même, une cause péremptoire de nullité de mariage.

Je discute d'abord la proposition fondamentale de l'arrêt :

« La demande en nullité de mariage n'est recevable que lorsqu'elle invoque une erreur portant sur la personnalité civile complète. »

Chose singulière ! Messieurs, au point de vue historique, l'arrêt donne exactement la formule de l'ancien droit. Les anciens auteurs, et notamment Pothier, outre l'erreur sur la personne physique, admettaient la nullité pour erreur sur la qualité d'esclave : l'esclave n'étant pas une personne civile ; il y avait dès lors erreur sur la personnalité civile complète. Nous verrons que c'est seulement dans le cas où la personne n'existe pas légalement qu'il peut y avoir erreur sur une individualité civile complète. Mais nous verrons aussi qu'alors le mariage même n'existe pas, et que la question ne s'élève pas, car il n'y a pas lieu à annuler ce qui n'est point.

7

L'arrêt nous ramène donc à l'ancien droit, et on a mis en relief, dans le rapport, cet argument historique.

Voyez! nous dit-on, mais c'est la tradition des siècles. Le droit romain, puis le droit canonique, puis le droit écrit et le droit des coutumes, qui ne font que reproduire, sur ce point, les lois du peuple romain et celles de l'Église, limitent la nullité du mariage au cas d'erreur sur la personne physique, de substitution d'un individu à un autre. Et c'est cet enchaînement séculaire de doctrines si respectables, si éminemment protectrices de la stabilité du mariage, que vous prétendez rompre au nom du droit nouveau!

Ah! Messieurs, que de choses à dire sur cette application pure et simple de l'ancien droit, à laquelle on prétend nous réduire! Ce système de la nullité bornée au cas de substitution de personnes, mais il se comprenait du moins, mais il était pratique et réalisable, il était digne d'occuper le législateur sous le régime des mariages *par procuration*. L'erreur sur l'individu était alors non-seulement possible, mais facile; les exemples n'en étaient pas rares, et il fallait y pourvoir.

Mais aujourd'hui, avec la publicité qui accompagne le mariage, aujourd'hui qu'on se marie *corps à corps*, comme disait le premier consul, est-ce que les erreurs prévues par l'ancien droit sont encore possibles?

Le législateur moderne, en maintenant le principe de la nullité pour erreur, nonobstant l'adoption des formes nouvelles, a donc dû avoir en vue d'autres cas que le législateur ancien; il a dû élargir la règle, à peine de la rendre absurde et dérisoire, en présence des solennités requises aujourd'hui.

Plusieurs se sont préoccupés des maximes canoniques en cette matière. Cette préoccupation, dont je comprends et respecte profondément le principe, je ne saurais pourtant la partager ici, et il est évident que vous devez vous en affranchir. Ce n'est pas que le droit canonique nous soit défavorable. En cette matière, vous n'y trouveriez pas de règle absolue; car l'Église, qui ne peut se défier ni de ses intentions ni de ses lumières, s'est toujours réservé une grande latitude en ces questions. Plus elle maintient inflexiblement, en repoussant le divorce, l'indissolubilité du mariage régulièrement contracté, plus elle met de scrupule à rechercher si ce lien s'est librement et sciemment formé, et à lui refuser tout effet si elle n'y trouve pas les conditions essentielles de validité : sûre du principe, elle est large dans les applications. D'ailleurs, il faut bien le dire, devant les juges civils, ce point de vue tendrait à jeter dans le débat une confusion, qu'il faut à tout prix éviter, entre l'ordre temporel et l'ordre spirituel. Chacun doit le reconnaître, le droit moderne de la France n'a pas, autant que le droit ancien, conformé ses règles à celles du droit canonique; le Code Napoléon s'en est écarté plusieurs fois en matière d'empêchements dirimants; il a rompu avec les lois de l'Église en adoptant le divorce. En présence de tant et de si profondes divergences, comment prétendre qu'il a dû, à propos de la nullité du mariage pour cause d'erreur, s'en tenir nécessairement aux traditions de l'ancien droit?

L'argument historique manque donc en lui-même et s'écroule par sa base. Et à quel titre, du reste, dominerait-il cette cause? Est-ce donc que l'ancien droit serait, sur ce point, le dernier mot de la législation ou du progès?

Est-ce donc qu'un siècle de plus, un siècle qui a vu la Révolution française, qui a fait disparaître l'esclavage, le droit d'aînesse, la famille féodale, les castes, la noblesse et la roture, est-ce que ce siècle entier ne peut avoir rien fait pour épurer, pour élever la sainte idée du mariage?

Ah ! tout n'est pas progrès dans la société, et les mœurs, les lois mêmes, ont parfois des retours en arrière; mais au point de vue de l'union conjugale, au point de vue de sa sainteté, de sa spiritualité, qui contesterait l'influence tou--

jours croissante de l'idée philosophique et chrétienne dans les mœurs et dans les lois ?

A l'origine des sociétés, le but pour ainsi dire matériel du mariage est seul envisagé ; s'il peut s'accomplir, le mariage est valable, y eût-il erreur sur l'individu même.

Lia est substituée à Rachel dans la couche nuptiale, et l'union n'en est pas moins irrévocable.

Puis l'idée s'épure. Il ne suffit plus qu'un homme et une femme soient unis ; il faut que ce soit corporellement l'homme et la femme qui se sont vus et choisis.

L'erreur sur la personne physique devient une cause de nullité du mariage.

Puis, enfin, une idée plus haute, plus profonde saisit les esprit.

Qu'est-ce que le mariage, s'est-on demandé, et sur quoi porte le consentement de deux êtres humains qui veulent s'unir ? Est-ce qu'il s'agit seulement de deux corps, de deux existences physiques qui perpétueront l'espèce ?

Est-ce qu'en dehors de toute considération de sympathie, de convenances, d'affection, qui sont du domaine du senti-ment, il n'y a pas dans le domaine de la loi deux existences civiles, deux personnalités sociales, qui doivent s'unir pour accomplir la mission que notre société a tracée pour les époux ?

Voilà la pensée qui jaillit de toutes parts, lorsqu'au sein de la discussion du Conseil d'État, le premier consul re-cherchant, par une intuition merveilleuse, les causes de la validité, de la nullité du mariage, dans l'essence même de cette sainte institution, s'est écrié : « Est-ce que le mariage est un contrat ordinaire ? C'est l'union des corps, c'est l'échange des âmes ! »

Voilà le principe qui désormais va illuminer la discussion, et devenir le commentaire de ces mots inscrits dans le projet, et non définis par le législateur : *Erreur dans la per-sonne.*

La personne, au point de vue du mariage, c'est donc le corps et l'âme ; il faudra faire la part de l'un et de l'autre ; et, quand il s'agira de l'erreur dans la personne, on distinguera, puis on admettra également, comme causes de nullité, l'erreur sur la personne physique, l'erreur sur la personne civile ou sociale.

Et ici encore apparaît, fournie par le premier consul, une de ces distinctions fécondes qui deviennent comme des axiomes pour guider le jurisconsulte. Prenez garde, dit-il, il y a le mariage nul par défaut de consentement, quand une personne a été substituée à une autre, — et en ce cas, pas de mariage. C'est l'article 146 du Code. — Outre le mariage nul, il est aussi un mariage annulable. Quand le consentement a été vicié par une erreur sur la qualité, il y a mariage, mais il peut être annulé.

Ces points essentiels rappelés, nous pouvons maintenant apprécier cette discussion du Conseil d'État, qu'on a représentée quelquefois comme confuse et inconcluante, et qui nous paraît, au contraire, par l'absence même de conclusion, donner la solution de la question.

On y voit, sans doute, un certain nombre de membres inféodés aux doctrines anciennes insister sur l'erreur quant à la personne physique, et repousser toute autre cause de nullité de mariage ; mais cette vieille école est partout battue par les partisans des idées nouvelles, qui, sous la bannière du premier consul, rendent à l'esprit tous ses droits. On sent dans leurs paroles qu'ils touchent aux problèmes les plus délicats de la vie humaine ; on sent qu'à la froide et implacable théorie ils substituent la réalité vivante ; et n'est-ce donc pas là un triomphe de la civilisation et des mœurs? Partout, dans les amendements, dans les dispositions adoptées, dans l'économie de la loi, dans les commentaires qui en sont donnés, je trouve le triomphe de ce principe : que l'erreur sur des qualités essentielles de la personne doit faire prononcer la nullité du mariage.

Et d'abord on écarte l'amendement du Tribunal de cassation : *Erreur sur l'individu*, qui limitait les causes de nullité à l'erreur sur la personne physique.

On adopte les mots : Erreur *dans* la personne, plus larges que ceux : Erreur *sur* la personne, qui pouvaient encore prêter à équivoque.

On scinde en deux dispositions tout à fait séparées l'article 146 primitif, qui, après avoir dit qu'il n'y a pas de mariage sans consentement, ajoutait : *Il n'y a pas de consentement lorsqu'il y a erreur de personne.* Le premier consul s'écrie : « Ce serait mêler les cas où il n'y a pas de mariage avec ceux où le mariage peut être cassé ; » et il fait reporter à l'art. 180 le complément originaire de l'art. 146.

Ainsi, la rédaction seule des deux articles est un trait de lumière.

Enfin la question elle-même est discutée directement, et ce qui ressort de tous les discours, c'est que les mots : *Erreur dans la personne* ne sont pas définis par la loi et ne doivent pas l'être. Or, cette observation est décisive, car s'ils n'avaient qu'un sens unique comme le veut l'arrêt, celui de substitution par *supposition d'état civil* d'une personne civile à une autre, comment le législateur, averti de la difficulté en si grave matière, ne l'aurait-il pas tranchée d'un mot? Comment aurait-il laissé place à ces cruels débats, à ces poignantes espérances que fait entrevoir le texte, si les tribunaux n'avaient qu'à les anéantir? S'il ne l'a pas fait, c'est qu'évidemment il a voulu laisser au juge du fait une latitude nécessaire et salutaire pour qu'il pût porter remède à des situations diverses et intolérables !

Après avoir esquissé, pour ainsi dire, toute cette discussion du Conseil d'Etat, en avoir donné comme le trait et la physionomie, permettez-moi, Messieurs, de la reprendre de plus près et de justifier, par des citations précises, de la vérité du tableau.

Il faut avoir sous les yeux à la fois et le procès-verbal officiel du secrétaire Locré, et le compte rendu officieux, mais plus complet et plus vivant du conseiller d'État Thibaudeau.

Le 26 fructidor an ix, dans une première séance, deux opinions extrêmes se produisent tout d'abord. Réal dit nettement : « L'erreur ne vicie le mariage que lorsqu'elle porte sur l'individu. »

Le premier consul lui répond : « Le nom, la qualité, la fortune entrent dans les motifs qui déterminent le choix d'un époux ou d'une épouse. L'erreur sur ces circonstances détruit donc le consentement, *quoiqu'il n'y ait pas d'erreur sur l'individu.* »

Les deux propositions, également exagérées en sens inverse et vivement combattues, sont abandonnées même par leurs auteurs, et nous allons voir le premier consul revenir tout droit à ce moyen terme qui sera la vérité.

A la séance du 4 vendémiaire an x, le premier consul reprend la parole sur cette question de l'erreur dans la personne : « L'identité dont il s'agit, dit-il, *n'est pas* seulement l'*identité physique*, mais encore l'*identité morale* du nom, de l'état et des autres circonstances qui ont déterminé le choix de la personne ; à défaut de consentement, il n'y a pas de mariage ; si la femme ayant dit oui prétend avoir été violentée, il y a mariage, mais il peut être annulé. *La même distinction existe pour l'erreur de personne.* Si je voulais épouser une brune aux yeux bleus et que l'on me donnât une blonde aux yeux noirs, il n'y a pas de mariage ; s'il n'y a eu *erreur* que *sur la qualité*, il y a mariage, mais il peut être nul. »

Puis, s'animant dans le développement de sa pensée si

juste et si humaine, gourmandant en son rude langage l'obstination des partisans de la nullité restreinte à l'erreur sur la personne physique : « Vous n'avez pas même l'idée de l'institution du mariage, s'écrie-t-il. A présent qu'il n'y a plus de castes, c'est la plus importante devant la nature humaine ! » Et enfin il rencontre ce mot sublime, cette formule qui est une solution : « Le mariage, c'est l'union des corps, *c'est l'échange des âmes* .. Tout votre système a pris naissance quand on se mariait par procuration ! »

A la même séance, le plus profond et le plus éclairé peut-être de tous les rédacteurs du Code, Tronchet, nourri des fortes doctrines du droit ancien, mais tout pénétré aussi de l'esprit nouveau, Tronchet dit avec toute l'autorité de sa science et de sa raison : « Il a été reconnu que l'erreur annule le mariage ; il ne s'agit plus maintenant que de savoir dans quel cas elle opère cet effet. Or, l'erreur dépendant de circonstances qui se diversifient tellement à l'infini que la loi ne peut toutes les embrasser, la loi ne doit poser que le principe et ne pas aller jusqu'à déterminer les divers cas où il y a erreur. » (Locré, p. 364.)

Les idées se précisent encore et s'éclaircissent. Écoutez Thibaudeau, dont la doctrine, dont les expressions se confondent avec celles du pourvoi : « Si l'on raisonnait d'un individu dans l'état de nature, on pourrait prétendre qu'il n'y a point erreur de personne quand on épouse... *identiquement* celle que l'on a voulu épouser. Mais il en est autrement dans l'ordre social ; car cette femme a des *qualités essentielles qui constituent son existence, qui la personnalisent,* pour ainsi dire. Et si, croyant épouser l'individu qui a ces *qualités,* on en a épousé un qui ne les a pas, il y a véritablement *erreur de personne.* »

La même pensée inspire à Malleville ces paroles non moins significatives :

« Dans le cas d'erreur sur la personne, on a toujours jugé

qu'il n'y avait pas de consentement. Or, ce serait vainement que l'on voudrait réduire l'application de cette règle à l'erreur sur la personne physique ; car ce serait absolument l'anéantir, puisqu'il est bien évident que, lorsqu'on se présente pour se marier, on agrée la personne physique avec laquelle on se présente. Une règle si juste et si sage a donc nécessairement un autre objet, et *cet objet est la personne sociale*. »

Tout était dit, Messieurs. La question était résolue ; la vérité avait lui : la formule même était trouvée. Malheureusement on ne s'y tint pas.

La controverse se réveille dans la séance du 24 frimaire an x ; et, comme toute discussion qui se prolonge au delà de la juste mesure, elle devient confuse et s'égare. Il faut la suivre pourtant, car nous y trouverons encore un argument décisif.

Quelques-uns reviennent à l'erreur sur la seule personnalité physique. D'autres proposent qu'il y ait nullité dans le cas où l'erreur aura porté sur le nom et la famille : « On a considéré, dit Cambacérès, le consentement comme erroné, lorsque l'individu qui l'a donné épouse *la fille d'un autre* que celui avec lequel il croyait s'allier. »

J'appelle ici, Messieurs, tout l'effort de votre attention. Nous sommes au vif de la question. Il s'agit de l'erreur sur le nom et la famille, c'est-à-dire précisément de cette substitution d'état civil que paraît avoir en vue l'arrêt de la Cour de Paris. Le cas est signalé à la sollicitude du législateur ; il est unique ; la définition est simple et claire ; la formule est précise et n'admet pas l'équivoque. Si l'on veut y limiter la loi et y enfermer le juge, quoi de plus aisé ! Il suffit d'introduire dans le texte un mot, et ce mot a été prononcé !

Adoptera-t-on cette formule qui lèverait tant de difficultés, qui dissiperait tant de craintes, que la Cour de Paris a cherché à ressaisir ?

Eh bien, non !... Et cela, parce que, malgré sa simplicité apparente, la formule dit trop et trop peu : trop, si elle doit faire annuler tout mariage entaché d'erreur sur l'état civil; trop peu, si elle empêche d'annuler tout autre mariage pour des erreurs peut-être bien plus graves.

« Maintenant que les castes sont abolies, dit le premier consul, la considération de l'alliance n'influe plus que sur un petit nombre d'individus. »

En effet, l'époux dont la vraie famille a été ignorée peut réunir sous tous les autres rapports un ensemble de qualités qui rendraient l'erreur sans portée et la nullité inacceptable.

Tronchet combat, en sens inverse, la doctrine de Cambacérès comme trop étroite :

« Les principes sont que le consentement fait le mariage, et qu'il n'y a pas de consentement lorsqu'il y a erreur. Puisqu'on ne sait si, dans le cas qu'on suppose, le mariage sera heureux ou malheureux, il est prudent de laisser les tribunaux appliquer le principe suivant les circonstances; ils examineront aussi jusqu'à quel point l'erreur a influé sur le consentement, et s'il est probable que le mariage eût été contracté s'il n'y avait pas eu erreur. » (Locré, p. 445.)

En présence de cette double attaque, la proposition concernant la substitution d'état civil, cette proposition qui est pourtant la seule base de l'arrêt de Paris, daignez le remarquer, Messieurs, elle est abandonnée par tout le monde.

Et maintenant, n'ai-je pas le droit d'affirmer que historiquement, que législativement la question est résolue?

Aussi bien Tronchet va-t-il clore la discussion et la résumer en combattant encore une fois le système de l'erreur sur la personne physique dont Rœderer s'est fait le dernier et impuissant défenseur.

« Le système de M. Rœderer, dit-il, et c'est l'objection péremptoire qu'il oppose, anéantit en entier l'erreur *sur les
qualités* en la rendant sans conséquence. »

Il est vrai que, au terme de cette longue et laborieuse discussion, le procès-verbal ne constate pas de conclusion positive; et c'est pourquoi quelques opinions individuelles pourront persister. Mais l'absence même de conclusion, je le
répète, c'est le triomphe de notre système, puisqu'en écartant la solution proposée, celle même que reproduit l'arrêt
attaqué, le législateur a refusé de dresser contre nous la
barrière qu'on nous oppose.

Nous arrivons aux déclarations des orateurs officiels, et ici
apparaît l'opinion de Portalis, exprimée devant le Corps
législatif, le 16 ventôse an XI, dans l'exposé des motifs, opinion qui, sous le prestige d'une grande mémoire, se prétend
presque inviolable et sacrée pour la Cour de cassation, à qui
ce nom de Portalis est si cher.

Mais est-ce donc que le nom de Tronchet n'est pas aussi
pour la Cour suprême le synonyme de la science et de la sagesse? Est-ce que ces deux grands hommes ne sont pas
rivaux d'illustration et d'autorité?

Il est bon de la rappeler, d'ailleurs, textuellement, cette
opinion de Portalis; car elle est bien moins précise et bien
moins concluante qu'on ne se plaît à le dire.

« L'erreur sur la personne en matière de mariage, dit-il,
ne s'entend pas d'une simple erreur sur *les qualités, la fortune
ou la condition* de la personne à laquelle on s'unit, mais d'une
erreur qui aurait pour objet la personne même. Mon intention déclarée était d'épouser une telle personne, on me
trompe ou je suis trompé par un concours de circonstances,
et j'en épouse une autre *qui lui est substituée* à mon insu,
contre mon gré. Le mariage est nul... »

Qui en doute? Mais, de deux choses l'une : ou Portalis n
cite qu'un exemple admis par tout le monde, sans exclur
certains autres cas dont il ne parle point, et rien ne nou
empêche d'accepter son explication; ou il donne à l'art. 146
comme le fait observer fort judicieusement M. Duranton, u
sens absolument conforme à celui proposé originairemen
par la Cour de cassation, dont cependant la rédaction avai
été dès l'abord intentionnellement écartée; et dans cett
hypothèse l'opinion de Portalis, trop imbu des idées de l'an
cienne école, doit être rejetée comme manifestement erronée

Il faut bien que cette remarque soit juste, car le dernie
mot sur la question n'appartient pas à Portalis, et il a été di
dans un sens tout opposé à celui qu'on prête à l'éminen
orateur du Gouvernement. Le 26 ventôse an XI, à l'heure
décisive, au moment de l'adoption de la loi, le tribun Boutteville prononce ces paroles que le Corps législatif va consacrer par son vote :

« Les art. 146 et 148 et les douze articles qui suivent sont
tous relatifs à la nécessité du consentement pour la validité
du mariage. — Ceci n'est point un principe particulier au
mariage, c'est une règle qui embrasse toutes les conventions
humaines ; et si, pour le plus mince intérêt, il n'en est de
légitimes que par le concours de volontés parfaitement
libres, comment ne serait-ce pas le point fondamental et de
rigoureuse nécessité pour le contrat le plus sacré qui existe
parmi les hommes?

« Mais il est facile de sentir tout ce que cette disposition
embrasse dans son heureuse concision : « Il n'y a pas de mariage lorsqu'il n'y a pas de consentement.

« On a fait beaucoup d'efforts pour déterminer ce qui constitue le défaut de liberté dans l'engagement du mariage.
Pour marquer le véritable caractère de la violence, on a dis-
tingué celle physique et celle morale. Pour régler les cas où

il y a erreur sur la personne, on a demandé s'il fallait s'attacher aux seules qualités physiques ou si les qualités morales devaient être également considérées. Avant les conceptions récentes et si heureuses qui arrachent les sourds et muets au malheur qui les isolait de la nature entière, on pensait que leur position nécessiterait des dispositions particulières. Dans ces différents cas, les décisions de la justice dépendent nécessairement des faits particuliers à chaque espèce. Le plus grand acte de sagesse du législateur est de s'en remettre à celle des tribunaux. »

Ce n'est pas tout encore. Celui qu'on a voulu représenter comme redevenu, par le plus étrange retour, l'inflexible champion de l'erreur sur la personne physique, après avoir admis jusqu'à l'erreur sur la fortune et le caractère, le premier consul va dire le dernier mot avec toute l'âpre concision de son génie.

On en est à l'examen du titre du divorce. Les articles du mariage sont depuis longtemps votés, l'ardeur de la controverse est calmée, le feu et la fumée de la discussion ont fait place au calme et à la lumière de la réflexion. Le regard peut se reporter sans trouble sur les principes établis.

Or, le premier consul s'adresse à Portalis, à celui-là même dont on nous oppose les paroles, il le prend à témoin des résultats acquis. Messieurs, je cite, le livre sous les yeux, ne voulant pas m'exposer à altérer une syllabe : « Rappelez-vous (c'est, je le répète, Portalis qu'il interpelle), rappelez-vous ce que vous avez dit sur les nullités. *L'erreur de qualité*, que vous appelez *erreur de personne*, permet de faire annuler le mariage (1). »

Rapprochez, Messieurs, ces paroles des expressions iden-

-----

(1) Fenet, t. IX, p. 264.

tiques de Thibaudeau et de Tronchet, et dites-moi si elle
ne sont pas la condamnation anticipée de l'arrêt déféré
votre censure !

Donc, historiquement, je conclus et j'ai droit de conclu
après le rejet de l'amendement du Tribunal de cassation
après le maintien de la disposition plus large du proje
après les explications données et surtout après le refus d
limiter la nullité au cas de substitution d'état civil signal
dans la discussion, que l'art. 146 ne restreint pas à ce ca
dernier non plus qu'à celui d'erreur sur la personne phy
sique la nullité qu'il prononce.

J'aborde, Messieurs, la seconde partie de ma tâche, l
discussion juridique, et elle ne sera pas moins décisive.

Le mariage est le plus grand, le plus solennel des con
trats. Mais il est un contrat, et comme tel il est soumis au
principes essentiels en matière de conventions.

Recherchons dans ces principes ce qui lui est applicable e
ce qui doit se retrouver dans les dispositions qui le concer
nent spécialement.

D'après les art. 1108 et 1109 du Code Napoléon, pour qu'i
y ait convention, il faut qu'il y ait consentement ; pour qu
la convention soit valable, il faut que le consentement soi
libre et non entaché de quelque vice radical. D'où il sui
que, s'il y a absence de consentement, l'acte est absolumen
nul, il n'y a pas de convention ; que si le consentement es
vicié, le contrat existe, mais est annulable. Et c'est précisé
ment ce que le premier consul a rappelé avec insistance
propos du mariage.

Parmi les vices qui affectent le consentement est en pre
mière ligne l'erreur. Or, l'erreur, suivant l'art. 1110, n'es
une cause de nullité que lorsqu'elle tombe *sur la substanc
même de la chose* qui en est l'objet ; mais elle devient auss
une cause de nullité quand elle tombe *sur la personn*

avec laquelle on entend contracter, lorsque la considération de cette personne est la cause principale de la convention.

Ne voyez-vous pas, Messieurs, comme cette disposition
conduit naturellement à cette convention toute particulière,
où le consentement, où l'erreur, s'il y en a, portent tout à la
fois et nécessairement, à la différence de tous autres contrats, et sur la substance et sur la personne? Dans le mariage, la personne, en effet, est tout l'ensemble et l'objet
même pour lequel on contracte et le sujet avec lequel on
contracte. De sorte que l'erreur portant à la fois sur les deux
éléments, réel et personnel, du contrat, aura par là même
un caractère et des effets d'autant plus graves.

Ces principes fondamentaux, dégagés de tout ce qu'il y a
de secondaire dans les art. 1108 et suivants, sont appliqués
directement au mariage par les art. 146 et 180.

Selon l'art. 146, s'il n'y a point de consentement, il n'y a
point de mariage.

L'application se fait d'elle-même.

Le consentement étant le concours de deux volontés sur
un même objet, *duorum in idem placitum consensus*, il fait absolument défaut dans l'hypothèse bizarre et irréalisable de
l'erreur sur la personne physique. Il s'est opéré une substitution matérielle d'une femme à une autre. J'épouse ou je
parais épouser Sophie sous un voile, quand je croyais épouser
Julie.

En pareille occurrence, qu'y a-t-il? Une apparence vaine,
mais rien de réel; l'ombre d'un mariage, mais non pas le
mariage même. Les volontés ne se sont pas rencontrées, la
convention ne s'est pas effectuée. Le temps même ne conso-
liderait pas un tel lien; car il n'est pas à valider, mais à former, et il ne pourrait se former ultérieurement sans les solennités concomitantes. C'est ce qu'un jurisconsulte, dont tout
le barreau apprécie l'esprit élevé et pénétrant, M. Thier-

celin (1), a exprimé avec une grande sagacité : « Nous n'hé-
« sitons pas à penser, dit-il, que, dans une telle hypothèse,
« nul consentement, nul concours de volontés n'a eu lieu ;
« un tel prétendu mariage ne serait pas annulable en vertu
« de l'art. 180, mais nul suivant l'art. 146 ; et la cohabita-
« tion, même prolongée, après que l'époux illusionné aurait
« reconnu qu'il n'a pas consenti, ne saurait produire le ma-
« riage, car le mariage ne peut résulter que d'un concours
« de volontés sanctionné par le représentant de la loi, et ce
« concours n'a pas eu lieu dans le cas que nous suppo-
« sons. »

Le principe de la nécessité du consentement reçoit une
application moins radicale, mais non moins certaine dans
les cas prévus par l'art. 180. La base du droit est toujours
dans l'art. 146 ; mais l'art. 180 en fait connaître toute la
portée, en réglementant l'action en nullité. Il s'agit d'un
lien existant, mais vicié et annulable. Ce n'est plus le mariage contracté absolument sans consentement, mais sans
consentement libre. Et c'est sous le titre des demandes en
nullité que l'art. 180 permet d'attaquer le mariage pour
erreur dans la personne.

Qu'est-ce que cette erreur? Et sur quoi doit-elle porter?

On le dit, et nous le répétons avec l'art. 1110, c'est *sur la
substance* et non sur *les qualités ;* mais en répondant ainsi on
n'a rien dit ; car c'est là une proposition aisée à formuler,
mais étrangement difficile à définir et à comprendre.

Il s'agit de la *personne* au point de vue de la loi. Or,
qu'est-ce que la personne juridiquement parlant? Qu'est-ce
que la substance et la qualité dans la personne? Quelle est la
distinction théorique entre l'une et l'autre?

L'arrêt convient, avec tout le monde, qu'il ne s'agit pas

---

(1) *Le Droit,* n° du 20 décembre 1860, *de l'Erreur dans le mariage.*

ici de la personne physique, de l'*individu*, qui eût fourni facilement, sinon philosophiquement, la substance, le *substratum*, distinct des qualités légales.

L'arrêt en convient, et il le fallait bien; car l'art. 180 et et le mot *personne* qu'il emploie se trouvent au livre *des personnes*. Or, en traitant des personnes, le législateur ne s'occupe nullement des êtres physiques, mais il s'occupe uniquement, et c'est le premier mot du premier titre de ce livre, de la personne civile au point de vue de la jouissance et de la privation des droits.

Aussi est-il admis sans difficulté aujourd'hui que c'est bien à l'erreur sur la *personne civile* que s'applique l'art. 180. Mais, Messieurs, ceci admis, l'arrêt n'a plus de base, et tout son système s'écroule.

En effet, dans la personne civile est-ce qu'il est possible de distinguer en pure théorie, en termes absolus, la substance et les qualités ?

Si l'arrêt attaqué l'a cru, il s'est fait une singulière illusion.

Il est bien évident et bien entendu qu'il ne s'agit pas ici des qualités secondaires, le rang, la fortune, le caractère, qui ne sauraient influer sur la validité du lien conjugal ; qu'il s'agit uniquement des qualités essentielles de la personne sociale (et nous dirons tout à l'heure quelles sont ces qualités) sur lesquelles au point de vue du mariage l'erreur ne peut être indifférente. Or, à l'égard de ces attributs, la distinction entre la substance et les qualités devient purement scolastique et arbitraire ; elle est légalement une abstraction, une impossibilité. Et ce qu'il faut reconnaître, c'est qu'il est des points où la substance et les qualités se confondent pour former des *attributs substantiels, constitutifs de la personne civile* elle-même (ce sera là la formule définitive du pourvoi), à l'égard desquels l'art. 180 a précisément pour but d'accorder à l'appréciation du juge une latitude nécessaire.

Il faut insister sur ce point difficile et capital pour ne rien laisser subsister de cette objection principale de l'arrêt, « que l'erreur sur la personnalité civile *complète* peut seule entraîner la nullité du mariage; » il faut la traiter à fond pour montrer que ce n'est là qu'une proposition décevante et sans portée.

Ce système repose sur une fausse idée de ce qui constitue la personne dans le sens juridique du mot. Qu'est-ce, en effet, que la personnalité civile ? C'est un *être moral* qui résulte de la coexistence, au profit d'un individu, de certains droits, capacités ou qualités, en un mot, de certains attributs reconnus ou créés par la loi civile.

La loi envisage les individus au point de vue d'un certain rôle qu'ils ont à remplir dans la société, et à l'égard duquel ils ont à la fois des droits et des devoirs. Or, ce qui constitue la personne civile dans le vrai sens du mot (*persona*, rôle), c'est ce qui la met en état de remplir cette mission sociale; ce sont ses aptitudes à exercer la vie civile, c'est son nom, c'est sa filiation... toutes choses qui sont à des degrés divers des attributs, des qualités, et dont cependant la réunion forme bien la personne civile.

Aucune ne constitue, à proprement parler, la substance de la personne; mais plusieurs sont vraiment substantielles. Et nous avons droit de conclure que la personnalité civile consiste dans l'ensemble des *attributs substantiels* qui la constituent. D'où il suit qu'au lieu de discuter sur la distinction impossible entre la personne civile et ses qualités, il faut, rationnellement et juridiquement, s'attacher à ses qualités essentielles.

Si l'on supprime la totalité de ces droits, capacités et qualités, on anéantit la personnalité civile; il y a mort civile, comme l'entendait le Code Napoléon, exclusive du mariage.

Si l'on modifie cet ensemble de droits, capacités et qualités en des points essentiels, on n'anéantit pas, sans doute, mais on change la personnalité légale ; on met à la place d'une certaine personne civile une autre personne civile.

S'il est vrai que la personne civile n'est qu'une réunion d'attributs, il est clair qu'elle est dénaturée, changée, quand une partie principale de ses attributs vient à manquer.

Cela résulte de ce qu'il n'y a pas ici, comme nous l'avons dit, un *substratum* qui persiste isolément et indépendamment des attributs qu'il supporte, comme lorsqu'il s'agit de la personne physique. Corporellement l'identité de l'individu est ou n'est pas, indépendamment de toute modification survenue dans la santé, les forces, la constitution et toutes autres qualités organiques de l'individu. Mais, quand il s'agit de la personne civile, de même qu'elle pouvait jadis être anéantie légalement par la suppression de tous ses éléments, de même elle peut être changée par la disparition d'éléments essentiels.

Il en est ainsi à l'égard de tous les êtres moraux dont la loi organise elle-même ou reconnaît l'existence. Or, la personne civile n'est autre chose qu'un être moral.

On voit dès lors que c'est avancer un non-sens que de dire avec l'arrêt : Il y aura erreur suffisante dans le sens des art. 146 et 180, si elle porte sur la personnalité civile *complète*, mais non si elle s'adresse aux qualités ou attributs de cette personnalité.

Car, d'une part, il n'est pas possible que l'erreur porte jamais sur une personnalité complète ; — d'autre part, il n'est pas vrai que l'absence de certains attributs substantiels laisse subsister la même personnalité civile et n'en change pas l'identité.

Cette double proposition, qui pour nous est incontestable, est la base du pourvoi.

Du principe que la personnalité civile n'existe qu'à raison les attributs ou qualités juridiques qui la constituent, il résulte ceci :

La personnalité civile ne peut disparaître complétement que dans le cas de mort civile, cas désormais irréalisable, et où d'ailleurs la question ne se présentait même pas, tout acte de la vie civile étant impossible de la part du mort civil.

Hors ce cas, il ne peut y avoir, à l'égard de tel ou tel individu, absence que de certains attributs ou qualités civiles, mais non de tous à la fois : il ne peut y avoir par conséquent erreur que sur une partie plus ou moins importante, mais non sur la totalité de ces attributs.

Dès lors, l'absence de certaines qualités substantielles, au point de vue du mariage, fera naître précisément cette *question d'identité* de l'être moral dont parle l'arrêt.

Dès lors, il n'y aura plus qu'à rechercher dans la cause si les conditions de la personnalité civile, qui manquent au défendeur, sont substantielles relativement au mariage, si la personne du forçat libéré est bien la *personne civile* ou *sociale*, comme le disait Malleville, que Zoé Herbin a voulu et cru épouser.

Nous pouvons maintenant prendre corps à corps les objections de l'arrêt et lui opposer le système du pourvoi.

Il objecte que la loi n'admet que l'erreur sur une personnalité civile complète ; que, si on sort de là, tout est livré à l'incertitude et à l'arbitraire.

Mais, d'abord, que peut vouloir dire l'arrêt attaqué, quand il réserve la nullité pour le cas d'erreur sur la personne civile *complète*, soulevant une question d'identité ?

Chose étrange ! la Cour impériale, en si grave matière, prétend bannir toute incertitude, et tire de là sa plus forte objection contre le pourvoi. Elle va donc tout au moins fournir une formule claire, précise, certaine !... Eh bien ! il n'en est rien, et l'arrêt ne peut offrir qu'une proposition obscure et vicieuse, en contradiction avec l'idée qu'il se fait lui-même de l'erreur sur la personne civile !

Le cas qu'il a en vue, sans le préciser, ne peut être que celui de substitution ou supposition d'état civil, par la production d'un faux acte de naissance. Un individu s'introduit dans une famille, obtient la main d'une jeune fille et se présente devant l'officier de l'état civil comme étant Pierre Durand, fils de Paul Durand, ainsi dénommé dans l'acte qu'il produit. On découvre qu'en réalité il ne porte pas ce nom et n'appartient pas à cette famille. Il y a nullité de mariage en ce cas. Tout le monde en convient.

Cela est vrai; mais pourquoi?

Je dis et je prouve que ce n'est pas en vertu du principe posé par l'arrêt attaqué; j'ajoute que s'il y a nullité en ce cas, ce cas n'est pas le seul où il y ait nullité.

Dans l'hypothèse que j'envisage, et qui est aussi celle de l'arrêt, l'erreur porte sur l'état civil; mais est-ce à dire qu'elle porte pour cela sur la personnalité civile complète?

Non, incontestablement non!

L'état civil, c'est la réunion d'un certain nombre des attributs essentiels de la personne civile, mais non l'ensemble de ces attributs. L'état civil, c'est la famille, c'est la filiation, c'est le nom. Pour celui qui est trompé à cet égard, il y a erreur à l'égard de tous les droits, capacités et qualités inhérents à la filiation dont on s'est faussement prévalu. Mais il n'en résulte pas que le même individu n'ait, du reste, la généralité des droits et capacités concernant la vie politique, civique et civile, et qu'aucune erreur n'existe sous des rapports très-essentiels concernant la position sociale, les droits et capacités, etc.

Il y a donc, dans cette hypothèse, erreur sur certains attributs de la personnalité civile, et non sur certains autres. On a généralement raison de dire en pareil cas que la personne civile est autre, en vertu de l'importance capitale des attributs inexistants, et que la nullité du mariage est acquise par conséquent; mais on ne saurait dire que, dans ce cas, il y ait erreur sur la personnalité *complète ;* que dès lors ce cas soit le seul, et qu'il n'y ait pas également nullité quand d'autres attributs non moins essentiels se trouveront l'objet de l'erreur, sans qu'elle porte néanmoins sur la totalité des éléments constitutifs de la personnalité civile.

Non-seulement ce cas n'est pas le seul, mais il n'est évidemment ni le plus grave ni le plus frappant de tous. Il peut arriver que l'ensemble des qualités personnelles bien connues, des aptitudes civiles et sociales de l'individu dont le véritable état civil a été caché, soit tellement complet, tellement satisfaisant, au point de vue des destinées des deux époux, qu'il dépasse infiniment, en réalité, l'importance des attributs ignorés. Et le premier consul avait raison de dire que depuis l'abolition des castes, la considération de la famille à laquelle on s'allie ne peut plus, en général, être mise au premier rang.

En effet, chacun le reconnaîtra dans sa conscience et dans sa raison, si l'épouse qui a ignoré le nom et la filiation de son conjoint, et qui a trouvé cependant, comme elle le désirait, honnêteté, considération, fortune, jouissance et exercice de tous les droits, si cette épouse peut cependant demander la nullité du mariage, — il faut bien, à plus forte raison, accorder le même secours à celle qui, sous un nom réel, ne trouve qu'infamie, dégradation légale, privation des droits les plus essentiels, cachés sous de trompeuses apparences !

Au surplus, je prétends donner la démonstration pour ainsi dire mathématique que le cas de supposition d'état civil n'est pas le seul que l'art. 180 ait en vue.

Cette démonstration, elle ressort d'abord de la généralité même des termes de l'art. 180 : il emploie une formule aussi vague dans sa portée qu'elle est peu correcte dans l'expresion. Est-ce que dans une matière où la précision est si désirable, si nécessaire, on pourrait s'expliquer l'emploi d'une telle formule pour désigner un cas unique et si facile à déterminer !

Même remarque sur l'art. 181, qui complète l'art. 180, et qu'il suffit de lire pour comprendre qu'il suppose des cas divers. Et combien ces arguments tirés du texte même ne semblent-ils pas décisifs, si l'on se rappelle que l'élasticité même de ces dispositions a été signalée au Conseil d'État, et qu'elle a été maintenue malgré la proposition formelle d'en détruire la latitude.

Veut-on une preuve plus saisissante encore, peut-être, que les art. 146 et 180 ne se restreignent pas au cas dont il s'agit ? — C'est que ces articles ne sont pas même nécessaires pour pourvoir à ce cas, c'est qu'ils sont inutiles pour porter au mal un remède qui existe d'ailleurs. Nous ne craignons pas d'appeler toute l'attention de la Cour sur ce point de vue qui nous a été suggéré par l'un des maîtres les plus profonds et les plus sagaces de la science du droit (1), et aussi l'un des partisans les plus décidés de notre doctrine.

Voici l'hypothèse... Un misérable dérobe, aux colonies, les actes de l'état civil d'un jeune homme honorable ; il se rend en France et s'y marie sous ce nom usurpé. Plus tard, la femme trompée découvre l'abominable supercherie. Qu'aura-t-elle à faire ? Est-ce qu'il lui faudra faire à l'auteur de cette infamie les honneurs d'une demande civile en nullité aux termes des art. 146 et 180 ? Non ! non ! L'affaire est d'une autre nature et du ressort d'une autre juridiction. Le trompeur, dans cette hypothèse, a signé d'un faux nom l'acte de mariage, il a fait un *faux en écriture publique !* Arrière le faussaire ! C'est à la Cour d'assises qu'il faut le renvoyer. C'est à l'acte même, c'est à l'*instrumentum* qu'il faut se prendre. Lisez l'art. 463 du Code d'inst. crim. Voyez tout au moins les dispositions de l'art. 1319 du C. Nap., des art. 241

---

(1) M. Valette, professeur à la Faculté de droit de Paris.

et suiv. du Code de proc. civ. sur le faux incident civil. Là est le remède, la sanction proportionnée au mal. La justice fera effacer des registres de l'état civil le prétendu acte qui les a souillés, et le mariage apparent, sans avoir été attaqué en lui-même, s'évanouira avec l'acte même qui ne lui a donné que l'ombre de l'existence.

La conclusion est évidente, irrésistible : réduire l'application de l'art. 180 et de ses termes généraux à ce cas unique, qui n'en a pas besoin, c'est le frapper d'inanité ; c'est faire injure à la sagesse du législateur.

Le système de l'arrêt ainsi renversé de fond en comble, voici celui du pourvoi. Je prétends substituer à une formule vicieuse et arbitraire une formule claire, certaine et pratique autant que rationnelle.

C'est la loi elle-même, en effet, qui va nous guider; c'est elle qui va nous dire avec précision dans quels cas la personnalité civile sera altérée si profondément, atteinte dans des attributs si essentiels qu'elle devra être considérée comme dénaturée, comme changée au point de vue qui nous occupe.

Les altérations de la personne civile sont rangées dans trois classes différentes, nettement définies, qui fourniront à l'appréciation des tribunaux ces limites réclamées avec anxiété par la conscience des jurisconsultes alarmés, avant toute chose, de ce qui pourrait porter atteinte à la stabilité du mariage.

Je ne saurais mieux faire que d'emprunter cette classification à la dissertation de l'habile et judicieux légiste qui en a fait, mieux que tout autre, ressortir l'importance vraiment décisive (1) :

« Avant la loi du 3 juin 1854, l'art. 35 du Code civil don-

____

(1) M. Thie-celin, *Droit* du 20 décembre 1860.

nait le nom de mort civile à l'ensemble des incapacités encourues par tout condamné frappé d'une peine afflictive perpétuelle : peine de mort, peine des travaux forcés à perpétuité
et peine de la déportation (Code civil, art. 23 et 24; Code pénal, art. 18). Depuis la loi de 1854, le mot *mort civile* a bien
été rayé de nos lois; mais cela importe peu, attendu que la
chose est restée vraie à certains égards. Le condamné à une
peine afflictive perpétuelle ne peut exercer aucun droit politique, témoigner en justice, recevoir par donation ou testa-
ment, etc. Il peut se marier ; mais l'ensemble de ses incapacités supprime encore, on peut le dire, la personnalité du
condamné, car elles lui enlèvent tous les éléments qui la
constituent, pour ne plus guère lui laisser désormais que la
jouissance des droits sans lesquels la vie animale serait en
réalité impossible.

« Après cet ensemble d'incapacités qui supprime, anéantit
ou peu s'en faut la personnalité civile d'un individu, on
trouve un autre ensemble d'incapacités qui, sans l'anéantir,
la diminue, l'altère profondément : nous voulons parler de la
dégradation civique. La dégradation civique peut être prononcée comme peine principale (Code pén., art. 8); mais,
outre cela, elle est la peine accessoire de toute condamnation à une peine afflictive ou seulement infamante tempo-
raire : travaux forcés à temps, détention, réclusion et ban-
nissement (*Ibid.*, art. 28). Elle entraîne l'exclusion de toutes
fonctions publiques, la privation de tous droits politiques,
l'incapacité de tous droits civils qui supposent quelque confiance en ceux qui les exercent (*Ibid.*, art. 34). En un mot,
nous le répétons, si elle n'anéantit pas la personnalité civile,
elle la modifie considérablement ; et elle a cela de commun
avec ce qu'on appelait la mort civile, qu'elle est perpétuelle,
sauf la faculté pour le condamné d'obtenir sa réhabilitation
après le temps et aux conditions que la loi indique (Code
d'instr. crim., art. 619 et suiv.).

« Telles sont les deux modifications très-graves, à un degré différent, que la loi fait subir à la personnalité civile d'un individu par l'effet d'une condamnation judiciaire. En dehors de ces deux modifications, nous trouvons des incapacités prononcées comme peines accessoires, facultatives ou obligées, de certaines peines correctionnelles; nous trouvons même toutes les incapacités qui constituent la dégradation civique, réunies comme accessoires de la peine encourue pour certains délits (Voir Code pén., art. 42 et 43). Mais ces incapacités sont alors seulement temporaires; elles n'affectent pas le *status* de l'individu; elles ne le *dégradent* pas; aussi ne trouve-t-on pas qu'elles aient un nom générique pour les désigner, et l'individu qui les a encourues n'a pas besoin d'une réhabilitation pour recouvrer un état qu'il n'a pas perdu. »

Ceci exposé, tous les éléments de la solution sont acquis, et il ne resterait plus pour ainsi dire qu'à conclure. Or, je dis que les condamnations entraînant la dégradation civique donnent lieu à l'application de l'art. 180, — en premier lieu, parce que la dégradation civique enlève à la personne civile des *attributs substantiels* au point de vue du mariage, — en second lieu, parce que la loi elle-même marque l'effet *irritant*, au point de vue de la nullité du mariage, de ces mêmes condamnations.

En abordant ce point capital de la discussion, rappelons-nous, Messieurs, redisons-nous ce que c'est que le mariage dans notre civilisation et dans nos mœurs.

Le mariage, c'est l'union de l'homme et de la femme, mais non pas seulement dans le but qui est celui de l'union de tous les êtres vivants, la propagation de l'espèce; c'est l'union de deux êtres intelligents et libres pour accomplir une mission au sein de la société, pour y exercer des droits, pour y remplir des devoirs.

Ce but moral et social du mariage est si grand, que la loi, pour unir les époux, ne se contente pas de leur consentement mutuel. Elle entoure l'union conjugale de solennités, je devrais dire de rites sacramentels, qui lui donnent un caractère presque religieux. A ce moment de la vie humaine où une première existence finit, où une existence nouvelle commence, où l'homme et la femme sortent chacun de cet isolement qui n'était qu'une préparation pour prendre ensemble possession de leurs destinées, à ce moment solennel, sous les yeux des parents, en présence de la famille convoquée et des personnes amies prises à témoin, l'officier de l'état civil va recevoir le serment des époux. Mais avant de consommer ce sacrement civil, le ministre de la loi est tenu de rappeler à l'homme et à la femme leurs droits et leurs devoirs.

Ah! Messieurs, si pour nous tous, si pour vous et pour moi le mariage civil est une chose sacrée, si toutes les solennités qui l'entourent ne sont pas une cérémonie vaine, si la loi, qui partout et toujours protége l'être faible, n'a pas failli à sa mission, quel esprit ne sera frappé du sublime enseignement qu'elle nous donne ici!

N'est-ce donc pas que la femme, à qui l'on redit ses devoirs, doit se proposer avant tout de trouver dans l'époux qu'elle se donne les aptitudes essentielles à l'accomplissement de ces mêmes devoirs? N'est-ce donc pas que c'est là pour elle, légalement, l'objet fondamental à rechercher dans l'union conjugale? N'est-ce pas que celui qu'elle choisit doit être le citoyen, l'époux, le père, et pour tout dire en un mot, le *chef de famille* capable d'être son protecteur et son guide dans la voie tracée à l'épouse? N'est-ce pas, enfin, que si elle est trompée à cet égard, il y a erreur sur la substance même du contrat qui se forme, ou plutôt qui ne peut se former, car cette sainte union, ne le savons-nous pas, c'est *l'échange des âmes!* Si cette âme qui s'est livrée, pour se fondre avec une autre âme dans une seconde existence où la vie de l'une et de l'autre viendra pour ainsi dire animer un être nouveau, si cette âme n'a rencontré que la dégradation, l'incapacité légale et la flétrissure, qu'a-t-elle trouvé en échange d'elle-même ? Où sont les éléments du contrat ? Et qui ne sent que la consécration d'une telle erreur, c'est la profanation du mariage ?

Je reviens à la discussion froide et calme ; car, je le sais, ce n'est pas l'émotion, dont mon cœur déborde malgré moi, ce n'est pas l'émotion qui doit juger ce grand débat. Au point où en est la question, et pour en préciser la solution, il reste à se demander une chose :

L'état de forçat libéré laisse-t-il subsister les aptitudes substantielles que l'épouse attend de l'époux ? La personnalité civile et sociale du forçat libéré est-elle bien celle du même individu *integri status ?*

Examinons le Code à la main.

Comme homme, il a perdu le premier bien, l'honneur : il est dégradé, il est infâme... il est au ban de la société. Cette honte, peut-on l'imposer sans barbarie à la femme qui ne l'a point acceptée d'avance ?

Et qu'on ne se fasse pas illusion. Ce n'est pas seulement une tache morale et d'opinion. Au temps de la promulgation du Code (et il faut s'y reporter pour interpréter son texte dans sa lettre et dans son esprit), c'est un stygmate matériel, terrible. C'est la marque !... — Entendez-vous, Messieurs, la marque ; mais elle atteint la personne physique elle-même. Et c'est la souillure de ce contact que l'on fait subir à cette femme ! Et l'on veut qu'elle retombe dans les bras flétris de cet homme *marqué !*

Ah ! n'y eût-il que cette suite de la condamnation, je dis que c'est calomnier notre législateur que de le montrer impassible devant cette monstruosité.

Comme citoyen, — l'art. 34 du Code pénal nous le dit, — le forçat libéré n'est plus qu'un membre indigne que la patrie repousse de son sein. Elle ne veut ni lui confier des armes pour la défendre, ni accepter ses services et son concours dans aucune fonction, ni l'admettre à instruire la jeunesse, ni croire à sa parole, qu'elle lui défend de faire entendre devant la justice pour lui éviter un parjure, ni recevoir son témoignage et son assistance aux actes les plus simples de la vie civile.

Est-ce là l'homme auquel cette femme a cru s'unir?

Comme chef de famille... — je touche ici le point décisif : on ne me dira pas que ce n'est point l'attribut essentiel dans le mariage ; — eh bien! la loi nous répond encore. Cet homme ne sera pas le tuteur légal de ses enfants ; et la mère, si elle meurt, ne laissera pas un protecteur aux orphelins. Il ne sera jamais le tuteur de ses petits-fils ; il ne sera membre d'aucun conseil de famille ; on le juge indigne de diriger, même de ses avis, les affaires de ses plus proches ; on ne croit ni à sa foi, ni à son honneur.

La femme, la mère n'aura pas trouvé même pour ses enfants un appui respecté ; et cette femme n'aura pas été assez trompée!

Et je n'ai pas tout dit. Comme mari et comme père, il est incapable d'exercer à jamais le premier de tous ses droits.

Écoutez, Messieurs, l'art. 214 du Code : La femme doit obéissance à son mari ; elle doit le suivre partout *où il juge à propos* de résider. Celui qu'elle épouse, qu'elle croit épouser, c'est donc un homme apte à exercer cette mission que la loi lui confère. Eh bien ! non ! le forçat libéré n'est pas celui qui choisit le siége de sa famille, le domicile, cette petite patrie dans la grande, où naissent et se développent toutes les saintes affections du foyer. Il est, lui, sous la tutelle de la haute police, il reçoit d'elle sa résidence, il est à sa merci, et avec lui sa femme et ses enfants. La femme du forçat va où la police juge à propos qu'elle réside. C'est la police qui sera le chef de cette famille... Et la femme ne sera pas assez trompée !

Messieurs, rappelons-nous que, pour tout le monde, pour la Cour de Paris elle-même, l'erreur sur le nom et l'état civil d'un individu est suffisante pour faire annuler le mariage. Mais quoi ! vous briseriez l'union contractée avec un citoyen, d'ailleurs honorable, parce qu'il y aurait eu erreur, même involontaire, sur sa filiation, et vous respecteriez celle de l'individu qui, sous son propre nom, cache une sorte de monstre social qu'on ne peut envisager sans effroi !

Poser la question en ces termes, n'est-ce pas la dégager de la crainte chimérique de donner aux tribunaux une latitude incompatible avec la stabilité du mariage ? N'est-ce pas rendre un nouvel hommage à la sainteté de cette institution en permettant au juge, qui ne peut dissoudre un lien régulièrement formé, de considérer comme non avenue, dans des cas infiniment rares et légalement limités à l'absence d'attributs d'une importance essentielle, l'union à laquelle a manqué, quant à la personne civile, le consentement sans lequel il n'y a pas de mariage (art. 146) ?

De ces propositions, la conséquence rigoureuse, c'est que l'arrêt a eu tort d'exiger pour la recevabilité de l'action en nullité, qu'il y ait erreur sur la personne civile *complète*, ce qui est impossible ; c'est qu'il devait, non pas tirer en droit une fin de non-recevoir de ce que l'on n'invoquait à l'appui de la demande qu'une erreur sur les qualités, mais examiner au fond si en fait les qualités ou attributs à l'égard desquels l'erreur avait existé étaient non essentiels au point de vue de l'union conjugale à contracter.

Ce qu'il devait examiner, et ce qu'il s'est à tort abstenu de rechercher, c'était si le consentement au mariage de la part de mademoiselle Herbin était supposable, était admissible avec un individu :

Privé, par une dégradation judiciaire, de ses droits politiques, c'est-à-dire des plus nobles attributs de tout Français appelé à influer sur les destinées de son pays ;

Privé de ses droits civiques, c'est-à-dire de la capacité de s'unir à ses citoyens pour le bien, le progrès et la défense de la patrie ;

Privé de ses droits individuels par la surveillance de la haute police ;

Privé de ses droits de famille et même d'une partie de l'autorité paternelle en des points essentiels.

Si les juges ne s'étaient pas crus obligés par la loi de détourner les yeux de cet effrayant tableau de la dégradation civile de Berthon, qui oserait dire qu'ils auraient jugé que :

Berthon, infâme,

Berthon, à peine Français,

Berthon, déchu de la dignité de chef de famille,

Que Berthon, enfin, forçat libéré, était la personne civile que la jeune fille pure, honnête et fière avait voulu épouser !

Voilà ce qu'un faux scrupule a empêché les juges de se demander. Voilà ce que la Cour de cassation leur rendra le droit d'examiner dans le fond de leur conscience et dans la liberté de leur appréciation.

Je vais plus loin, et je l'affirme de toute l'énergie de ma conviction. L'erreur sur l'état de forçat libéré non-seulement peut motiver, mais doit entraîner légalement la nullité du mariage, par l'anéantissement des attributs substantiels que la femme recherche dans son conjoint. Elle doit entraîner cette nullité, à moins de circonstances étrangement exceptionnelles, comme celle de la condamnation de la femme elle-même à une peine pareille.

Par suite, et la conséquence est irrésistible, l'arrêt doit être cassé pour avoir violé la loi au fond, aussi bien que pour s'être arrêté devant une fin de non-recevoir arbitraire.

Voici, au surplus, une seconde et bien forte preuve que si la Cour de Paris eût examiné en elle-même la cause de nullité, si elle se fût mise en face de cet état de forçat libéré, de cette infamie légale qui pèse comme un suaire sur ma cliente, elle eût trouvé dans le Code la nécessité de prononcer la nullité pour cette cause, en vertu d'une disposition formelle.

Cette disposition est celle de l'art. 232, qu'il faut lire comme les articles déjà cités de l'ancien Code pénal, telle qu'elle a été écrite, en présence de l'art. 180 qu'on doit interpréter d'après les dispositions contemporaines.

« La condamnation de l'un des époux à une peine infamante sera, pour l'autre époux, une cause de divorce. »

Je dis que ce texte est applicable ici, et d'après les motifs qui l'ont inspiré, et d'après sa nature même.

L'art. 232 brise le mariage régulièrement contracté quand l'un des époux encourt une condamnation infamante. Or, quel est son motif, sa raison d'être ? Ce n'est pas seulement que l'époux a violé ses engagements, a manqué à l'obligation contractée, en se mariant, de vivre honorablement. L'union conjugale n'est pas un contrat qui se résout pour inexécution des conditions. La raison vraie, la conscience de chacun l'a déjà proclamée : c'est qu'il est inhumain, odieux, impossible, d'obliger l'époux honnête à cohabiter avec l'époux criminel.

Un jurisconsulte estimé a développé cet argument en termes excellents :

« La raison principale qui a dicté la disposition de l'art.
« 232 est fondée sur l'injustice qu'il y aurait de forcer une
« personne à vivre en mariage avec un infâme, et de donner
« ainsi le jour à des enfants qui auraient à souffrir dans

« l'ordre des idées sociales, ou, si l'on veut, des préjugés
« d'une faute qui n'est pas la leur. Or, cette situation de
« l'époux innocent est la même, soit que le conjoint ait
« encouru l'infamie avant le mariage, soit qu'il ne l'ait
« encourue que depuis. Celui qui l'a trompé doit être encore
« à ses yeux moins digne d'indulgence que dans le second
« cas.

   « **A** la vérité, le divorce est aboli, même pour cette cause;
« mais cela est indifférent quant à la question, puisqu'il
« s'agit de connaître quelle a pu être la pensée du législa-
« teur sur une erreur de cette nature ; en sorte que, s'il est
« vrai qu'il ait entendu autoriser la demande en divorce
« dans le cas dont il s'agit, il est permis de croire qu'il a
« voulu, par la même raison, autoriser la demande en nul-
« lité de mariage, d'autant mieux que le délai pour l'inten-
« ter est très-court, tandis que celle en divorce n'était pas
« circonscrite par un délai déterminé (1). »

Ce n'est pas encore assez dire, et, pour employer le langage de l'école, c'est un argument *à fortiori* que je prétends
tirer de l'art. 232.

Si la condamnation encourue après le mariage est assez
forte pour le rompre, est-ce qu'elle ne l'est pas bien plus encore pour l'empêcher de se former, si elle préexiste comme
un vice caché dans la personne de l'un des conjoints ?

Voyez ce qui se passe en matière de contrats ordinaires.
Supposez un vice assez grave pour faire résoudre un contrat,
s'il se produit après coup; il est certain qu'il le fera, à plus
forte raison, annuler si, existant auparavant, il est celé à
l'une des parties ! Cela est élémentaire dans tous les cas, —
cela est saisissant quand il s'agit de l'union conjugale.

Une certaine solidarité enchaîne les époux ; si l'un fait une

____

(1) Duranton, t. II, n° 64.

chute, l'autre peut souvent s'imputer de ne l'avoir pas retenu ; et cependant la loi brise un lien désormais insupportable.

Mais si le crime a eu lieu avant, s'il était ignoré, est-ce que l'innocence de l'épouse trompée n'est pas complète, est-ce que son malheur n'est pas encore plus grand ? Si la condamnation tue le mariage régulièrement formé, comment ne l'empêcherait-elle pas de naître viable ?

La raison du jurisconsulte, une fois rassurée, satisfaite par ces déductions d'une vérité rigoureuse et d'une valeur juridique incontestable, le sentiment du vrai, du juste et du bien, qui parle si haut en faveur du pourvoi, peut désormais se faire entendre. Il est permis de se dire qu'il n'est pas en France une loi matérialiste et barbare qui, annulant le mariage pour erreur sur la personne physique, le laisserait subsister, malgré l'erreur sur l'état de forçat, dissimulé par le futur époux !

J'arrive, Messieurs, d'un pas ferme, je l'espère, et sur un terrain assuré, à la dernière partie de l'arrêt, au dernier ordre d'idées où se retranche son système. Il nous reproche d'ébranler l'institution même du mariage en ouvrant aux demandes en nullité une latitude illimitée. Où s'arrêtera-t-on ? s'écrient tout d'une voix les partisans de la décision attaquée, où sera la limite ?

L'arrêt sort ici du domaine des arguments de droit, il entre dans le vaste champ des considérations morales. Je dois y suivre mes adversaires.

Je vais discuter l'objection, la prendre corps à corps et l'anéantir. Mais, laissez-moi vous le dire, Messieurs, cette objection me fait mal... On redoute le danger de multiplier les demandes en nullité... C'est un danger éventuel, lointain, chimérique peut-être ! Et moi, je vous montre ici, non pas un danger, mais un malheur présent et trop réel; un malheur non pas individuel, mais social, car il menace toutes les familles honnêtes. Il est là, vous le voyez de vos yeux, vous le touchez de vos mains; il fait horreur à la société, il ferait honte à la loi. Vous avez le remède... et vous refuseriez de l'appliquer !!.

On craint d'ébranler le mariage. Ah ! moi aussi j'honore, je respecte, je veux sa stabilité, et ma main se sècherait plutôt que de toucher à l'arche sainte; mais je suis plus soucieux que l'arrêt de la dignité du mariage. N'est-ce donc pas le déshonorer que d'y faire rentrer cette union monstrueuse? N'est-ce pas le profaner que d'y comprendre cette violation de tous les sentiments, cet outrage à toutes les pudeurs? — N'est-ce pas, au contraire, le consolider, l'affermir que d'en retrancher cette alliance sans nom de l'honneur et de l'infamie? N'est-ce pas lui rendre hommage que de refuser le nom sacré d'union conjugale à ce lien formé par une indigne surprise, et qui ferait croire à l'enfer en ce monde?

Messieurs, prenons garde ! On compromet un principe, quelque sacré qu'il soit, en l'exagérant. C'est l'exagérer que de lui faire produire une conséquence qui révolte le sentiment universel. Refuser ici la nullité du mariage, c'est faire songer au divorce.

La Cour impériale a craint un danger, fort amplifié à mon sens. Mais elle n'a donc pas vu le péril bien autrement grand, bien autrement certain de sa doctrine? Quel péril plus grand, en effet, pour les familles que d'encourager, par le succès du fait accompli, les tentatives des pareils de Berthon! A-t-on bien pensé à ce scandale immense de l'impunité... que dis-je? du triomphe d'une machination odieuse, du sacrifice d'une victime humaine au sein de la société impuissante à la sauver!

Messieurs, un pareil spectacle est mauvais pour les mœurs. Épargnez-le à notre siècle, et vous aurez bien mérité de la civilisation.

J'ai dit que les juges s'étaient laissé troubler par des appréhensions chimériques. En effet, parcourons le champ de la réalité, celui des hypothèses, plus vaste encore. Eh bien ! il y a soixante ans que les opinions du premier consul, de Tronchet, de Régnier, de ces illustres rédacteurs du Code, sont connues ; la jurisprudence, on le verra, a adopté ces opinions, ainsi que presque tous les auteurs ; et à peine sept ou huit demandes en nullité pour des cas analogues ont été formées et accueillies ! Les auteurs sont bien ingénieux à inventer des espèces, et ils ont discuté deux ou trois cas de nullité ! Est-ce que le passé ne doit pas rassurer sur l'avenir ?

D'ailleurs, ma doctrine doit calmer toutes les craintes ; car elle présente une double limite de droit à cette prétendue latitude sans bornes dont on voudrait effrayer vos consciences. Elle trace un cercle infranchissable au sein duquel on pourra peut-être se restreindre encore, mais dont les demandes en nullité ne pourront point sortir.

Cette limite est, d'une part, dans les art. 7, 8, 34 du Code pénal sur les condamnations entraînant la dégradation civique. Seules elles pourront fonder la demande en nullité, parce que seules elles modifient, elles dénaturent la personnalité, au point de la changer, et de substituer en réalité un être moral à un autre. Et cela non pas seulement par le nombre et la gravité des incapacités, mais par leur perpétuité ; de telle sorte qu'il est vrai de dire, dans toute la rigueur de l'expression, qu'après de telles condamnations, le *status* de l'individu n'est plus le même.

Là est la réponse à l'objection tirée de ce que d'autres condamnations entraînent parfois des incapacités aussi graves, impriment moralement d'aussi honteuses flétrissures. Cela peut être ; mais les conséquences ne sont pas perpétuelles : l'*integer status* est suspendu ; il n'est pas détruit, il n'est pas changé.

C'est ce qu'a exprimé avec une grande précision et une

remarquable puissance de déduction le jurisconsulte que nous avons déjà cité (1) et dont il convient, en cette grave question des limites de la nullité, de reproduire les propres paroles :

« En distinguant, comme nous venons de le faire, les trois conditions où l'homme peut se trouver dans la société civile, l'*integer status*, qui n'est pas moins tel malgré les incapacités temporaires que peut traîner avec soi une condamnation correctionnelle, l'état de dégradation civique résultant d'une condamnation infamante, l'ancienne mort civile résultant d'une condamnation à une peine perpétuelle, nous sommes, croyons-nous, en possession des données nécessaires pour résoudre les questions particulières.

« Une femme a épousé par erreur un forçat libéré ; comme l'erreur porte alors sur la personne civile, puisque l'individu était *dégradé*, il y a là une cause de nullité de mariage, pourvu toutefois que la moralité connue de la femme puisse faire supposer qu'elle n'eût pas consenti au mariage si elle eût su l'état de son conjoint.

« Au contraire, la femme a épousé un condamné à une peine correctionnelle, pour escroquerie, attentat aux mœurs, vol ; un fils naturel, un roturier pour un noble qu'elle croyait prendre, etc.; comme dans tous ces cas elle ne s'est trompée que sur les qualités de la personne, non sur la personne civile même, telle que la loi la reconnaît, le mariage sera maintenu. Qu'il y ait dans les premières de ces hypothèses de cruels mécomptes pour la femme, personne ne le contestera ; mais qu'y faire ? La loi ne déclare pas infâme le voleur simple, et le lien du mariage a une puissance qu'il ne faudrait pas non plus trop affaiblir.

« L'épouse du forçat, au contraire, est la compagne d'un

---

(1) M. Thiercelin, *Droit* du 20 décembre 1860.

homme légalement dégradé. Il ne se peut pas qu'on trouve écrit dans nos lois le supplice de Mézence liant des vivants à des corps morts :

> Mortua quin etiam jungebat corpora vivis,
> Componens manibusque manus atque oribus ora.

Si ce n'est point assez, l'art. 232 vient encore affermir la barrière que notre doctrine oppose à la prétendue latitude des demandes en nullité.

En admettant le divorce à raison des condamnations aux peines infamantes, il marque le caractère irritant de ces condamnations, et en même temps il refuse un effet semblable aux condamnations d'une autre nature.

Et si l'on venait ici encore citer des condamnations non infamantes, mais atteignant des faits abominables dans l'opinion de tous, si l'on s'en prévalait pour critiquer mon système, je répondrais : ce n'est pas à moi que la critique s'adresse, c'est à la loi. C'est elle qui répute plus graves les actions que vous excusez, moins graves celles qui vous semblent plus odieuses. Si la loi n'est pas d'accord avec les mœurs, demandez qu'elle soit changée; mais, en attendant, comprenez donc que là où elle a prononcé le divorce, là aussi elle peut prononcer la nullité.

Que l'on combine maintenant les deux dispositions au lieu de les envisager isolément, qu'on s'en tienne à la règle la plus étroite qui puisse résulter de leur rapprochement, il restera toujours un point acquis et certain, c'est que les condamnations aux peines afflictives et infamantes, c'est que l'état de forçat autorise, sans prêter à une extension dangereuse, la demande en nullité de mariage.

J'ai montré ce que vaut, abordé de près, ce péril, dont nos adversaires ont fait tant de bruit, de l'ébranlement du mariage et de l'irruption de nullités sans mesure et sans nombre.

Comme tous les fantômes devant la lumière, l'objection s'est évanouie à l'examen.

Dois-je croire qu'il reste encore un nuage dans vos esprits, et que quelques-uns se disent en eux-mêmes : Mais, après tout, le mariage monstrueux dont on s'indigne témoigne d'une bien grande imprudence. Que de facilités pour échapper à une semblable extrémité par des renseignements recueillis avec soin ! Si, par hasard, ils n'ont pas été pris, il y aura un grand malheur, sans doute, mais aussi un grand exemple pour la société, et cet exemple instruira les familles et préviendra le retour de calamités pareilles.

Ah ! Messieurs, j'hésiterais à rappeler cette théorie implacable, si elle ne s'était produite avec retentissement devant cette même Cour dans une autre enceinte, et peut-être devrais-je me borner à dire à ses partisans, en comprimant le sentiment qu'elle fait naître : Vous parlez d'imprudence commise ! mais voyez qui a commis cette imprudence, à qui elle profite, qui en subit la peine. Les auteurs sont les parents, qui pleurent des larmes de sang sur un mal qu'ils ne peuvent réparer ; c'est peut-être une mère veuve et isolée, une aïeule, au bord de la tombe, chargée du sort de la fille de ses enfants morts. La victime, c'est peut-être une jeune fille de quinze ans, à qui on ne reprochera pas apparemment d'avoir ignoré les mystères de la justice. Et celui qui triomphe au dénoûment du drame, c'est le trompeur lui-même, c'est le forçat qui recueille le fruit de l'imposture dévoilée trop tard ! Voilà la réponse qui s'offre à ma pensée ; mais je ne m'en rapporterai point à moi-même... Peut-être l'angoisse de la situation vient-elle troubler mon raisonnement.

Écoutez un jurisconsulte, impartial témoin et juge non suspect de la théorie que je déplore. Il fait remarquer d'abord que, bien loin d'être un divorce déguisé, comme on l'a dit si injustement, la nullité du mariage, en témoignant de l'indissolubilité du lien légalement formé, apporte un

remède approuvé par la religion et les mœurs à des maux
dignes d'une commisération profonde ; puis il s'écrie :

« Qu'on ne dise pas, avec le représentant d'ailleurs si
consciencieux du ministère public devant la chambre des
requêtes, qu'on ne dise pas que la sévérité inflexible de la
jurisprudence à proscrire l'action en nullité contre les mariages entachés d'erreur sera la meilleure garantie que de
semblables erreurs ne se renouvelleront point ; qu'on ne
dise pas que si la vie d'un époux associé par erreur à un être
indigne d'affection et de pitié est un enfer dans ce monde,
c'est un enfer sur la porte duquel il faut écrire les paroles
du Dante : *Lasciate ogni speranza voi che intrate !* afin que le
public, averti, se garde du précipice, et que les cris de la
victime éloignent les imprudents. Non. Nous ne voulons
voir l'enfer ni dans le mariage ni dans notre législation.
Nous ne voulons pas de cette doctrine prétendue de salut
public, qui, pour sauver la société d'un mal imaginaire ou
au moins éventuel, commence par sacrifier les victimes d'un
mal certain et réalisé. Cette doctrine ne trouverait même
pas sa justification dans le châtiment de l'imprudence ou de
la témérité ; car la punition , d'ailleurs disproportionnée
avec la faute, tomberait sur l'innocent et non sur le coupable. Quelle sera, en effet, dans la plupart des cas, la victime
de l'erreur ? Ce sera la femme (voir les deux arrêts de Colmar et de Bourges, des 6 déc. 1811 et 6 août 1827, et l'espèce actuelle). Ce sera la jeune fille qui, incapable de vérifier par elle-même la situation du futur époux, aura suivi
aveuglément la foi de l'imposteur et de ses parents abusés.
Si quelqu'un mérite un reproche et un châtiment, ce n'est
pas la femme, c'est le père, c'est la mère, qui ne se sont
pas entourés de tous les renseignements nécessaires, et ont
laissé tomber leur fille aux bras d'un misérable. Et c'est elle
qu'on punirait ! Non, encore une fois, nous ne voulons pas

de cette justice. Elle ressemble trop à celle qui poursuit
dans les enfants les fautes du père, à celle dont les dogmes
religieux ou les lois physiques peuvent parfois imposer des
exemples terribles à notre intelligence étonnée, mais que
n'accueillera jamais dans l'ordre moral et législatif ni notre
conscience ni notre cœur (1). »

Messieurs, on a voulu, sur le terrain des considérations
morales, condamner notre doctrine par les suites qu'elle
entraîne. Vous savez maintenant ce qu'il faut penser des
prétendus dangers qu'on lui attribue. Et moi, maintenant,
je retourne l'accusation et je prétends vous faire condamner
l'arrêt par les applications de son principe. Je prétends en
tirer des conséquences à faire reculer les plus intrépides de
mes adversaires, à faire hésiter dans le camp ennemi les
plus stoïques courages.

J'ai parlé de la mort civile. Elle est abolie, et pourtant la
plupart de ses effets subsistent encore, mais non le plus important de tous, l'impossibilité du mariage. Eh bien ! je suppose un individu condamné aux travaux forcés à perpétuité :
il s'échappe, il revient de Cayenne, il réussit à rentrer dans
la société, il contracte mariage dans une famille honnête,
ignorante de son état. Le lendemain il est reconnu, repris,
renvoyé au lieu de sa peine perpétuelle. Que ferait la Cour
de Paris de ce mariage ? Le condamné n'est plus mort civil,
il n'est plus qu'en état d'interdiction, qui n'est pas, en jurisprudence, un empêchement dirimant au mariage, hors le
cas de démence ; il n'y a pas de question d'identité dans
le sens de l'arrêt attaqué. La Cour maintiendra donc ce mariage ; c'est la conséquence rigoureuse, inexorable de son
principe. Elle consacrera un malheur que le Code, avant
1854, rendait impossible en refusant l'existence à une telle

---

(1) M. Bellaigue, *Revue pratique de droit français* (janvier 1861).

union. La loi, qui croyait progresser, a fait un pas en arrière... La mort civile, abolie pour le criminel, va retomber de tout son poids sur la victime innocente !

Personne ne conteste qu'il y ait nullité du mariage quand un individu, condamné sous son véritable nom, contracte, sous un faux nom, un mariage avec une jeune fille trompée. Eh bien, l'hypothèse inverse s'est présentée. C'était à Lyon, si je ne me trompe, en 1831 ou 1832. Le fait d'ailleurs est ed nature à se reproduire. Un malfaiteur habile est parvenu, comme tant d'autres, à se faire condamner à la peine des travaux forcés, *sous un faux nom*. On sait que c'est la ruse employée pour échapper à la récidive. Libéré ou évadé du bagne, il reprend son vrai nom, pur de tout antécédent judiciaire. Il se présente avec son état civil véritable, il est agréé en mariage. L'union accomplie, tout se découvre. Ici, point de supposition d'état civil, point de question d'identité suivant l'arrêt, — et toujours cette conséquence fatale, —point de nullité de mariage. Et pourtant, est-ce que le bon sens, est-ce que la conscience publique consentiront jamais à faire une distinction, au point de vue du droit, de la morale, de la pitié, entre les mariages contractés avec ces deux hommes qui ont également trompé sur leur état de forçat, l'un en cachant son vrai nom au bagne, l'autre en le cachant devant l'officier de l'état civil, tous deux abusant aussi cruellement la famille et l'épouse !

Enfin, Messieurs, et je termine cette énumération douloureuse, il était un point sur lequel jusqu'ici, dans un bien autre ordre d'idées, tout le monde était d'accord : c'est que la qualité de prêtre catholique, qui n'est pas (c'est un point constant en jurisprudence) un empêchement dirimant au mariage, mais seulement un empêchement prohibitif, c'est que cette qualité, si elle a été ignorée par la femme, est pour elle une cause de nullité de mariage. On ne voulait pas condamner la femme à violer chaque jour une loi religieuse

que reconnaît dans le Concordat notre loi civile elle-même ;
on ne voulait pas forcer un chrétienne à vivre, malgré la
révolte de sa conscience, dans un état permanent d'adul-
tère ; on s'inclinait devant un sentiment plus fort que la vie,
plus fort que l'honneur !

Eh bien ! voilà ce que la Cour de Paris ne permet plus ;
c'est encore une victime, une sainte victime celle-là, qu'il
faut sacrifier à sa théorie : point de question d'identité, point
d'erreur sur la personnalité civile complète, point de nullité...
La formule est tranchante autant que sommaire, et la cause
de la femme du prêtre est jugée ! Je ne conclus pas, Messieurs, vous l'avez fait avant moi.

Qu'ai-je à dire de plus ? Un mot, mais ce sera un seul
mot, sur la jurisprudence et la doctrine. Les décisions des
tribunaux et des Cours sont fort rares, et je le dis très-haut
pour rassurer les esprits sur la multiplicité des demandes
en nullité de mariage par cause d'erreurs. Or, ces décisions, telles que les rapportent nos recueils, ont presque
toujours admis les demandes analogues à celle de Zoé Herbin. Chacun se rappelle l'arrêt de Colmar du 6 déc. 1811,
celui de Bourges rendu le 6 août 1827 à la suite d'une consultation fameuse où je trouve, à côté du nom de Merlin,
celui des deux Berryer, de Billecocq, de Toullier, de Vazeille,
de Boncenne et de Proudhon. Je citerai encore un jugement
de Boulogne du 26 août 1853 (Sir., 54, 2, 114), et la plus
récente décision connue, qui est venue protester énergiquement contre la doctrine de l'arrêt de Paris, celle du tribunal d'Agen du 6 juillet 1860 (1).

Parmi les auteurs, je ne veux pas choisir. Permettez-moi
une énumération qui, à elle seule, a son éloquence. D'un
côté, et dans le camp de nos adversaires, est Merlin pres-

---

(1) Sirey, 1860, 2, 353.

que seul... L'autorité de Merlin, si grande en toute matière,
est pourtant nulle cette fois ; et la raison en est que Merlin
sur la question a deux opinions, l'une dans le Répertoire de
jurisprudence, l'autre dans les Questions de droit. D'abord,
il se fait le champion de la doctrine inacceptable, abandonnée de tous, de la nullité restreinte à l'erreur sur la personne physique. Puis il s'éclaire et admet, à l'occasion d'une
affaire intéressante, la nullité pour supposition d'état civil.
Peut-être un dernier examen, en présence d'un fait nouveau, l'eût-il amené à notre système. Après Merlin, on cite
Dalloz, dont l'opinion peu précise se réfute par les principes
mêmes sur lesquels elle repose.

A ces auteurs, j'oppose, dans le sein du Conseil d'Etat,
Tronchet, Régnier, Thibeaudeau, etc., et, avec eux, les plus
anciens commentateurs du Code civil, Delvincourt (1), Toullier (2) et Proudhon (3) ; immédiatement après, une série
non interrompue de jurisconsultes depuis MM. Duranton (4)
et Vazeille (5), jusqu'à MM. Allemand (6), Valette (7),
Demante (8), Bressolles (9), de Villeneuve (10), Marcadé (11)
et enfin le plus récent et l'un des plus accrédités, M. Demolombe (12).

Un recueil spécial, publié pour la cause, a réuni tous les
passages importants de ces auteurs. Quoiqu'ils présentent

---

(1) T. I, page 73, note 524.
(2) T. I, n° 524.
(3) T. II, n° 61.
(4) T. I, p. 393, 3ᵉ édit.
(5) *Traité du mariage*, t. 1, n° 69.
(6) Nᵒˢ 167 et 168.
(7) Explication sommaire du livre I du chap. organique, p. 106, n° 17.
(8) *Cours analytique de Code civil.*
(9) *Revue de législation*, 1846, t. II, p. 149, t. III, p. 342.
(10) Sirey, 1854, t. I, p. 114.
(11) T. I, 4ᵉ édition, p. 389, 469 et suiv.
(12) T. III, n° 253. *Du Mariage.*

des nuances d'opinions, ils sont d'accord sur ce point que la
nullité ne saurait être restreinte au cas de supposition d'état
civil. Dans leur ensemble, ils forment, ce nous semble, un
corps imposant de doctrine. Il faut y joindre, depuis que le
procès a rappelé sur la question l'attention générale, les
travaux recommandables, et plusieurs fois cités dans cette
discussion, de MM. Thiercelin (1) et Bellaigue (2).

J'espère, Messieurs, avoir vengé ma cause d'un reproche
qu'on est trop porté à lui faire : c'est qu'elle n'a pour elle
que le sentiment; c'est que la raison juridique lui fait défaut.
J'espère vous l'avoir montrée, au contraire, étayée des plus
solides arguments de Droit, soutenue par la doctrine et la
jurisprudence. Et maintenant, permettez-moi de vous en
supplier, laissons un instant cette discussion abstraite, rentrons en nous-mêmes, et plaçons-nous avec notre conscience
d'hommes en face de cette situation qu'il faut juger.

Voici une jeune femme, livrée par une fatale erreur à une
torture inouïe. Voici Zoé Herbin, pure, honnête, irréprocha-
ble, enchaînée par surprise et pour toujours à un lien d'infamie. Il faut vous figurer le désespoir de cette femme
retombant dans les bras d'un être flétri, et le triomphe du
forçat qui attend votre sentence pour ressaisir sa proie; il
faut vous figurer les cheveux de la victime blanchis en quelques mois d'effroyable attente, et vous demander si notre
loi humaine et chrétienne peut permettre de telles hor-
reurs !

Cette situation fait frémir, et j'entends encore cette femme
s'écrier : « Je ne sais pas le Droit; mais ce que je sais, ce
que je sens, c'est qu'il ne peut pas y avoir de loi qui me condamne, moi innocente, à ce supplice. »

____

(1) *Droit,* 20 décembre 1860.
(2) *Revue pratique,* n° du 25 janvier 1861.

Ah ! je m'épouvante quand je pense que l'insuffisance de ma parole pourrait laisser une telle extrémité sans remède ! Oh ! non, personne ne l'ose dire, et ceux qu'effraie la nullité nous offrent la ressource de la séparation de corps. Je ne sais ce que vous pensez de cet expédient incomplet, éventuel, qu'on veut substituer à un moyen certain de salut ; mais je tremble en songeant que, si on me refuse la nullité, bien des arguments pourraient s'élever aussi contre la séparation de corps pour une cause antérieure au mariage.

Eh bien ! je vous laisse avec cette dernière réflexion : ou la séparation de corps est possible, ou elle ne l'est pas. Si elle ne l'est pas, oh ! 'ai gagné ma cause ; car il n'est pas un de vous qui veuille se dire en sortant d'ici : Interprète de la loi de mon pays, j'ai trouvé dans cette loi la consécration d'un malheur sans nom ! Si la séparation de corps est possible, oh ! alors encore, et bien plus, j'ai gagné ma cause ; car, qu'est-ce que ce mariage qui porte dans ses flancs une cause de divorce ? qu'est-ce que la vie de cette union, frappée à mort avant de s'être formée ?

Messieurs, vous jugerez cette cause en jurisconsultes et en hommes. Votre raison confirmera l'arrêt qu'a déjà prononcé votre cœur, et la conscience publique vous applaudira.

Sur cette plaidoirie de mon père, dont il ne m'appartient pas de faire l'éloge, la Cour de cassation rendit l'arrêt suivant, le 11 février :

« La Cour,

« Vu les art. 146 et 180 du Code Napoléon ;

« Attendu que, s'il résulte de la combinaison desdits articles que la nullité d'un mariage ne peut être prononcée pour cause d'erreur que lorsqu'il y a *erreur dans la personne,* cette erreur doit s'entendre non-seulement de l'erreur dans la personne physique, mais encore de l'erreur dans la personne civile;

« Attendu que, lorsqu'une condamnation à une peine afflictive et infamante a diminué la personne civile du condamné, et l'a privé d'une partie notable de ses droits civils et civiques, par application des art. 28 et 34 du Code pénal, il est du droit et du devoir des tribunaux d'examiner, d'après les faits et circonstances de la cause, jusqu'à quel point l'erreur a porté sur des conditions substantielles, constitutives de la personne civile, a pu opérer erreur dans la personne, et par suite vicier le consentement de l'époux trompé;

« Attendu que, sans entrer dans cet examen, la Cour impériale de Paris a repoussé péremptoirement la demande de la femme Berthon, par le motif que, pour être une cause d'annulation, l'erreur doit porter sur une personnalité complète et soulever une question d'identité, et que, dans la cause, l'individualité de Berthon n'était pas en question;

« D'où il suit qu'en jugeant ainsi, l'arrêt attaqué a faussement appliqué et, par suite, violé les articles de loi ci-dessus visés;

« Par ces motifs,

« Casse et annule l'arrêt de la Cour impériale de Paris du 4 février 1860. »

La Cour d'Orléans, devant laquelle l'affaire fut renvoyée, confirma les premières décisions du tribunal et de la Cour impériale ; Zoé Herbin se pourvut de nouveau en cassation ; l'affaire vint devant les chambres réunies de la Cour de cassation, où elle fut une seconde fois plaidée par Ambroise Rendu.

Il semblait que mon père eût tout dit dans son premier plaidoyer, où la discussion froide, abstraite des textes s'alliait si bien aux plus nobles élans d'une généreuse inspiration, où l'éloquence le disputait à la science juridique ; sa nouvelle plaidoirie ne fut cependant pas une répétition de la première ; je la citerai donc aussi, persuadé que la comparaison de ces deux discours sera à la fois intéressante et utile.

Il fallait en effet éviter plus d'un écueil ; beaucoup des conseillers qui devaient entendre cette seconde plaidoirie avaient déjà assisté à la première ; la question devait leur être présentée sous un nouveau jour. Dans un éloquent réquisitoire, M. Dupin avait en outre vigoureusement combattu la doctrine présentée par mon père ; ces deux difficultés, presque insurmontables pour un avocat médiocre, Ambroise Rendu les affronta sans crainte, et, fort de son premier triomphe, reprit ainsi sa thèse de 1861 à l'audience du 23 avril 1862 :

MESSIEURS,

L'un des organes du ministère public invoquant naguère l'arrêt de cassation que je viens défendre devant vous, en faisait ce bel éloge qu'il était un hommage rendu à l'opinion publique. Jamais, en effet, décision judiciaire n'a été plus ardemment souhaitée ni accueillie par un assentiment, j'allais dire, par une acclamation plus générale. Ce fut pour toutes les âmes comme un soulagement immense, et ce fut, j'ose le dire, un honneur pour la Cour suprême, car elle avait proclamé une chose admirable : l'harmonie de la loi avec le sentiment universel.

Si c'est à l'opinion, comme l'a dit une bouche illustre, que reste toujours la dernière victoire, la résistance de la Cour d'Orléans aura été vaine, et elle n'aura pour résultat que de rendre plus éclatant le triomphe de la vérité.

Au point où en est arrivée la discussion, je sais toute la mesure que m'imposent et la solennité de cette audience et le travail si approfondi, si remarquable, de M. le conseiller rapporteur. Il y a autour de toute grande question, et de celle-ci surtout, une foule d'arguments épuisés, de lieux communs dont je veux débarrasser le débat pour m'en tenir aux raisons supérieures et décisives qu'une longue méditation suggère et fortifie. Parmi ces lieux communs au service du système opposé, permettez-moi de reléguer un reproche sans cesse reproduit. Vous ne faites pas du droit, nous dit-on dédaigneusement, vous faites du sentiment ! Reproche étrange et attardé aujourd'hui, qui hésitera peut-être à se formuler après l'épreuve victorieusement subie par le pourvoi devant deux de vos chambres, qui font du droit apparemment ; après la première décision de cette Cour, décision approuvée, je ne dis pas par les gens du monde dont on peut assurément ici récuser le suffrage, mais tout à la fois dans un traité spécial par l'un des jurisconsultes dont les travaux honorent le plus la magistrature parisienne, par les commentateurs les plus nombreux et les plus exercés de vos arrêts, par les organes les plus austères de la science pure du droit, MM. les professeurs Valette, Bugnet, Demolombe, M. Labbé et tant d'autres. Car nous avons cette rare fortune d'avoir pour

auxiliaires trois puissances qu'on ne voit pas souvent dans
le même camp, la doctrine, la jurisprudence et l'école. Reproche bien injuste d'ailleurs et auquel il nous suffira de répondre avec un auteur éminent : « Comme la loi elle-même,
en ce qui touche à l'organisation de la famille et à l'institution du mariage, n'est pas autre chose en général que l'expression de la conscience publique, il est vrai de dire que les
solutions qui semblent se défendre le mieux dans cet ordre
de choses et d'idées sont celles-là précisément que la conscience publique avoue et proclame (M. le conseiller Paul
Pont.)

Eh quoi ! messieurs, s'il se trouve que l'interprétation de
la loi soit conforme au vœu de la nature, aux aspirations de
toutes les âmes, est-ce que ce ne sera pas au contraire et sa
force et sa gloire ? Il y a une vérité suprême, base de toutes
les autres, fondement du monde moral, qui échappe pourtant à la démonstration mathématique, mais s'appuie invin-
ciblement sur le sentiment universel. Est-ce que l'on a prouvé
quelque chose contre l'existence de Dieu quand on a dit que
c'est une vérité de sentiment ?

Ecartons donc un grief désormais suranné.

Je veux éliminer de même un autre reproche plus sérieux
en apparence, mais aussi mal fondé. On répète, et c'était là,
au milieu de développements fort éloquents, toute la thèse
soutenue devant la Cour d'Orléans, on répète que notre système compromet l'indissolubilité du mariage, et on espère
le faire croire à force de le répéter. Oh ! personne ne respecte, ne veut plus que moi l'indissolubilité de l'union conjugale ; pour moi ce n'est pas seulement un principe, c'est un
dogme. Mais, Messieurs, et je ne saurais le dire trop énergiquement, elle n'est point engagée au débat. Une chose,
une seule chose porte atteinte à l'indissolubilité du mariage,
c'est la rupture d'un lien valablement formé, c'est le divorce.
Mais la nullité ! Est-ce qu'elle rompt le mariage, alors qu'elle

soutient qu'il n'y a pas de mariage ? Est-ce qu'elle dissout l'union coujugale, quand elle refuse de voir une union conjugale là où il n'y en a que l'apparence et non la réalité ? On l'a dit avec une grande vérité : « Plus le principe de l'indissolubilité du mariage doit être maintenu avec rigueur, plus il importe que la source du mariage soit pure et le consentement qui le forme dégagé de plus graves erreurs. » (M. Labbé.)

Voulez-vous une double preuve de la justesse de mon observation ? La loi qui a réformé le Code en haine du divorce, elle a voulu, en abolissant le divorce, fortifier le principe de l'indissolubilité du mariage. Eh bien ! elle n'a pas retranché un article, une syllabe du chapitre des nullités. Il n'est pas une autorité au monde qui se soit montrée gardienne plus jalouse de l'indissolubilité du mariage que l'Église catholique. Or, l'Église, inflexible à l'égard du divorce, a toujours été tolérante et humaine à l'égard des nullités qui laissent le principe intact. Les exemples en sont présents à tous les souvenirs. J'ai donc le droit de dire à mes adversaires : Je suis plus soucieux que vous de la sainteté et de la dignité du mariage quand je refuse ce nom sacré à un lien prétendu qui n'est pas le mariage, qui n'en est que la profanation.

Mettons donc ces griefs hors de cause et abordons le débat.

Il suffira de rappeler en deux mots le fait dans sa lamentable simplicité.

Mademoiselle Zoé Herbin, qui vivait seule avec sa mère veuve, a épousé en mars 1857 le sieur Berthon. Peu de mois après ce mariage elle apprit que Berthon était un forçat libéré condamné jadis à quinze ans de travaux forcés comme complice d'un assassinat commis avec des circonstances atroces.

Immédiatement elle forma une demande en nullité de mariage pour erreur dans la personne. Sa demande ayant été repoussée en première instance, elle interjeta appel, mais la

Cour de Paris confirma, sans toutefois en approuver les motifs, la décision du Tribunal.

Zoé Herbin s'est pourvue devant vous. Votre chambre civile a cassé l'arrêt de la Cour de Paris le 11 février 1861 et renvoyé devant la Cour d'Orléans, qui a adopté la doctrine de la Cour de Paris.

J'attaque ce nouvel arrêt, comme le premier, pour violation des art. 146 et 180 du Code Napoléon. Et vous, messieurs, dans cette solennelle audience, vous avez à dire le dernier mot du débat.

Pour défendre la décision de la Cour d'Orléans contre votre arrêt, on invoque la tradition juridique, le texte de la loi, les inconvénients, les dangers, dit-on, de votre doctrine. J'aborderai successivement ces trois ordres d'idées.

Et d'abord le droit ancien, la tradition. Je la respecte profondément, Messieurs, la tradition ! C'est le principe et la force de tout ce qui est grand et durable en religion, en morale, en législation. C'est le salut de ce qui est éternel en ce monde, la famille, le mariage. Je comprends donc l'effet qu'a pu produire dans cette enceinte le mot de Cambacérès : « La règle proposée par la section est consacrée par une jurisprudence de quinze cents ans ! »

Mais avant d'invoquer la tradition, il faut bien examiner ce qu'elle est d'abord, puis ce que le législateur lui a emprunté, et aussi ce qu'il a refusé de lui prendre.

Or, Messieurs, en fait de mariage il y a deux sources de la tradition également importantes, le droit civil et le droit canonique. Eh bien ! j'affirme ces deux choses : la tradition civile, opposée au pourvoi, elle a été rompue par le législateur ; la tradition canonique, elle n'est nullement contraire à ma doctrine.

La Cour voit l'importance capitale de ces deux points qu'il faut établir, car ils ont été à peine indiqués dans la première discussion.

L'ancien droit ne peut ici servir de guide par une raison décisive. C'est que l'indissolubilité du mariage reposait sur un principe essentiellement différent de celui du droit actuel, qui est la convention, le contrat civil. Elle dérivait du sacrement. Dès lors que deux êtres humains, deux créatures ayant une âme avaient été touchés par le sacrement du mariage, le lien était formé par une consécration qu'aucun pouvoir humain ne pouvait détruire. Le droit civil n'avait qu'une chose à faire, vérifier si le sacrement avait été reçu par deux individus qui avaient entendu se prendre pour époux en corps et en âme.

Or, la tradition civile est exprimée par Pothier lorsqu'il restreint la nullité au cas d'erreur de l'une des parties sur la personne même qu'elle se propose d'épouser. « Le mariage que j'ai contracté avec Jeanne, que je prenais pour Marie, croyant contracter avec Marie et l'épouser est nul, dit-il, pour défaut de consentement. » Qu'est cela, messieurs? c'est l'erreur sur la personne physique par substitution d'un individu à un autre. Cette doctrine a un caractère, et, je puis le dire, un avantage considérable et évident. C'est que le cas unique qu'elle admet ne se confond et ne peut se confondre avec aucun autre. Pas de substitution d'individu, pas de nullité. Ici il n'y a point d'équivalents, point d'analogie. L'action en nullité est enfermée dans un cercle infranchissable. Un abîme la sépare de tout ce qui n'est pas elle. Aussi je comprendrais les esprits absolus mais conséquents qui, systématiquement opposés à l'annulation du mariage pour cause d'erreur, s'en tiendraient à cette doctrine en invoquant cette grande autorité de la tradition.

Mais, Messieurs, aujourd'hui la barrière est brisée, et l'abîme a été franchi par le législateur. Les deux Cours impériales admettent, et vous tous sans exception, vous admettez, qu'à la différence de l'ancien droit civil et de Pothier, notre loi ne s'en tient pas à l'erreur sur la personne physique.

Donc la tradition est abandonnée en ce qu'elle a d'essentiel, c'est-à-dire le principe absolu qui prévenait toute espèce de difficulté et d'extension possible dans l'application de la loi. On me dira qu'il a dû en être ainsi en présence des règles nouvelles sur la célébration du mariage. Sans doute, et ici nous sommes d'accord. Mais qu'on ne m'oppose pas la tradition, puisque l'on convient qu'il a fallu en sortir !

Il est vrai que le système du Code n'est pas celui de Pothier, qu'il s'en sépare encore sur un point essentiel. Pothier n'admet pas la nullité du mariage contracté par erreur avec un individu mort civilement, par exemple avec un condamné aux galères à perpétuité qui s'est évadé. Or, le Code Napoléon rejette encore cette doctrine, puisque l'article 25 déclare un tel mariage inexistant. Quelle peut donc être, encore une fois, l'autorité de la tradition ?

Pothier, d'ailleurs, prévoyait expressément le cas d'erreur sur l'état civil d'une personne, et en ce cas il refusait d'admettre une nullité que reconnaît l'arrêt attaqué. Il ne faut donc pas invoquer la tradition à l'appui d'un système qu'elle repousse, et quand on a dit éloquemment à la Cour d'Orléans : « Inspirez-vous de l'esprit du grand homme qui vit encore au milieu de vous, » on a pu rencontrer un effet oratoire, mais non pas assurément la vérité.

Eh bien ! Messieurs, une observation vous frappera. La tradition pure, c'est-à-dire la seule erreur sur la personne physique, était l'unique doctrine qui eût réellement le genre d'avantages que revendique surtout la thèse opposée au pourvoi et au nom duquel on combat mon système. C'est l'absence de tout doute possible, de toute appréciation du juge sur les demandes en nullité. La personne physique était un objet matériel à reconnaître. La personne civile est un être légal à définir. C'était quand il s'agissait de passer de l'une à l'autre que l'on pouvait avec force et vérité invoquer l'intérêt d'une barrière inébranlable opposée aux actions en nullité. Mais cet intérêt a fléchi et dut fléchir devant un intérêt plus grand, celui de la justice et de l'humanité. Or, sur ce terrain qui est celui où la jurisprudence la plus certaine nous place aujourd'hui, il faut se résigner à un examen, à des appréciations que n'admettait pas l'ancien droit. Il faut chercher ailleurs les limites, et je montrerai sans peine que l'arrêt pose une limite arbitraire; que du point où il s'arrête à celui où se pose le pourvoi, il n'y a qu'un pas, et que la vraie limite que je veux, comme l'arrêt et que je trouverai, que la vraie limite est ailleurs. En ce moment je n'ai qu'une chose à constater : la *tradition civile a été rompue, abandonnée sur le point capital.* Il ne faut donc point l'opposer.

Quant à la tradition canonique, elle est loin d'être absolue. Des docteurs nombreux et des plus éminents admettent la nullité pour des erreurs même moins graves et moins substantielles que celle dont il s'agit. L'Eglise, qui ne peut se défier ni de ses intentions, ni de ses lumières, s'est toujours réservé une grande latitude en ces questions. Plus elle maintient inflexiblement, en repoussant le divorce, l'indissolubilité du mariage régulièrement contracté, plus elle met de scrupule à rechercher si ce lien s'est librement et sciemment formé, et à lui refuser tout effet si elle n'y trouve pas les conditions essentielles de validité : sûre du principe, elle est large dans les applications. J'en appelle aux souvenirs historiques qui sont présents à tous les esprits. Or, parmi les docteurs ecclésiastiques, j'en citerai deux. Saint Thomas d'Aquin, l'ange de l'Ecole, dit en termes formels : *Cum inter duas certas personas fiat, mutuam in se potestatem habentes, ex personæ et personarum conditionis errore impediri necesse est.* » (Somme théologique, III, p. Q. L. I., art. 2, Conclusion.)

Saint Alphonse de Liguori atteste que, communément, *communiter*, on enseigne que l'erreur sur la qualité, la condition, annule le mariage quand elle est substantielle, inhérente à la personne, *si qualitas redundaret in substantiam sive personam.* Messieurs, n'êtes-vous pas frappés de ces mots ? Mais ce sont précisément les termes de l'arrêt de la chambre civile : condition substantielle, constitutive de la personne. Cet arrêt que l'on accuse d'avoir délaissé la tradition, il lui a emprunté sa formule et ses expressions !

Un auteur canonique cité par Toullier, Pirrhing, admet que l'erreur sur une qualité de la personne peut être une cause de nullité de mariage dans le cas où cette qualité avait été la condition du mariage. Or, on n'entendait assurément pas par là une condition casuelle qui aurait pu être insérée dans l'acte de mariage, et à laquelle la validité de l'acte aurait été subordonnée. Le droit canonique, pas plus que le droit civil, n'a jamais connu le mariage conditionnel. Ce n'est pas d'une modalité du contrat qu'il s'agit. Que signifie donc ici la condition dont parle l'auteur canonique ? Uniquement ceci : c'est que dans la pensée, dans l'intention des parties, la qualité était essentielle, substantielle, comme dit l'arrêt de la chambre civile. Et il suffit que cette qualité ait été considérée par les parties comme essentielle, pour que la nullité soit encourue. Or, un tel cas de nullité offre ce double caractère, que l'erreur peut être irritante quand elle ne porte nullement sur la personne même, et ne soulève pas une question d'identité ; que la détermination du point de savoir si l'erreur a porté sur une condition substantielle, est laissée dans une certaine mesure à l'appréciation du juge compétent pour statuer.

Voilà, Messieurs, la jurisprudence canonique. Je ne dis pas qu'elle soit unanime, il me suffit qu'elle me fournisse des autorités imposantes. Or, la jurisprudence canonique est d'une importance considérable ; car les origines légales du mariage sont assurément autant dans la loi religieuse que dans la loi civile. Sous ce rapport, le droit canonique, bien loin d'être hostile au pourvoi, lui prépare des formules, et c'est l'une de ces formules que vous avez déjà acceptée.

L'examen de la tradition m'a conduit au seuil du Conseil d'État.

De toute la discussion du Conseil, qui a tenu tant de place dans le premier débat, je ne dirai qu'un mot. Vous avez sous les yeux un travail qui présente plusieurs opinions, toutes favorables au pourvoi. Je sais qu'on peut trouver dans la même discussion des opinions contraires. Messieurs, je ne les compterai pas, quoique la majorité soit pour moi, surtout je ne les pèserai pas : chacun estime toujours la plus considérable l'autorité qui le favorise.

Ce que je veux constater seulement, c'est que la doctrine de l'arrêt attaqué, l'erreur sur l'état civil, a été présentée et formulée par Cambacérès et n'a pas été adoptée; c'est que le débat est resté sans conclusion, et cela est si vrai que le tribun Boutteville a pu présenter dans son discours une opinion, et Portalis, dans l'exposé des motifs, une autre opinion. Vous pouvez donc librement choisir entre le sentiment non équivoque, insistant même, de Tronchet, sentiment conforme au nôtre, et celui exprimé en quelques mots par Portalis.

Je sais tout le respect dû à cette opinion, qui, sous le prestige d'une grande mémoire, se prétend presque inviolable et sacrée pour la Cour de cassation, à qui ce nom de Portalis est si cher. Mais est-ce que le nom de Tronchet n'est pas aussi pour la Cour suprême le synonyme de la science et de la sagesse? Est-ce que ces deux grands hommes ne sont pas rivaux d'illustration et d'autorité?

Or, qui ne sait que la pensée de Tronchet, exprimée non pas une fois, mais dix fois dans la discussion, est exactement la pensée de votre arrêt?

Je n'ajouterai qu'une réflexion : l'opinion de Portalis, si considérable ailleurs, doit être ici sans autorité. Pourquoi? Par la raison péremptoire qu'il s'en tient à une doctrine qui était primitivement celle du Tribunal de cassation, mais qui est aujourd'hui abandonnée par tout le monde, celle de l'erreur sur la personne physique. Rien d'étonnant que Portalis ait maintenu cette formule, qui était celle de Pothier et de tous les anciens jurisconsultes. Mais ce n'est pas celle du Code, et Portalis n'est pas ici l'interprète exact de la pensée de la loi. Cette pensée, si vous voulez la trouver dans les comptes rendus du Conseil d'Etat, vous l'avez dans un mot du premier consul.

Ce mot a d'autant plus de gravité que nul n'est moins suspect ici que le premier consul. Il n'avait pas de parti pris, il avait varié presque à chaque séance sur la question, il s'était impressionné de la discussion tout entière. Eh bien, il en constate le résultat lorsque la controverse a cessé, lorsqu'on voit plus clair parce que le feu de la discussion, la fumée du combat s'est dissipée. Il s'écrie, chose remarquable, en interpellant Portalis lui-même : « Rappelez-vous ce que vous avez dit sur les nullités. L'*erreur de qualité*, que vous appelez erreur de personne, permet de faire annuler le mariage. » (Fenet, t. IX, p. 261.)

Donc, historiquement, je conclus et j'ai droit de conclure, après le rejet de l'amendement du tribunal de cassation, après le maintien de la disposition plus large du projet présenté, Messieurs, par Tronchet, par notre auxiliaire même; après les explications données, et surtout le refus de limiter la nullité au cas de supposition d'état civil signalé dans la discussion, je conclus que l'art. 146 ne restreint pas plus la nullité à ce dernier cas qu'à celui de nullité sur la personne physique.

Voilà pour la discussion au Conseil d'Etat et l'opinion des auteurs.

De bonne foi, peut-on en tirer quelque chose contre le pourvoi? et l'absence de conclusions là où l'on pouvait nous condamner d'un mot n'est-elle pas à elle seule pour nous un argument essentiel?

J'aborde le texte et j'y rencontre des règles sur le consentement en général et des règles sur le consentement en matière de mariage. Quant aux règles générales, on s'est demandé s'il ne convenait pas de les écarter absolument. Comment, vous a-t-on dit dans un document bien connu de la Cour, serait-il possible de soumettre le mariage aux principes de la vente, du bail ou de l'échange? Messieurs, il ne faudrait pas ici d'exagération. Le mariage, quelque grand, quelque saint qu'il soit, est un contrat, et comme tel il a cela de commun avec les contrats les plus humbles, que le consentement lui est indispensable, et le consentement entendu comme la loi le comprend, c'est-à-dire le concours réel et libre de deux volontés. Sur ce point capital, je n'ai pas besoin d'autre texte que celui de l'art. 146, qui résume et reproduit ce qu'il y a de nécessaire, d'immuable, d'éternel au fond de tout contrat : « Il n'y a pas de mariage s'il n'y a pas de consentement. »

C'est là qu'est le terrain véritable de la discussion ; c'est là qu'est la raison de décider, car là est le principe de la nullité invoquée par le pourvoi. Cet article, s'il était seul, écarterait évidemment la fin de non-recevoir que l'arrêt nous oppose, et laisserait au juge le droit de rechercher s'il y a eu ou s'il n'y a pas eu consentement à l'union dont le caractère et la honte ont apparu tout à coup aux yeux de la femme épouvantée, si Zoé Herbin a consenti à épouser un forçat.

Or, Messieurs, l'article où l'on va chercher l'objection n'a pas en vue la solution de la question, il la suppose résolue. Les art. 180 et 181, bien loin de créer la nullité pour absence ou vice de consentement, la supposent établie, ainsi que le prouve leur rédaction même. Voyez le début des deux dispositions : « Le mariage qui a été contracté sans le consentement libre des deux époux... lorsqu'il y a eu erreur dans la personne... » Voilà les deux hypothèses. Si le législateur a une nullité à créer, il dira : Le mariage est nul ou annu-

lable. Non, il parle comme si ce point était acquis, et il restreint les cas où l'action en nullité pourra être intentée. C'es
donc que cette action existe d'ores et déjà en termes géné
raux, car on ne limite que ce qui est. Que faut-il conclure de
cette observation faite par tous les jurisconsultes les plu
exacts? c'est que l'hypothèse envisagée par l'art. 180, le ca
où il y a erreur dans la personne, est réglé par l'art. 146
sauf la restriction qu'apporte l'art. 180 aux effets de la règl
générale. Mais cette restriction ne concerne que les per
sonnes qui peuvent exercer l'action. Comme l'art. 181 n
concerne que la durée de l'action, elle laisse au juge l'appré
ciation de l'existence du consentement comme aussi de c
qui vicie le consentement, c'est-à-dire la violence et l'erreur.

Mais au surplus, prenons, si l'on veut, l'art. 180 comme l
règle même et la seule règle de la matière; le texte ne de
meure pas moins favorable au pourvoi.

Il s'agit de définir ce que la loi entend par *erreur dans l
personne*, en se rappelant que cette rédaction proposée pa
Tronchet, qui l'entendait dans notre sens, a été substituée
aux mots *erreur sur l'individu* et erreur sur la personne
même. Et il serait étrange de ne voir dans ce changemen
qu'une modification grammaticale sans portée, quand il es
certain que, des textes abandonnés, l'un exprimait clairement la pensée de nos adversaires, l'autre s'y prêtait, et
que, si l'on avait voulu la consacrer, on n'aurait pas assurément choisi une rédaction qui ne l'exprime plus. Mais ici,
Messieurs, il faut sortir des petits arguments de mots et se
placer hardiment sur le large et vrai terrain du débat.

La loi dit : Erreur dans la personne, et il est entendu que
cela veut dire : Erreur dans la personne civile.

Le pourvoi soutient avec l'arrêt de cassation que, légalement, rationnellement, humainement, il y a erreur dans la
personne civile quand l'erreur porte sur les éléments substantiels, constitutifs de la personne civile.

L'arrêt attaqué prétend : quoi? Messieurs... il est assez embarrassé pour le dire, car, à la formule si simple, si nette de votre arrêt, il en substitue une qui n'est rien moins que claire, qui ne dit pas ce qu'elle veut dire parce que si elle l'avait dit ouvertement elle se serait réfutée elle-même.

Il faut, dit l'arrêt, « un changement de personnalité civile tel que l'un des conjoints ait épousé une personne civile autre que celle qu'il a voulu épouser... » Il faut, ajoute-t-il, que l'erreur au point de vue civil, comme au point de vue physique, fasse naître une question d'identité. »

Cette formule, Messieurs, mais nous l'accepterions, et cependant on nous l'oppose.

Il faut ici de la précision, pas d'à peu près. Je veux dégager aussi complétement que possible le système de l'arrêt pour le prendre corps à corps.

Voici comment je traduis l'arrêt, et il n'y a pas deux manières de le traduire :

Qu'il s'agisse de personne physique ou de personne civile, la loi exige l'erreur sur l'identité, il faut qu'une personne ait été prise pour une autre personne, soit physiquement : une personne brune pour une personne blonde, soit civilement : Jean, frère cadet, pour Paul, frère aîné, dont le cadet a présenté l'acte de naissance ; c'est-à-dire : il faut qu'il y ait, pour parler catégoriquement, erreur sur l'état civil, car l'état civil est ce qui sert à établir l'*identité* de l'individu, ce qui revient, Messieurs, vous l'aurez remarqué déjà, à substituer au mot *erreur dans la personne*, ceux : erreur sur le nom et la filiation, *sur l'état civil*, dans le sens restreint, à altérer tout d'abord le texte de la loi. Nous sommes ici au vif de la difficulté, et je n'ai pas atténué l'objection. Or, il ne faut ni se payer de mots, ni perdre de vue la loi.

L'état civil, comme l'entend l'arrêt, la personne civile, comme le dit la loi, est-ce *unum* et *idem*? Voilà la question. Je réponds non, et je soutiens par là que le système de l'arrêt est illégal. J'ajouterai que faire de l'erreur sur l'état civil la condition nécessaire et suffisante de la nullité serait contraire à la raison comme au texte. Voilà les deux parties de ma discussion.

J'aborde le premier point.

L'état civil est-il toute la personne civile, et la personne civile n'est-elle que l'état civil? Vous connaissez l'état civil d'un individu, connaissez-vous sa personne civile tout entière? Réciproquement, vous ne connaissez pas l'état civil; ne pouvez-vous rien connaître de la personne civile? En d'autres termes, et pour reprendre une expression de l'arrêt de Paris qui en était la formule et la condamnation, l'état civil est-il la personne civile complète? Evidemment non. L'état civil est le numéro d'ordre dans la société, où chacun doit répondre à l'appel de son nom. Ce peut être ce qui le distingue extérieurement, facilement, comme l'habit distingue l'homme, et le mot *distinguer* n'est peut-être pas le mot exact, c'est plutôt ce qui le qualifie. Mais la loi dit : la personne ; est-ce donc tout ce qui constitue la personne? Non, mille fois non.

En voulez-vous une preuve décisive, absolue? Le nom, l'identité peut existe là où la personne civile n'existe pas.

Le mort civil, quand la mort civile existait, avait un nom, il était fils de quelqu'un, il avait un lieu de naissance, il avait son identité, il n'était pas une personne civile. Cette observation me saisit, Messieurs, il me semble qu'elle juge tout le procès. Comment entendre le mot : la personne, par un attribut qui peut s'en séparer ?

Et c'est ici que j'admire la profondeur d'un mot de votre arrêt : attributs substantiels ou constitutifs de la personne civile.

S'il y a des éléments constitutifs de la personne autres que l'état civil, comment l'erreur sur ces éléments serait-elle inefficace en présence de la loi qui dit : Dans la personne, et non dans l'état civil ?

Creusons cette idée, Messieurs, car tout est là.

Voyons ce qui constitue la personne civile, et nous comprendrons facilement ce qui la dénature, et alors la question sera résolue.

La personne civile est une création de la loi ; elle peut s'adjoindre à l'individu ou s'en séparer dans les cas déterminés par la loi. La loi est toute-puissante pour la constituer, la modifier ou l'anéantir. Telle que la loi l'a créée, elle se compose de la collection des éléments divers qui sont les objets du titre *des Personnes*. Celui qui a tous ces éléments a une personnalité civile complète ; celui qui n'en a qu'une partie est une personne incomplète ; celui qui ne les a plus cesse d'être une personne civile. Parmi ces éléments, il y en a d'inégale importance : il y en a qui sont substantiels, constitutifs, comme dit votre arrêt de cassation, indépendamment de l'identité.

Est-ce vrai, Messieurs ? Évidemment non ; car en laissant intacte l'identité, sans modifier le nom et l'état civil proprement dit, la loi détruit la personne civile. Je parle de la mort civile comme existante, puisqu'elle figure dans le Code, ainsi que le divorce avec la loi à interpréter. Dans le cas de mort civile, la question ne pouvait naître parce qu'il y avait incapacité radicale de contracter mariage ; mais il n'en est pas moins certain qu'aux yeux de la loi celui qui aurait épousé un mort civil aurait commis évidemment l'erreur dans la personne, parce que la substance tout entière aurait manqué. Je me trompe : une seule chose aurait survécu, c'est le nom, c'est l'état civil, c'est l'identité à laquelle l'arrêt limite l'erreur efficace.

La personnalité civile, le mort civil l'avait entièrement perdue, tout en gardant son identité, et l'on veut que l'art. 180, en parlant de la personne civile, n'ait en vue que l'identité !

Faisons un pas. La substance ne nous manque pas tout

entière, mais il manque des éléments substantiels. Est-ce qu'au point de vue civil, la personne, l'être moral organisé par la loi, constitué de l'ensemble de ces éléments, ne sera pas changé, restera semblable, identique à lui-même? Est-ce qu'elle ne sera pas dans toute l'exactitude du mot *dénaturée?* Théoriquement, la réponse ne saurait être douteuse.

Prenons le mot « personne civile » dans son acception rigoureuse. La personne, *persona,* c'est le rôle que l'être humain joue dans la société, c'est l'ensemble des aptitudes nécessaires pour jouer ce rôle sur la scène du monde. Ces aptitudes sont les attributs substantiels, les éléments constitutifs de la personne. Au point de vue du mariage, l'homme a à remplir le rôle d'époux, de père, de protecteur légal, pour tout dire, en un mot, de chef de famille; ce qui constitue sa personne, c'est l'ensemble des aptitudes qui le rendent propres à cette destination. Si ces éléments manquent en partie essentielle, est-ce que la personnalité civile restera la même? est-ce qu'elle restera identique à elle-même, pour parler comme l'arrêt?

Messieurs, une des chambres de cette Cour examine fréquemment les tromperies sur la nature des choses matérielles qui font l'objet des conventions. Elle a fréquemment à apprécier les distinctions entre l'erreur sur la substance et l'erreur sur la qualité. Est-ce qu'elle ne voit l'erreur sur la substance que lorsqu'une chose est livrée pour une autre, du cuivre pour de l'or? Non; mais aussi quand un mélange impur ou une soustraction d'éléments essentiels a altéré substantiellement la chose, l'a dénaturée, pour prendre l'expression énergique de vos arrêts, il y a alors erreur dans la chose même. Et nous disons aussi avec votre chambre civile : Il y a erreur dans la personne quand celle-ci manque d'éléments substantiels.

Si cela est vrai théoriquement, l'arrêt doit être cassé, car c'est là précisément ce que nie l'arrêt; il refuse péremptoirement, comme l'arrêt de Paris, d'examiner s'il y avait dans l'espèce manque de conditions substantielles constitutives de la personne, et il s'y refuse parce qu'il nie l'efficacité de cette circonstance.

Voilà ce qui heurte directement la doctrine de votre chambre civile, et c'est là aussi que cette doctrine m'apparaît dans toute sa vérité, dans toute son admirable simplicité. Plus on la médite, plus on la trouve claire et profonde, et je ne m'étonne pas des hommages que d'éminents jurisconsultes lui ont rendus.

Ceci me suffirait pour la condamnation de l'arrêt et la justification du pourvoi.

Mais je ne m'en tiens pas là, et, arrivant à l'espèce, je me demande si, effectivement, la condamnation à une peine afflictive et infamante entraînant la dégradation perpétuelle, n'enlève pas à la personne civile des éléments substantiels, ne la change pas, ne la dénature pas dans toute la vérité et toute l'énergie du mot ?

Envisageons donc la situation.

Nous sommes ici en face, non pas d'incapacités isolées, non pas d'un ensemble d'incapacités temporaires, mais d'un état caractérisé par la loi sous le nom de dégradation civique, état qui affecte à perpétuité la personne et qui dérive ici d'une condamnation afflictive et infamante.

Voilà la situation qu'il faut apprécier tout entière, et non pas telle ou telle particularité de cette situation, et non pas seulement dans ses effets, mais dans son principe. Il faut voir quels éléments de la personnalité civile sont détruits, et non pas cela seulement, mais encore dans quelle mesure et sous l'influence de quelle cause. C'est ainsi seulement et après avoir discuté la question à ce double point de vue, que nous pourrons caractériser l'état, la personnalité civile du forçat libéré.

Je n'ai pas besoin de vous refaire l'énumération des dispositions des articles 6 et suivants du Code pénal.

Qu'il me suffise de tout résumer en ces mots : Le forçat libéré n'est plus citoyen. La patrie ne veut de lui ni pour la défendre, ni pour la servir, ni pour l'assister de son concours, ou de son vote, ni pour prendre part à l'éducation de la jeunesse.

La justice refuse de l'entendre : elle ne croit pas à sa parole ; l'officier public ne peut recevoir son témoignage pour les actes de la vie civile : cet homme est suspect.

Dans le sein de la famille comme dans le sein de la société, il est privé de tous les droits dont l'exercice suppose quelque confiance.

Et au-dessus de tout cela encore, avant 1832, la loi imprimait à son corps une flétrissure indélébile : la marque ; aujourd'hui elle attache encore à son nom le stigmate de l'infamie.

Voici l'état du forçat libéré dans son ensemble.

C'est en face de cette situation que l'arrêt a cru pouvoir soutenir que les incapacités, disons mieux, les indignités qui affectent le forçat libéré concernaient plutôt les droits civiques et politiques que les droits de famille. Cela fût-il, j'aurais beaucoup à dire sur ce point, et je pourrais demander qui autorise le juge à présumer que la femme ne regarde pas comme essentielle en son mari l'aptitude à la vie civique et politique. Mais passons, et voyons ce que vaut l'assertion même de la Cour.

Je prends le point qui se présente, l'individu est indigne de prêter serment devant la justice. Il n'est pas admis à jurer, on ne le croirait pas !

Eh bien ! quel est donc le premier acte du mariage ? c'est un serment, et un serment devant un magistrat, devant l'organe et le ministre de la loi ; la femme a donné sa foi. — Qu'a-t-elle reçu en échange ? La parole d'un homme à laquelle la loi ne croit point ! Et vous voulez que la femme soit liée par ce serment alors qu'elle ignorait le vice qui le frappait d'inanité ?

Lisons l'art. 213. A qui la femme doit-elle obéissance ? A son mari, et il n'y a pas pour elle humiliation dans cette abdication de son indépendance, parce qu'en son mari elle trouve moins un maître qu'un protecteur : c'est la loi qui le dit encore. En bien, la femme du forçat, à qui devra-t-elle obéissance ? Hélas ! Messieurs, à la haute police ! dont la volonté se substitue à celle du mari pour la détermination la plus importante, celle du choix de la résidence, c'est-à-dire du foyer domestique, du berceau de la famille, du centre de tous les intérêts et de toutes les affections. Est-ce donc à la haute police que la femme a juré d'obéir, et ne trouvez-vous pas l'erreur assez cruelle ?

« La femme, dit encore l'article 214, est obligée de suivre le mari partout où il lui plaira de résider. C'est une grave obligation, mais elle est tempérée par toutes les influences légitimes que la femme pourra exercer, et si elle suit son mari contre son gré, il y a là du moins une autorité sacrée pour elle et qu'elle doit respecter. Mais la femme du forçat, qui suivra-t-elle ? L'ordre de départ du chef de la police, qui règle son itinéraire, la feuille de route délivrée au mari ! Ce qui l'enchaîne, ce n'est pas la volonté que la loi a imposée à la sienne dans le titre du Mariage, c'est la peine accessoire survivant à la peine principale qui la contraindra à promener d'exil en exil son existence déshonorée ! Est-ce là, Messieurs, le joug conjugal que sa confiance avait accepté ?

Ah ! je l'ai dit avec amertume, et je le répète sans exagération, le chef de cette misérable famille, ce n'est pas le mari, c'est la haute police, et l'on ne me dira pas, je pense, que la qualité du chef de famille n'était pas un élément essentiel de la personne du mari.

Voyez, Messieurs, cette personne civile, elle est atteinte de toutes parts. La loi lui interdit des professions, des fonctions, lesquelles ? Toutes celles qui appellent, qui exigent la confiance : elle lui enlève l'élément de bonne foi et de moralité.

Ah ! sans doute, je puis vivre avec l'homme qui n'est et ne sera ni militaire, ni électeur, ni garde national, ni juré, ni instituteur, que sais-je encore ? — Mais je ne puis pas vivre avec celui qui est repoussé de toutes les fonctions par une raison unique et souveraine. Ce sont des fonctions de confiance, et la confiance il ne la mérite pas : la loi la lui dénie en tout ce qui touche à la vie extérieure. La lui accorde-t-elle dans la vie intime? Pas davantage, Messieurs, car elle lui inflige ce sanglant déshonneur de le déclarer indigne de remplir les devoirs de famille. Il ne sera ni tuteur, ni curateur, ni membre du conseil de famille de ses plus proches : il ne le sera pas même de ses enfants, à moins que dans des circonstances exceptionnelles il n'ait reçu de ses propres parents une humiliante dispense !

Que l'on comprenne donc, Messieurs, l'éloquence de toutes ces incapacités, de toutes ces indignités : mais, c'est la vie morale qui se retire de cette personne.

Messieurs, il est un principe qui fait honneur à la nature humaine. La mauvaise foi ne se présume pas. Eh bien ! contre cet homme, la mauvaise foi se présume en tout, partout et toujours. Est-ce que cela ne frappe pas la vie de famille comme la vie sociale elle-même? Est-ce qu'en ôter la confiance, ce n'est pas lui arracher le cœur ? Est-ce que la loi peut exiger de la femme la confiance qu'elle refuse au forçat libéré ?

Je n'ai envisagé la dégradation que dans ses effets. Que sera-ce si je l'envisage dans son principe !

Ce n'est qu'un accessoire, il y a une chose principale d'où elle dérive. Et c'est ici que se présente l'élément de criminanalité qui doit exercer sur la solution une influence immense.

La dégradation est ici le résultat d'une peine infamante. Or, ce qui est afflictif dans la peine finit avec la peine même. Mais l'infamie survit, et ce n'est pas un vain mot qui est inscrit dans la loi. Le châtiment subi, c'est la peine du corps. L'infamie, c'est la peine d'opinion. Elle s'attache à la personne civile, au nom. C'est une tache indélébile ; c'est la tunique de Nessus. Hélas ! l'honneur perdu ne se retrouve pas.

Il y en avait, Messieurs, un symbole terrible : il est aboli en droit, mais il existe toujours pour nous, pour la solution de la question, car il était dans le Code quand le texte qu'il faut appliquer a été écrit. Ce symbole, c'était la marque, vrai signe matériel et sensible de l'infamie. Il n'existe plus physiquement, mais est-ce que l'idée même du déshonneur dont la marque n'était que l'emblème sera affaiblie ? Est-ce qu'il faudra reléguer parmi les préjugés cette opinion profonde et salutaire qui fait de l'infamie un degré à part dans les peines, de l'infamie à laquelle l'honnête homme préfère la mort ?

Eh bien, j'ai épousé par erreur une personne notée d'infamie ! Et cette personne infâme, on dira que c'est la personne civile que j'ai cru épouser, et l'on me renverra avec cette formule : « Vous n'avez pas été trompé sur son identité ! Eh quoi ! j'ai été trompé sur tout l'ensemble de ses aptitudes civiles, au lieu de capacités ce sont des indignités légales, et tout cela relié en faisceau, caractérisé par cette qualification fatale que la loi appelle l'*infamie !* L'arrêt me dira-t-il aussi que l'infamie n'atteint pas la famille, et qu'il lui importe peu de recevoir et de traîner un nom déshonoré !

Le nom, Messieurs, ce nom infâme, ce ne sera pas seulement celui de la femme, ce sera celui des enfants , si cette
lamentable union doit être féconde : ce sera l'hérédité de
l'infamie, malgré le principe abstrait de la personnalité des
peines. Injustice ! direz-vous. Eh ! Messieurs, le mérite n'est-
il pas personnel aussi, et pourtant quoi de plus beau et de
plus utile dans la société que ce rayonnement de la gloire
acquise à un grand nom jusque sur les enfants et les géné-
rations à venir ! Il en est de même de la honte, et si c'est un
préjugé, on ne l'effacera pas.

Ah ! demandez, Messieurs, ce que dure et ce que pèse l'infamie à ceux qui en portent le fardeau sans l'avoir mérité.
Depuis quarante ans , une famille infortunée assiége de ses
sollicitations tous les pouvoirs pour obtenir la réhabilitation
d'un nom injustement flétri par une peine infamante. Les
jurisconsultes s'honorent en s'associant à sa plainte. O vous
qui m'écoutez, vous voterez peut-être au sein du Sénat la
réforme de notre loi pour effacer l'infamie qu'un arrêt a imprimée au nom de Lesurques ; et vous ne m'accorderiez pas
une interprétation humaine de la loi pour délivrer du sceau
de l'infamie cette femme qui, elle aussi, la subit sans l'avoir
méritée !

C'est impossible, Messieurs; car la loi elle-même, dans
l'art. 232, vient déterminer les effets de l'infamie sur le mariage. Elle rompt, sous l'empire du divorce, l'union valablement contractée, si l'un des époux subit une condamnation
infamante, parce que l'autre époux ne peut être humainement contraint de subir un contact flétrissant. N'est-ce donc
pas dire que, lorsque la condamnation infamante est antérieure au mariage, elle empêche, si elle est ignorée, le lien
de se former ?

Messieurs, on a voulu, sur le terrain des considérations
morales, condamner notre doctrine par les suites qu'elle entraîne. Et moi, je retourne l'accusation et je prétends vous

faire condamner l'arrêt par les applications de son principe. Je prétends en tirer des conséquences à faire reculer les plus intrépides de mes adversaires, à faire hésiter dans le camp ennemi les plus stoïques courages.

J'ai parlé de la mort civile. Elle est abolie, et pourtant la plupart de ses effets subsistent encore, mais non le plus important de tous, l'impossibilité du mariage. Eh bien! je suppose un individu condamné aux travaux forcés à perpétuité : il s'échappe, il revient de Cayenne, il réussit à rentrer dans la société, il contracte mariage dans une famille honnête, ignorante de son état. Le lendemain il est reconnu, repris, renvoyé au lieu de sa peine perpétuelle. Que ferait la Cour d'Orléans de ce mariage ? Le condamné n'est plus mort civil, il n'est plus qu'en état d'interdiction, qui n'est pas, en jurisprudence, un empêchement dirimant au mariage, hors le cas de démence ; il n'y a pas de question d'identité dans le sens de l'arrêt attaqué. La Cour maintiendra donc ce mariage ; c'est la conséquence rigoureuse, inexorable de son principe. Elle consacrera un malheur que le Code, avant 1854, rendait impossible en refusant l'existence à une telle union. La loi, qui croyait progresser, a fait un pas en arrière... La mort civile, abolie pour le criminel, va retomber de tout son poids sur la victime innocente !

Et ici, Messieurs, permettez-moi un souvenir du droit canonique. Il y avait dans la société une classe d'hommes dont la situation était fort analogue à celle du mort civil : les esclaves, dépouillés de tous droits, de toutes capacités par la loi humaine, étaient pourtant des hommes aux yeux de la loi religieuse. L'Eglise les admettait à ses sacrements, et ce n'étaient pas les successeurs de celui qui a dit : Il n'y a plus ni juifs, ni gentils, ni Grecs, ni Romains, ni libres, ni esclaves; ce n'étaient pas ceux-là qui leur refusaient le premier droit de l'humanité, le droit au légitime mariage. Pourtant on n'hésitait pas à annuler le mariage contracté par erreur

avec un esclave, et un recueil estimé de droit canon, le Ri-
tuel de Toulon, en donnait cette raison profonde : « Ce n'est
pas la servitude, mais l'ignorance de la servitude, qui annule
le mariage. »

Voilà donc le mariage annulé vis-à-vis d'une personne
capable de contracter mariage, dans un cas où il n'y a pas
de question d'identité. C'est l'ensemble des incapacités relié
et caractérisé par la servitude qui change la personne civile.
La situation du forçat évadé apparemment est pire que celle
de l'esclave. L'ensemble des incapacités est le même, la
servitude sous la garde chiourme est plus dure que la servitude sous le maître. L'ensemble des incapacités est le même;
il est relié et caractérisé par l'infamie ! Et ce que la loi a fait
aux rudes temps de l'esclavage, dans notre société adou-
cie, la loi ne le ferait pas !

Personne ne conteste qu'il y ait nullité du mariage quand
un individu, condamné sous son véritable nom, contracte,
sous un faux nom, un mariage avec une jeune fille trompée.
Eh bien ! l'hypothèse inverse s'est présentée. C'était à Lyon,
si je ne me trompe, en 1831 ou 1832. Le fait d'ailleurs est
de nature à se reproduire. Un malfaiteur habile est parvenu,
comme tant d'autres, à se faire condamner à la peine des
travaux forcés, sous un faux nom. On sait que c'est la ruse
employée pour échapper à la récidive. Libéré ou évadé du
bagne, il reprend son vrai nom, pur de tout antécédent judiciaire. Il se présente avec son état civil véritable, il est
agréé en mariage. L'union accomplie, tout se découvre. Ici,
point de supposition d'état civil, point de question d'identité suivant l'arrêt, — et toujours cette conséquence fatale,
— point de nullité de mariage. Et pourtant, est-ce que le
bon sens, est-ce que la conscience publique consentiront
jamais à faire une distinction, au point de vue du droit, de
la morale, de la pitié, entre les mariages contractés avec ces
deux hommes qui ont également trompé sur leur état de

forçat. l'un en cachant son vrai nom au bagne, l'autre en le cachant devant l'officier de l'état civil, tous deux abusant aussi cruellement la famille et l'épouse !

Est-ce que de tels résultats ne condamneraient pas à eux seuls la doctrine de l'arrêt ?

Pour échapper à ces formidables arguments, on cherche à se placer sous la protection, je devrais dire le prestige d'une grande idée : la sublimité du sacrifice et du pardon.

A la femme qui demande la nullité de son mariage, on a proposé un rôle bien plus beau. On lui a dit : Le sort vous a unie à un être indigne de vous ; mais il est susceptible de repentir et de réhabilitation. Supportez-le, soutenez-le, re-levez-le, et vous serez récompensée par la sublimité de votre dévouement.

Oh ! Messieurs, ce serait là sans doute une œuvre héroï-que, et il faudrait tomber à genoux devant la femme qui ferait cela. Saint Vincent de Paul a pris, dit-on, au bagne les fers d'un galérien. Mais la loi humaine n'est pas faite pour des héros et pour des saints ; s'il n'y avait que des saints, quel besoin aurions-nous des lois ? La loi est faite pour des hommes, et elle ne doit demander à l'homme que ce que comporte notre faible humanité. Eh bien ! Messieurs, je le dis sans embarras et sans crainte, l'épouse indignement trompée que vous avez à juger n'a pas eu l'héroïsme qu'on lui demande : c'est vrai, elle a plié sous le poids de l'infa-mie, elle a trouvé le calice trop amer et elle a détourné la tête. Elle est vertueuse, elle est pieuse, et pourtant elle n'a pas cru que Dieu exigeât d'elle le martyre, elle n'a pas cru que la loi la condamnât au supplice. C'est là sa foi, c'est son es-pérance, c'est son salut : déjà dans les angoisses de l'attente elle a vieilli avant l'âge. Si vous la repoussez, votre arrêt, c'est sa mort.

Je sais bien qu'à cette extrémité l'on croit trouver un remède et que l'on m'offre l'expédient de la séparation de corps. Oui, un expédient, et le plus incertain, car si la rigueur du droit vous empêche de trouver dans le fait du procès une cause de nullité du mariage, elle vous empêchera bien plus encore d'admettre la séparation de corps. C'est qu'en effet la cause est antérieure au mariage, et qu'il n'y a pas un mot dans la loi, pas un précédent de jurisprudence qui autorise à prononcer la séparation de corps pour une cause antérieure au mariage. Qu'on ne l'oublie pas, en effet, lors de la promulgation du Code, c'était non la séparation de corps, mais le divorce, le divorce qui rompait le lien conjugal valablement formé. Or, recherchez tous les cas possibles de rupture, de résolution des contrats, tous supposent qu'il s'est passé un fait nouveau depuis la convention, et quand le fait est antérieur la loi ne dissout pas le contrat, elle l'annule. Voilà les principes.

Direz-vous que l'homme a fait une injure grave à la femme en ne lui révélant pas ses antécédents ? Est-ce au moment même du mariage ? mais alors le vice est dans lien même et l'empêche de se former. Est-ce après ? Mais grand Dieu ! si le lien s'est formé, c'était désormais non plus une injure, mais un fatal devoir que le silence sur ce passé dont la révélation devait être le malheur irréparable de la femme trompée.

Ne voyez-vous pas d'ailleurs combien l'expédient est insuffisant, inefficace autant qu'incertain ? Vous sauvez, il est vrai, la femme d'un raffinement de torture, le contact avec cet homme flétri, le devoir d'ouvrir ses bras, de livrer sa pureté à celui que naguère le fer du bourreau aurait souillé. Mais est-ce que vous la délivrez de ce nom déshonoré qui restera sur elle, de ce nom sur lequel il y a du sang ? Est-ce qu'elle ne traînera pas toujours avec elle ce stigmate ? est-ce que jusqu'à son dernier jour elle ne sera pas la femme du forçat ? Si l'honneur n'est pas un vain mot, que l'on comprenne donc que la loi n'a pas pu infliger à une victime innocente ce supplice moral.

Non, non, l'offre de la séparation de corps, c'est un expédient pour atténuer en apparence l'intérêt de notre demande, pour la faire échouer aujourd'hui ; ce n'est pas une satisfaction à l'humanité et à la loi. Et dans cette offre, je ne trouve qu'une chose vraie, c'est l'aveu, c'est la reconnaissance éclatante que le sort de ma cliente est intolérable, et qu'il lui faut une réparation.

Vous la lui donnerez, Messieurs, complète, équitable, égale, s'il était possible, au malheur même qui l'a frappée.

Vous la lui donnerez dans vos convictions de jurisconsultes, car le pourvoi s'est adressé à votre raison, et non pas à votre pitié. Et pourtant qui oserait dire ici que pour interpréter la loi il faut refouler les sentiments qui animent, qui inspirent, qui honorent le législateur lui-même !

Vous jugerez donc, Messieurs, humainement, et je n'aurai pas cette amère douleur d'avoir arraché une fois cette victime à l'abîme, pour l'y voir retomber sans retour !

Messieurs, il est une pensée qu'on a exprimée devant cette Cour dans l'une et l'autre enceinte. On a dit : il faut sceller cette grande infortune d'un sceau irrévocable, afin que le spectacle de cet enfer en ce monde inspire aux familles un légitime effroi, afin qu'il les oblige à épuiser toutes les précautions de la prudence humaine, en leur montrant combien le mariage est une chose redoutable autant que sainte.

On s'est trompé, Messieurs, Dieu n'a pas mis l'enfer en ce monde, car il y défend le désespoir.

Et l'on n'a donc pas vu que pour que le spectacle d'un châtiment soit utile à la société, il faut avant tout qu'il tombe sur le coupable, tandis qu'ici c'est l'être innocent qui est frappé, c'est le coupable qui triomphe ! La leçon à donner, c'est l'annulation du mariage, pour décourager les tentatives qu'un succès viendrait encourager.

Pour sauver la victime qui vous implore, qu'est-ce que vous a demanndé le pourvoi? Est-ce l'oubli des principes, le sacrifice d'un texte, d'une règle générale, en faveur d'un malheur isolé? Non. Il vous a demandé, au nom des principes mêmes, une interprétation humaine d'un texte qu'il respecte en l'appliquant.

Eh bien! Messieurs, cette interprétation, deux de vos chambres l'ont admise, et votre arrêt a été accueilli avec transport. Est-ce que tous les scrupules ne devraient pas être levés, toutes les craintes bannies? Et quand la Cour suprême a estimé que l'annulation du mariage avec un forçat n'ébranle ni les bases de la famille, ni celles de l'ordre social, quand elle l'a déclaré, d'accord avec toutes les voix de la société même, est-ce que les consciences les plus rigides ne peuvent pas se rassurer? Quand les spectateurs impartiaux de ce grand drame, les jurisconsultes les plus exercés, dans leur calme appréciation, ont donné leur assentiment à votre décision, est-ce que la doctrine peut être déclarée en péril? Pour moi, Messieurs, je n'ai jamais douté du succès de ma cause. Après l'avoir de nouveau parcourue tout entière, avec l'appui de votre religieuse attention, je vois de près et clairement la vérité, et après les péripéties de ces émouvants débats, je salue d'avance votre décision comme on salue le port après la tempête.

Conformément aux conclusions de M. le procureur général Dupin, la Cour confirma la décision de la Cour d'Orléans et rejeta le pourvoi.

Je ne rapporte pas les motifs juridiques de cet arrêt, qui consacrait à jamais le malheur de l'épouse trom-

pée; la question est encore aujourd'hui trop contro-
versée dans la doctrine et même dans la jurisprudence;
je dirai seulement qu'en perdant sa cause devant la
Cour, Ambroise Rendu la gagna dans l'opinion de
ceux qui jugent avec le cœur et non pas avec la loi.

Affaire **MAYER** et **PIERSON**.

Photographie. — Œuvre d'art. — Contrefaçon.

Cour de cassation (chambre civile). — Audience du 28 novembre 1862.

La photographie est-elle une œuvre d'art; n'est-elle au contraire qu'une industrie purement méca-nique? Telle était la question éminemment intéres-sante, au point de vue artistique, sur laquelle la Cour suprême était appelée à statuer. La solution de cette question était en effet d'une importance énorme; car si elle pouvait élever les épreuves photographiques au rang des plus belles conceptions de l'esprit humain, elle pouvait aussi les assimiler aux produits méca-niques d'un appareil ingénieux sans doute, mais qui n'en était pas moins une pure machine, uniforme et inintelligente dans ses résultats. La plaidoirie d'Am-broise Rendu roula donc entièrement sur l'idée de l'art en lui-même, sur la portée qu'on devait donner à cette expression, œuvre d'art, et par là même pro-priété artistique.

MM. Mayer et Pierson avaient exécuté et mis en vente le portrait-carte de MM. Cavour et Palmerston; les épreuves ayant obtenu un grand succès, un pho-tographe, M. Betbeder, reproduisit le premier de ces portraits en modifiant le fond et en altérant d'une manière assez sensible la pose des jambes.

Dès que ces épreuves eurent été exposées et mises en vente, MM. Mayer et Pierson poursuivirent en contrefaçon M. Betbeder, prétendant que la photographie de M. de Cavour était une propriété artistique et comme telle leur appartenait exclusivement.

Le tribunal de la Seine repoussa les prétentions de MM. Mayer et Pierson ; l'arrêt fut infirmé par la Cour impériale, qui déclara que les portraits du comte de Cavour et de lord Palmerston étaient des productions artistiques et devaient jouir de la protection accordée par la loi de 1792 aux œuvres de l'esprit.

Cette décision de la Cour fut défendue par M. Ambroise Rendu de la manière suivante :

Messieurs, je viens plaider bien moins la cause de MM. Mayer et Pierson que celle de la photographie tout entière qu'ils représentent ici. Je soutiens que la photographie, cette merveille de nos jours, est un art protégé par les lois qui ont défini et garanti la propriété artistique. C'est là le principe qu'il faut faire triompher pour mettre fin à l'anarchie de la jurisprudence ; je le démontre par les textes et par les faits acquis au procès.

La propriété artistique est régie par la loi du 19 juillet 1793 et par les art. 425 et 427 ; sans doute ces dispositions n'ont pu prévoir toutes les conquêtes qu'il serait donné à l'homme d'accomplir dans le domaine de l'art ; l'art est infini comme son objet ; mais elles ont cependant embrassé l'avenir, car elles s'adressent *à toute production de l'esprit ou du génie qui appartient aux beaux-arts*, et elles assurent d'avance à l'auteur d'une telle œuvre le droit exclusif de la reproduire.

La Cour suprême a donné à ces lois la portée la plus large. Elle a proscrit par de nombreux arrêts la distinction, chère sans doute à certains artistes d'élite, vraie à un point de vue purement spéculatif, mais inexacte dans la réalité des choses et inadmissible au point de vue légal, la distinction entre les arts proprement dits et les arts industriels. Dans l'état de notre civilisation, on a dû reconnaître que toute œuvre offrant par sa forme et sa figure un type empreint de la personnalité de son auteur, que toute œuvre digne d'être appelée une production de l'esprit humain, était légalement une *œuvre d'art*, soit qu'elle fût un objet réservé à l'admiration des gens de goût, soit qu'elle fût appliquée à l'industrie pour la relever et l'embellir.

Pour qu'il y ait œuvre d'art, il faut la réunion de deux éléments : création de l'esprit ; objet appartenant à l'art. L'esprit et le goût peuvent s'exercer dans certains métiers sans que ces métiers soient des arts, parce que leur objet n'appartient pas à l'art. A l'inverse des objets d'art ainsi justement qualifiés à raison de leur forme, de leur beauté même, si l'on pouvait supposer qu'ils fussent le produit inintelligent et fatal du pur fonctionnement d'une machine, ne seraient plus des créations de l'esprit, ni par suite des *œuvres d'art*. Or, les épreuves photographiques réunissent les deux éléments ; je soutiens qu'elles sont des œuvres d'art, parce qu'elles sont tout à la fois, dans une large mesure, objets d'art par les merveilles de leur aspect, créations de l'esprit par l'application des facultés que leur création réclame.

Démontrer ces deux propositions, ce sera réfuter le pourvoi et gagner la cause qu'au prix de tant d'efforts et de sacrifices MM. Mayer et Pierson ont entrepris de faire triompher.

Mais avant tout, qu'est-ce que l'art? Il faut bien que je le définisse à mon tour, pour apprécier son objet et ses œuvres.

En dehors du domaine de la conscience, qui est le bien, le monde de l'intelligence a trois éléments : le vrai, le beau, l'utile. Ces trois grandes choses ont pour expression : la science qui est la manifestation du vrai, l'art qui est la manifestation du beau, l'industrie qui est celle de l'utile. Elles font naître en nous trois sentiments distincts : la science éveille le désir de savoir, la curiosité; l'art excite l'admiration; l'industrie répond au bien-être et à la satisfaction des besoins. L'art, c'est donc ce qui tend à charmer l'intelligence par la manifestation du beau, et toute manifestation qui s'adresse au sentiment de l'admiration est objet d'art. S'il en est ainsi, que dire de ces représentations de la nature, de ces portraits, de ces tableaux, si complets dans leur ensemble, si infinis dans leurs détails, saisissants par leur vérité? Aux sentiments qu'elles excitent, à l'admiration qu'elles entraînent, qui hésitera à reconnaître des œuvres d'art?

Mais pour s'élever à la dignité d'œuvres d'art, il faut que ces belles manifestations de la nature soient le produit de l'exercice des facultés de l'esprit humain; et l'on vous les représente comme le produit étonnant sans doute, mais purement mécanique d'un ingénieux appareil ! Recherchons donc et montrons sans équivoque quel est le rôle de l'homme, quel est celui de la machine. L'intelligence humaine, même dans le domaine de l'art, ne peut rien produire sans un secours matériel; que l'homme prenne pour auxiliaire un outil, une machine, une main étrangère, il n'en fait pas moins œuvre d'art, s'il continue d'exercer les facultés qui se rattachent à l'art, le sentiment, l'esprit, le goût.

Lorsque le sculpteur emploie le compas de précision, le

dessinateur le miroir de réduction ou la chambre claire,
c'est toujours la pensée de l'artiste qui dirige les instruments,
qui domine, qui inspire les moyens matériels ; la pensée
garde son rôle supérieur.

Dans la photographie, l'appareil remplace, et non pas entièrement, le travail de la main, la partie matérielle du travail, mais il laisse à l'artiste dans toute sa plénitude le
travail de l'esprit. Suivez en effet le photographe dans son
œuvre, quel que soit le genre auquel il se consacre, et comparez cette œuvre à celle du peintre ou du dessinateur.

Nous voici en présence d'une des scènes grandioses de
la nature, d'un site empreint de la sauvage majesté des
montagnes. Le public éprouve une impression confuse
d'étonnement et d'admiration ; le peintre, l'artiste, lui,
observe, analyse, approfondit. Il étudie ces fonds qui s'éloignent, ces devants qui les repoussent, ces effets d'ombre et
de lumière qui espacent les plans, ces tons vigoureux qui
encadrent l'ensemble. Tout cela il faut qu'il le conçoive pour
le rendre, car il ne l'obtiendrait pas, par l'imitation, en un
moment quelconque, et d'un endroit quelconque. Il lui faut
méditer son sujet, choisir son heure, ses effets, son point de
vue. Le peintre a son tableau dans l'esprit avant de mettre
la main à l'œuvre, et le pinceau ne sera plus que l'instrument de sa pensée. Voilà ce que fait le peintre....., et que
fait autre chose le photographe paysagiste ? Jetez un regard,
Messieurs, sur cette merveilleuse épreuve qui vous représente derrière ce chalet et ces grands sapins une montagne
aux cimes neigeuses, aux flancs hérissés de glaciers. N'est-ce
pas un tableau complet dont il a fallu combiner tous les
effets avec l'entente la plus complète, le sentiment le plus
profond de l'art ?

S'agit-il de la représentation de la nature humaine ? La
démonstration devient plus frappante encore. Quels sont
donc, en dehors de l'exécution, les mérites essentiels d'un

tableau d'histoire ou de genre? Est-ce qu'au premier rang n'est pas la disposition des personnages, due tout entière à la pensée de l'artiste, et qui rachète parfois par son harmonie et sa beauté les imperfections du talent? Dans le portrait, quoi de plus important que la pose? La pose, cet attribut essentiel, qui peut faire passer le même personnage du type le plus noble à la caricature; la pose, qui fait vivre le sujet, qui lui donne son caractère. Eh! qui ne se rappelle cette œuvre incomparable du plus illustre de nos peintres, cet homme assis de face, appuyant sur ses genoux ses deux puissantes mains et avançant vers le spectateur sa tête intelligente? Cette pose saisissante n'est-elle pas autant que tout le reste le succès, la gloire du portrait de Bertin? La valeur de la pose vient tout entière du sentiment de l'artiste; c'est de l'art à sa plus haute expression! Eh bien, Messieurs, la disposition des personnages dans un sujet, la pose dans les portraits, l'une et l'autre appartiennent à la photographie comme à la peinture. Là est le mérite le plus appréciable des artistes en photographie. Comparez les poses animées, intelligentes, heureuses qu'ils obtiennent avec la tenue vulgaire et insignifiante de tant de modèles; comparez même ensemble les poses variées que présente le même individu, appréciez la différence qu'il y a de l'un à l'autre, et vous aurez aperçu toute la part de l'art dans les portraits photographiques.

Que dirai-je du jeu des ombres, de la lumière? Est-ce qu'il se produit fatalement et de quelque manière qu'on expose le sujet aux rayons solaires? Non assurément, et tout dépend de l'appréciation et du choix du photographe. Mais songez que ces effets de lumière, ce n'est autre chose que le moyen d'obtenir le *modelé*, le *relief*, c'est-à-dire la physionomie et la vie, et pour le portrait la qualité capitale, la ressemblance; suivant la distribution de la lumière, la figure conservera ou perdra son caractère. Ici tout réside dans le sentiment de l'artiste, ici encore c'est de l'art au premier chef.

Je n'ajouterai rien des détails secondaires, des agencements, des costumes, des draperies, auxquels les Grecs, adorateurs du beau, attachaient tant d'importance. Que d'occasions cependant d'exercer le goût et toutes les délicatesses du sentiment artistique !

Et voyez comme le procès nous fournit l'application de toutes ces vérités ! Les portraits en cause, c'est Cavour et Palmerston. A voir cette pose abandonnée, ce fin sourire du grand Italien; cette roideur de maintien, cette ironie constante de l'illustre Anglais, on a reconnu la souplesse, la spirituelle bonhomie, l'aisance incomparable de l'un au milieu des complications redoutables; le flegme, la ténacité, la hauteur de l'autre. Ces deux portraits, Messieurs, c'est de l'histoire.

Quelle est dans tout cela la part de l'artiste et celle de l'instrument? Est-ce que l'artiste n'a pas la part du lion? Les peintres, les sculpteurs ont des auxiliaires sans abdiquer leur personnalité. Dans combien de fresques célèbres la tradition nous montre la part des auxiliaires ! En sont-elles moins les œuvres du peintre qui les a conçues? Les images photographiques, elles aussi, ont leur inspiration. Cette inspiration appartient tout entière à l'artiste, et le soleil n'est que son splendide et docile collaborateur.

Sachons donc ici rendre à l'esprit ses droits, et réduire la matière à son rôle. Il semble qu'il y ait un *criterium* assuré pour juger cette cause; ce qui caractérise l'œuvre de la machine, c'est l'uniformité; ce qui distingue l'œuvre de l'homme, c'est la vérité, la diversité, le progrès. Or, il existe ici une variété infinie entre les produits du même appareil appliqué au même individu par différents photographes. Les portraits photographiques de la même personne ont une différence de valeur artistique énorme; pourquoi? C'est que le photographe y met l'empreinte de sa personnalité.

Le sentiment de l'art est tellement inhérent à la photographie, tellement essentiel à son succès, que tous les photographes d'élite sont des peintres ou des sculpteurs. Nos plus éminents artistes ont plus d'une fois emprunté le secours des photographes pour leurs compositions, et je m'étonne de voir dans une protestation de peintres célèbres contre la prétention de la photographie, les noms de certains d'entre eux qui n'ont pas dédaigné de reproduire les portraits photographiques obtenus par mes clients. La Cour attachera peu d'importance à cette protestation malgré les signatures illustres dont elle est revêtue. Il est naturel que les artistes de premier ordre n'admettent dans leur domaine que les sommités de l'art; il est naturel aussi que les artistes d'un ordre inférieur s'inquiètent des progrès d'un art nouveau qui peut être menaçant pour la médiocrité. Ces sentiments ont éclaté avec la même énergie quand il s'est agi d'accorder le bénéfice de la propriété artistique à l'art industriel; ils n'ont pas fait hésiter la jurisprudence.

Rappelons, s'il est nécessaire, que lorsqu'il fut rendu compte solennellement à l'Institut de l'art tout nouveau de la photographie, il y fit son apparition sous le double patronage de l'Académie des sciences et de l'Académie des beaux-arts.

Il est temps, Messieurs, de poser un principe qui fasse cesser au plus tôt des usurpations scandaleuses. Il est honteux de voir de toutes parts l'imitation s'emparer de ces types, de ces portraits, de ces galeries obtenues au prix de tant d'études, d'efforts et de sacrifices par nos photographes en renom. Il est douloureux de voir usurper sans pudeur ces merveilleuses images conquises sur les sommets des Alpes, sur les cimes des glaciers par l'intrépide talent des frères Bisson. Les lois répressives de la contrefaçon ont

seules l'énergie nécessaire pour décourager de telles tentatives. Votre jurisprudence saura les appliquer avec fermeté
dans leur texte et dans leur esprit, en maintenant et en for-
tifiant encore les principes posés par la Cour de Paris.

Le pourvoi fut rejeté, et la Cour consacra la théorie
émise par Ambroise Rendu ; je ne reproduis qu'un des
considérants de cet arrêt qui accordait à la photographie le titre pompeux *d'œuvre d'art*, et lui permettait
de siéger de pair avec la peinture elle-même.

La loi du 19 juillet 1793, qui reconnaît la propriété
artistique et les priviléges dont elle est entourée,
s'étend à toute protection de l'esprit ou du génie qui
appartient aux beaux-arts ; la constatation des juges du
fait sera donc nécessairement souveraine si le produit
déféré à leur appréciation rentre par sa nature dans
les œuvres d'art protégées par la loi de 1797.

L'arrêt attaqué ayant commencé par poser en principe que les dessins photographiques « ne doivent pas
être nécessairement, et dans tous les cas, considérés
comme destitués de tout caractère artistique, ni rangés dans le nombre des œuvres purement matérielles ;
qu'en effet ces dessins, quoique obtenus à l'aide de la
chambre noire et sous l'influence de la lumière, peuvent, dans une certaine mesure, être le produit de la
pensée, de l'esprit, du goût et de l'intelligence de
l'opérateur ; que le choix du point de vue, la combinaison des effets de lumière et d'ombre dans la repro-
duction des paysages ; et dans les portraits la pose du

sujet, l'àgencement du costume et des accessoires, peuvent donner à l'œuvre du photographe l'empreinte de sa personnalité. »

L'appréciation qu'il a faite des caractères réalisés dans les portraits du comte de Cavour et de lord Palmerston est souveraine et définitive.

Affaire **JUDITH**.

Théâtre-Français. — Sociétaires. — Droits d'ancienneté et de préséance.

Conseil d'État (contentieux). — Audience du 27 février 1863.

A la date du 14 novembre 1851, le comité de la
Comédie-Française avait admis comme sociétaires, à
partir du 1er janvier 1852, mesdames Bonval, Nathalie
et Madeleine Brohan ; cette élection ayant été approuvée par le ministre de l'intérieur, à dater de ce jour
mesdames Bonval, Nathalie et Madeleine Brohan
avaient pris rang sur l'affiche à la suite des sociétaires
précédemment élus.

Mademoiselle Judith, qui avait été reçue pensionnaire du théâtre en 1847, un peu avant ses trois adversaires, s'était présentée avec elles pour être admise
en qualité de sociétaire, mais elle fut refusée par le
comité. Cette délibération fut annulée, et un arrêté du
12 février 1852 nomma mademoiselle Judith sociétaire du Théâtre-Français ; toutefois, comme la résistance mal fondée du comité ne pouvait préjudicier à
ses droits, le ministre, par un nouvel arrêté du 3
mai 1852, décida que la nomination de la nouvelle
sociétaire prendrait date à partir du 1er janvier de la

même année. Le premier rang sur l'affiche fut donc restitué à mademoiselle Judith.

Cet état de choses dura onze ans; quand l'engagement de mademoiselle Judith expira en 1861, le comité vota son maintien dans la société; rien n'indiquait donc que la période nouvelle dût amener de changements à l'ordre établi.

Le 2 avril 1862, mesdames Bonval, Nathalie et Madeleine Brohan adressèrent une réclamation au ministre d'État, et le comité d'administration, à qui cette réclamation fut renvoyée, décida que désormais mademoiselle Judith céderait le pas à ses rivales.

Cette délibération du conseil, approuvée par le ministre, fut attaquée par mademoiselle Judith, et devant le Conseil d'État M. Ambroise Rendu prit la parole en ces termes :

Messieurs, la discorde est au camp des dames de la Comédie-Française. Et l'objet que l'on se dispute c'est, vous l'avez entendu, l'ancienneté ! Mesdames Bonval, Nathalie et Madeleine Brohan veulent avoir le pas sur madame Judith, comme plus anciennes. Ce privilége de l'ancienneté, que mes belles adversaires ne prisent peut-être pas si fort partout et toujours, nous y tenons comme elles. C'est que s'il a bien des compensations sévères, il confère des droits d'une importance véritable : la préséance d'abord, le premier rang sur le tableau d'inscription et sur l'affiche. Dans une carrière où tout est dû à l'opinion, où l'on tient moins encore à être qu'à paraître *esse et videri*, toute primauté est d'un grand prix. Ce sont des avantages matériels, le choix de la loge, de l'installation au théâtre; c'est enfin un bénéfice de premier

ordre, le droit à la pension qui date du rang d'inscription, et
qui peut ainsi se trouver atteint avec la préséance elle-
même. Ces droits divers, c'est l'intérêt juridique du débat.

Une première question se présente ; êtes-vous compétents,
Messieurs, pour statuer sur ce privilége à la fois si redouté
et si envié ? Êtes-vous compétents pour trancher la question
du procès, et juger si c'est à tort que madame Judith Derosne a été privée d'une préséance qui lui était acquise
depuis onze ans sur ses compagnes, j'allais dire sur ses
rivales ?

Ces dames, en effet, déclinent votre juridiction, et nous
opposent une fin de non-recevoir. Elles prétendent que tout
a été décidé souverainement, sans recours, par une décision du conseil judiciaire du Théâtre-Français, qu'on appelle souvent, par euphémisme, le *conseil de famille*. Pour
apprécier le système de défense, rappelons les faits qui ont
donné lieu au débat.

Mademoiselle Judith a été reçue au Théâtre-Français en
qualité de pensionnaire dans l'année 1846, un peu avant ses
trois adversaires d'aujourd'hui, admises en 1847 et 1848.
Comme pensionnaire, elle a une priorité de rang incontestée. Le 10 novembre 1851, elle s'est présentée avec ses trois
camarades au comité d'administration du théâtre pour être
admise en qualité de sociétaire, mais elle n'arrivait pas par
la voie ordinaire. Des débuts fort heureux, des succès pré-
coces sur une autre scène lui avaient ouvert, avaient un peu
forcé pour elle l'entrée du théâtre préféré. Or, Messieurs, il
règne dans le sein de la Comédie-Française un grand esprit
de famille. Tout pour les siens et par les siens. Et quiconque n'a pas été élevé dans le giron a quelque peine à se
faire adopter. Pour introduire les talents du dehors, il faut
parfois des coups d'autorité. Tout récemment, M. et madame Lafontaine, ces excellents artistes, refusés par le comité, viennent d'être admis par l'ordre du ministre. Judith

subit le sort commun des renommées d'origine étrangère : elle fut refusée par le comité.

Mais le comité propose et le ministère dispose. La délibération du comité fut annulée. Un premier arrêté du 12 février 1852 nomma mademoiselle Judith sociétaire du Théâtre-Français. Toutefois, dans l'intervalle, mademoiselle Brohan et ses compagnes avaient sans obstacles reçu le même titre à partir du 1er janvier 1852. La résistance du comité, reconnue mal fondée, ne pouvait avoir pour effet de préjudicier aux droits antérieurs de mademoiselle Judith. Aussi le ministre fit-il un acte de parfaite équité, lorsque, par un nouvel arrêté du 3 mai 1852, il décida que, bien que la nomination de mademoiselle Judith eût été retardée par des circonstances dont elle ne devait pas souffrir, elle prendrait date à partir du 1er janvier de la même année.

Redevenue sociétaire du même jour que ses compagnes, mademoiselle Judith retrouvait par là même la priorité de rang que lui avait assurée jusqu'alors l'ancienneté de sa qualité de pensionnaire. Aussi, la première place attribuée à ces trois dames sur l'affiche pendant quelques semaines fut-elle immédiatement restituée à la nouvelle sociétaire. L'ordre troublé un instant fut rétabli, mademoiselle Judith reprit le pas sur mesdemoiselles Bonval, Nathalie et Madeleine, et cela dura onze ans !

On sait que l'engagement des sociétaires est de dix années. Celui de mademoiselle Judith expirait donc le 31 décembre 1861. Dans le courant de cette dernière année, il s'est agi d'examiner si l'engagement ne devait être maintenu pour une nouvelle période de dix ans. Cette fois, le comité d'administration a voté le maintien de ma cliente. Cet avis a été adopté par un arrêté ministériel du 3 juin 1861. M. l'administrateur du théâtre a notifié à mademoiselle Judith *avec plaisir* la décision prise en sa faveur. On était au mieux, et la période nouvelle s'inaugurait en 1862 pour les quatre sociétaires avec le rang qui, dès l'origine, avait appartenu à chacune d'elles.

Mais un orage, à ce qu'il paraît, grondait sourdement au fond des cœurs. Il éclata le 2 avril 1862 seulement, par une réclamation de mesdames Bonval, Nathalie et Madeleine Brohan, adressée à qui? précisément à S. Exc. M. le ministre d'État, dont on décline aujourd'hui la compétence aussi bien que la vôtre. Le ministre renvoie au comité d'administration du théâtre. L'administrateur écrit à la sociétaire devenue madame Judith Derosne, pour l'inviter à fournir ses explications à l'effet d'éclairer la religion du ministre. Le mari de madame Judith se présente devant le conseil judiciaire, à l'examen duquel l'affaire a été renvoyée. Le conseil judiciaire prend une délibération où il déclare que madame Judith doit céder pour l'avenir le pas à ses rivales. Cette déclaration est soumise à l'approbation du ministre, qui approuve en effet, et c'est la décision du ministre qui est notifiée à madame Judith, afin qu'elle ait à s'y conformer.

Eh bien! Messieurs, c'est cette décision du ministre que j'attaque devant vous pour excès de pouvoir, parce qu'elle a arbitrairement enlevé à madame Judith un rang d'ancienneté, une priorité qui lui était acquise depuis onze ans.

Ces faits et cette procédure rappelés, j'aborde la fin de non-recevoir opposée à notre recours.

Vous attaquez, nous dit-on, une décision qui n'en est pas une ; la lettre du ministre est une approbation toute facultative qui ne juge rien. La vraie décision, celle à laquelle vous vous en prenez en réalité, c'est la délibération du conseil de famille. Or celle-ci est une sentence arbitrale, parfaitement inattaquable, car elle a été rendue en vertu de l'article 50 de l'acte de société du 27 germinal an XII, charte du Théâtre-Français, organisant un tribunal arbitral par une clause compromissoire, ainsi conçue : « Toutes les difficultés qui pourront s'élever entre les artistes pendant l'existence et la durée de la présente société, « sur aucunes clauses du présent acte en ce qui touche leurs intérêts respectifs et en toutes matières contentieuses, seront jugées en dernier ressort par les membres composant le conseil de la comédie. La décision qui sera portée sera sans appel et sans recours en cassation. »

Voilà, nous dit-on, la loi et les prophètes. L'acte intervenu en vertu de cet article est souverain, il se suffit à lui-même. L'approbation ministérielle est superflue, sans effet, sans valeur.

Vous le voyez, Messieurs, en présence de ce système, la question est de savoir où est la décision qui a statué sur le sort de madame Judith. Est-elle dans la délibération du conseil de famille, est-elle dans l'acte ministériel, est-ce un tribunal arbitral, est-ce le ministre d'État qui a statué ?

Pour savoir quelle autorité a pu statuer, et a statué effectivement sur le droit en litige, il est un moyen assuré, c'est de rechercher quel est ce droit, quels en sont le caractère et la nature.

Il s'agit d'un acte entre associés, dérivant de leurs conventions mutuelles ; il a été jugé (légalement ou non, c'est une question réservée) par le tribunal arbitral constitué pour juger les différends des associés.

S'agit-il, au contraire, d'un acte de l'autorité publique, il échappe forcément à la juridiction volontaire des associés et ne peut ressortir qu'à l'autorité administrative.

Voilà, ce me semble, la question bien posée.

Pour la résoudre, j'aurai donc à rechercher d'abord quels sont l'origine et le caractère du droit de préséance entre les artistes du Théâtre-Français ; je montrerai que le rang et la préséance sont déterminés par des actes administratifs, et que les décisions rendues à cet égard émanent de l'exercice de l'autorité ministérielle ; je prouverai ensuite que le compromis dont on nous oppose les effets ne peut être invoqué contre nous, ni d'après les principes qui règlent cette matière, ni même d'après les termes de la clause en question.

La conclusion que j'en tirerai avec vous, ce sera qu'il n'existe ni en droit, ni en fait, aucun obstacle à ce que le Conseil d'État se déclare compétent et juge au fond le débat qui lui est soumis.

La qualité de sociétaire du Théâtre-Français , d'après les règlements actuellement en vigueur, est d'institution toute administrative ; c'est un titre conféré par le ministre d'État dans la plénitude de son autorité.

Il n'en était point sans doute ainsi autrefois, alors que les acteurs constitués en société purement civile admettaient ou refusaient à leur gré ceux qui aspiraient à entrer dans leur compagnie. Le fameux décret du 15 octobre 1812, où l'Empereur s'est plu à manifester l'universelle aptitude de son génie, en dictant, du milieu des armées et du point extrême de sa conquête éphémère , l'acte de réorganisation d'un théâtre , le décret de Moscou laisse encore quelque obscurité sur le point en question ; mais le décret du 27 avril 1850 lève toute incertitude. Par ses articles 3 et 13 il attribue expressément au ministre le droit de statuer soit sur la réception des sociétaires, soit sur la continuation de leurs services à l'expiration de leur engagement. Le comité d'administration du théâtre ne donne qu'un avis, et le ministre a plus d'une fois prononcé contrairement à l'avis du comité.

Or, la collation , l'investiture par le ministre impliquent, avec l'attribution du titre même, la fixation du point de départ de la fonction, et par conséquent du rang que l'ordre de réception confère aux sociétaires. Évidemment ce sont là les effets directs et nécessaires de l'exercice du même pouvoir.

Qu'est-ce à dire, c'est que les conséquences légales de l'attribution du titre, à savoir l'ordre de réception et le rang du sociétaire ont, comme la nomination elle-même, pour principe et pour fondement la décision du ministre, un acte administratif.

Si donc il s'élève quelque difficulté sur le sens et la portée de tels actes, ce sera l'autorité administrative seule qui pourra en connaître ; le ministre qui a statué sur le principe statuera sur l'application ; et aucun tribunal de l'ordre civil ne pourra, empiétant sur un domaine différent du sien, soit porter atteinte à l'effet de ses actes, soit même les interpréter.

S'il en était autrement, n'est-il pas clair qu'une autorité judiciaire pourrait plus ou moins directement, et contre tous les principes, paralyser les mesures de l'autorité administrative ? et c'est précisément ce qui a lieu dans l'affaire actuelle, le plus manifestement du monde.

Lisez, Messieurs, ce qu'on appelle la sentence du tribunal arbitral. Qu'y trouvez-vous ? l'interprétation et la restriction de l'acte ministériel qui est le fondement du droit de madame Derosne. Celle-ci invoque l'arrêté du 3 mai 1852, qui fixe la date de sa réception au 1er janvier précédent, et invoque l'application suivant le sens parfaitement clair des termes qui ont déclaré et consacré son droit. Le conseil de famille conteste le sens et la portée de l'arrêté du 3 mai ; il leur attribue pour objet, d'après la correspondance et les documents administratifs, une régularisation de comptabilité. Que fait-il donc par là même, sinon interpréter l'acte ministériel ?

Il taxe cette même décision du ministre, entendue d'après les termes formels, de prétendue rétroactivité, et lui oppose le principe de la non-rétroactivité des lois. Qu'est-ce donc autre chose que lui dénier l'un de ses effets et l'infirmer dans son application ?

Tout cela, interprétation ou modification de l'acte ministériel, l'autorité administrative le peut faire compétemment du moins, sauf le respect dû aux droits acquis; mais non point le conseil judiciaire du Théâtre-Français. Ne cherchons donc pas la véritable décision du litige, l'acte de juridiction, dans une délibération qui, si elle eût statué comme on le prétend, aurait méconnu tous les principes et toutes les règles de compétence. Concluons que, d'après ces mêmes principes et ces mêmes règles, c'est M. le ministre qui, dans l'acte soumis au Conseil d'État, a rendu la véritable décision dans l'exercice de sa juridiction, sinon conformément aux droits de la partie en cause, car c'est évidemment l'autorité ministérielle chargée de prononcer sur la réception des sociétaires qui peut seul prononcer aussi sur le rang entre sociétaires, conséquence nécessaire de l'ordre établi par le ministre dans les réceptions mêmes.

Tout cela est si vrai que c'est dans cet ordre d'idées que l'affaire a été engagée, suivie et conclue par une sorte d'instinct du droit qu'on méconnaît vainement aujourd'hui. Mesdames Bonval, Nathalie et Brohan ont fait, au mois d'avril, leur réclamation; à qui l'ont-elles adressée? non pas au conseil de famille, mais au ministre d'État. L'administrateur du théâtre a invité madame Judith à fournir des explications, pour éclairer qui? pour éclairer, dit-il, la religion du ministre d'État. Si l'affaire a été renvoyée au conseil judiciaire, c'est par application de l'article 86 du décret de Moscou, d'après lequel toutes les affaires contentieuses seront soumises à l'*examen* (non pas à la décision) d'un conseil de jurisconsultes. Aussi M. Derosne a-t-il paru sans hésiter devant ce conseil pour s'expliquer au nom de sa femme; et cette comparution, provoquée dans le but d'éclairer le ministre, on nous l'oppose; le croirez-vous, Messieurs? on nous l'oppose aujourd'hui comme une reconnaissance de la juridiction du conseil. Cette convocation était donc une surprise, un piége tendu à la bonne foi de ma cliente? Je vous le demande, un tel argument est-il loyal?

Je reprends la procédure. Que fait le conseil de famille lui-même ? Il prend non une décision, mais une délibération, il fait une déclaration ; ce sont ses termes mêmes. Et cette délibération, la signifie-t-on comme une sentence à madame Derosne ? Non. L'administrateur la soumet à l'approbation du ministre d'État. Le ministre examine et approuve, et c'est l'acte du ministre qu'on fait connaître à. madame Judith en l'invitant à s'y soumettre. Et c'est après avoir ainsi procédé qu'on ose bien aujourd'hui prétendre que ce n'est point le ministre d'Etat, que c'est le conseil de famille seul, qui, dans la souveraineté de sa juridiction, dans l'exercice de son omnipotence, a cité, jugé et condamné madame Judith.

Ah ! l'on est bien un peu gêné, un peu empêché par cette approbation du ministre, à laquelle on a soumis la délibération du conseil de famille. Car, enfin, les principes sont certains et d'application journalière. Quand une autorité administrative supérieure approuve un acte qui lui est soumis, elle se l'approprie, elle le fait sien ; c'est celle qui juge, qui décide. Tous les jours, vous êtes saisis de décisions qui sont bien des décisions ministérielles, qui vous sont déférées à ce titre, et qui ne résultent que d'un simple *approuvé* mis à la suite d'une délibération soumise au ministre. Et vous-mêmes, Messieurs, quand vous délibérez au contentieux, que faites-vous légalement, constitutionnellement ? Quelque hautes que soient vos attributions, vous ne rendez pas un arrêt, mais vous donnez un avis ; c'est le décret impérial ; c'est le simple *approuvé* de l'Empereur qui est la décision. Vous proposez, et l'Empereur juge.

Et voici que j'assimile le conseil de famille du Théâtre-Français au Conseil d'État délibérant au contentieux, et il se plaint ! Il me semble pourtant que je lui fais la part assez belle.

Je disais : le ministre a approuvé, donc il aurait pu improuver, donc c'est bien lui qui a décidé. L'argument me semblait assez pressant. Mais j'ai affaire à gens habiles qui ont réponse à tout. Oh! s'écrient-ils, cette approbation du ministre, c'est pour la forme et non pour le fond. Elle n'a d'autre objet que de dégager la responsabilité de l'administrateur du théâtre vis-à-vis du ministre. Mais quoi! pour dégager cette responsabilité, il faudrait qu'elle fût engagée. Est-ce que l'on voudrait faire entendre que l'administrateur, membre d'un tribunal qui juge, doit compte de son jugement à qui que ce soit, si ce n'est à sa conscience? Un juge responsable, demandant une approbation, se dégageant vis-à-vis d'une autorité supérieure! Un ministre approuvant un jugement souvain, donnant son agrément à une décision de justice! Eh! que fait-on de l'indépendance, de la dignité du juge? Est-ce que l'on ne sent pas que l'on froisse tous les principes, que l'on heurte toutes les convenances?

Messieurs, je ne veux pas faire ici d'argument personnel, assurément, mais je lis la délibération du conseil de famille, les noms très-honorables des jurisconsultes qui l'ont prise et signée. Parmi ces noms je trouve celui de l'habile et savant avocat contre lequel je plaide cette cause. Est-ce qu'il est venu, est-ce qu'il a pu venir comme juge défendre sa propre décision? Non pas; mais, membre d'un comité dont il adopte l'avis, il est venu défendre ici une opinion, celle du comité et la sienne. Rien de plus naturel, rien de plus à propos, rien de mieux séant, mais il est bien entendu qu'en se présentant ici, il a caractérisé lui-même la délibération du conseil de famille, et que nous n'avons pas le spectacle étrange d'un tribunal défendant son jugement par l'organe d'un de ses membres!

J'ai démontré, je crois, jusqu'à l'évidence le point essentiel de ce procès, à savoir que c'est le ministre, que ce n'est pas le conseil de famille qui a rendu la décision attaquée par mademoiselle Judith. La conséquence nécessaire, capitale de cette vérité, c'est que nous n'avons rien à craindre de la fameuse clause compromissoire contenue dans l'acte social de l'an XII, de la constitution de ce tribunal arbitral, qui juge sans recours ni appel. Le système fondé sur cette clause compromissoire s'écroule tout entier, car la clause, au point où en est la discussion, nous apparaît comme absolument inapplicable au débat et d'après les principes et d'après ses termes.

Je n'ai pas même besoin d'établir qu'elle est nulle et de toute nullité d'après la jurisprudence actuelle, comme ne spécifiant ni l'objet du litige, ni le nom des arbitres. Et fort peu importe qu'elle ait été appliquée comme bonne et valable à mademoiselle Maxime en 1843. L'arrêt rendu contre cette artiste est en opposition avec d'autres décisions, et une notamment concernant mademoiselle Mars, qui ont déclaré la clause de l'an XII sans force juridique. D'ailleurs il est antérieur aux arrêts de la Cour de cassation sur la valeur de clauses semblables, et aujourd'hui leur nullité ne fait pas de doute.

Vainement aussi m'objecterait-on que la question de validité de cette clause d'un acte de société est une question de droit civil, toute judiciaire, qui ne peut être débattue devant le Conseil d'État, et qu'il faudrait faire préalablement, préjudiciellement résoudre par la juridiction civile. Il serait singulier que la juridiction administrative, compétente au fond, ne pût écarter du débat une clause nulle et sans effet, d'après une jurisprudence aujourd'hui indiscutable. Mais quand cela serait, ne voit-on pas que l'argument ne porte point, et que cette clause, d'après les principes qui viennent d'être établis, est absolument étrangère au débat? S'il est vrai que c'est le ministre, et non le conseil de famille, qui a statué, que nous importent les règles qui concernent la juridiction de ce conseil! Il s'agit de la compétence du ministre. Le Conseil d'État l'apprécie seul, et assurément cette compétence ne peut être atteinte ni entravée par les stipulations qu'il a plu aux artistes du Théâtre-Français d'arrêter entre eux.

Au surplus, la clause compromissoire elle-même est conforme aux principes, et on nous crée des difficultés qui n'existent pas. Sur quoi ont compromis par l'acte de l'an xii les sociétaires du Théâtre-Français? Sur les clauses du présent acte, sur les rapports des associés entre eux ; non sur les attributions de l'autorité et sur les rapports du théâtre avec le pouvoir administratif. Qu'ils règlent à leur gré les droits et obligations qu'ils ont admis entre eux; qu'ils invoquent un acte privé quand il s'agit de leurs intérêts privés, mais qu'ils ne prétendent pas avoir réglé d'avance l'exercice de l'autorité publique à leur égard. Le conseil judiciaire aurait-il par hasard la prétention de statuer en vertu de la clause compromissoire sur la régularité de la réception d'un sociétaire, et sur l'existence même de cette qualité? Comment donc pourrait-il se prévaloir de la même clause pour prononcer sur les droits qu'implique cette réception, et qui sont les conséquences de cette qualité? La clause compromissoire a pu être invoquée sur des questions analogues quand les associés décidaient eux-mêmes de la réception de nouveaux sociétaires. Il faut l'écarter du débat depuis que le décret de 1850 a conféré à l'autorité ministérielle seule le droit de prononcer sur les réceptions, et par suite sur l'ordre, le rang et les préséances qui en résultent.

Donc, il faut débarrasser la discussion de toute question principale ou préjudicielle sur la légalité de la clause compromissoire, qui n'a que faire en ce débat. Donc, il faut nous mettre en face de la décision ministérielle qui a jugé le litige en premier ressort, et arriver au fond que le Conseil d'État doit juger, en appréciant, suivant les règles de sa compétence, le mérite de la décision ministérielle.

Or, cette décision, je l'ai dit en commençant, est entachée d'excès de pouvoir, parce qu'elle a arbitrairement enlevé à madame Judith un droit acquis. Au fond, cette violation du droit est manifeste, et c'est pour cela que mes adversaires, sentant la faiblesse de leur position, font tant d'efforts pour l'abriter derrière une fin de non-recevoir.

On veut enlever à madame Judith non pas seulement le droit, mais la pleine et entière jouissance du droit. Qui a été, en effet, l'agresseur? Ce n'est pas nous. Ces trois dames ont attaqué une possession, dirai-je paisible? je ne sais trop si la paix règne en ces régions, mais en tout cas publique, non équivoque, éclatante, mieux encore, provocante, car elle s'étalait chaque jour sur l'affiche, et chaque jour aux yeux du public. Madame Judith prenait le pas sur ses rivales.

Une possession de bien des années, de onze ans! entendez-vous, Messieurs? onze ans, c'est long, bien long pour tout le monde, même pour les souverains et les dynasties. Dans la vie d'une comédienne, c'est plus que trente ans de la vie d'un joueur, c'est un siècle... Toute la gloire de Rachel a tenu en moins d'espace que cela! Une possession de onze ans pour une actrice ce serait une possession immémoriale si les griefs de l'amour-propre s'oubliaient... Mais hélas!

Manet alta mente repostum
Judicium Paridis!.....

Et il faut bien le dire, en effet, c'est aussi une possession avec circonstance aggravante de reprise de possession. Vous le savez, madame Judith a d'abord eu la priorité et la préséance comme pensionnaire. Puis elle l'a perdue pendant l'*intérim* que lui a infligé le mauvais vouloir du comité d'administration. Pendant quelques mois le nom de ses trois camarades a précédé le sien sur l'affiche. Mais dès que le ministre, par sa décision du mois de mai 1852, en a fait justice, les choses sont rentrées dans l'ordre. On a laissé madame Judith reprendre son rang, sa préséance... Certes, Messieurs, les amours-propres étaient en jeu, les susceptibilités éveillées, et on l'eût laissée jouir de ce triomphe si elle n'eût pas eu droit ! et ses rivales eussent accepté bénévolement ce petit déboire ! Vous ne le croyez pas, elles ne le pensent pas plus que vous.

Je sais bien que Son Excellence M. le ministre d'État, par un tour de phrase charmant, vous dit que c'est « un rang que le nom de madame Judith a pris sur l'affiche. » M. l'administrateur général, qui sait le beau langage, répète après son supérieur : « C'est un rang que le nom a pris. » C'est excellent dans le style du lieu, et la figure de rhétorique est du meilleur goût. Mais voyons, en droit, en affaires, le nom n'a pas pris sa place tout seul. On l'a bien un peu aidé à passer avant les autres, à se mettre le premier ; et qui l'a aidé ? Sachez-le bien, Messieurs, c'est le ministre de l'intérieur en 1852, c'est le ministre d'État en 1861, qui, l'un et l'autre, en statuant sur l'admission et le maintien de madame Judith, ont donné au nom le premier rang et à l'artiste la préséance. Voilà, sans figures et sans phrases, voilà la vérité. Et c'est une telle possession qu'il s'agit de renverser !

Comment donc le *statu quo* a-t-il cessé, comment cette possession a-t-elle été troublée ? Bien heureux qui peut en savoir les causes, et les adversaires les vont chercher un peu partout :

> Musa, mihi causas nemora quo numine læso,
> Quidve dolens Regina.....

Mais si l'on est embarrassé de dire pourquoi le *statu quo* a cessé, on l'est bien plus encore de dire pourquoi il a tant duré. Et je trouve dans les mémoires des explications passablement contradictoires. Elles ont toléré et souffert en silence, dit-on ici; elles ont protesté, mais vainement, dit-on plus loin. Voyons un peu, elles ont toléré un passe-droit, vous croyez? Quant à moi je ne savais pas, on apprend tous les jours, je ne savais pas que la tolérance, que la patience poussée à ce point fût le mérite principal de ces dames. Elles en ont assez d'autres sans celui-là.

Eh bien! oui, me disent-elles, c'est vrai; nous avons été blessées, et nous avons protesté. Vous avez protesté, et où donc, s'il vous plaît? Elles ont été bien modestes, bien silencieuses vos protestations. A vous trois vous auriez pu faire plus de bruit. Mais, au lieu de cette protestation muette, qui n'a pas empêché l'injustice de dormir tranquille pendant onze ans, qui vous empêchait donc, si vous vous croyiez lésées, de faire une réclamation efficace? Vous n'aviez pas besoin d'aller chercher des juges à Berlin, ni même au Palais. Dans votre système vous en aviez chez vous; sous votre toit siége le tribunal de famille. C'était une porte à ouvrir, une clef à tourner, un pas à faire. Ce pas, Messieurs, elles ne l'ont pas fait onze années durant! Et l'on me fera croire qu'elles étaient victimes d'un passe-droit! Ah! tant d'abnégation en face de tant d'injustice, et d'un moyen si facile de tout réparer....., mais vous n'y pensez pas!

Eh bien! je dis que cet état de choses me donne la preuve la plus éclatante du droit de ma cliente : c'est parce qu'il était incontestable qu'il est demeuré si longtemps incontesté.

Mais, me dit-on, la possession ne suffit pas, il faut un titre. Or, votre titre, l'arrêté ministériel du 3 mai 1862, il tourne contre vous. D'après l'art. 10 de l'acte du 27 germinal an XII, le droit d'ancienneté date du jour de la réception. Or, votre arrêté de réception est du 3 mai 1852, tandis que le nôtre est du 20 novembre 1851, pour valoir du 1er janvier suivant. Donc, nous sommes premières, et si on parlait latin dans la maison de Molière, nous dirions : *Prior tempore, potior jure.*

A cela, un mot de réponse ; un seul, mais il est péremptoire. L'arrêté ministériel, daté, lui, du 3 mai 1852, fixe *la date de la réception* de madame Judith au 1er janvier 1852, le jour de la réception de ses trois camarades. Donc, la date de réception est la même pour toutes, et dès lors madame Judith, plus ancienne pensionnaire, a dû prendre le pas.

Il ne faut pas me dire que cette date du 1er janvier a été fixée rétroactivement pour une raison de comptabilité, pour aligner des chiffres, pour faciliter l'œuvre du caissier. Chétive explication ! Messieurs, et je prie mes adversaires de mettre leurs requêtes et leurs systèmes d'accord. Voici un mémoire où elles invoquent cette raison de comptabilité, l'intérêt de la caisse du théâtre, qui gagnait à ce que l'engagement de madame Judith comme sociétaire datât du 1er janvier. C'était un intérêt contraire à celle-ci.

Et voici un autre mémoire où l'on me dit que cet arrêté du 3 mai est tout dans l'intérêt de madame Judith, que la date du 1er janvier est une date de complaisance et de faveur ! Tâchez donc de vous entendre vous-mêmes, mais surtout prenez garde à la portée de vos explications. Il y a là des insinuations qui vont plus loin que les parties en cause, et laissez-moi vous dire bien haut que dans les décisions ministérielles qui règlent les droits des citoyens, il y a des actes de justice, et non de complaisance et de faveur.

Arrière donc toutes ces rumeurs, et mettons-nous en face du droit. L'arrêté du 3 mai 1852 est formel : il fixe au 1er janvier 1852 la réception et le traitement à titre de sociétaire. L'a-t-il fait à tort ou à raison ? Ce n'est pas sans doute le conseil de famille du Théâtre-Français qui prétendra le décider. Cet arrêté n'a pas été attaqué d'ailleurs ; il est souverain et définitif, il doit produire son effet légal, qui est de régler le rang et la priorité, par là même qu'il règle l'ordre et la date de la réception.

On m'objecte qu'avant l'arrêté du 3 mai il y aurait eu droit acquis pour les sociétaires en exercice depuis le 1er janvier, et que l'arrêté postérieur ne peut, sans rétroactivité, leur être opposé. Ceci n'est qu'une pétition de principes. L'arrêté du 3 mai n'est pas rétroactif, s'il n'est, comme le sont tous les jugements, que déclaratif d'un droit préexistant. C'est du jour où le droit est reconnu avoir existé qu'il doit avoir son effet. La résistance mal fondée du comité du théâtre pouvait bien suspendre le droit de madame Judith, mais non le détruire ou le paralyser. Autrement, le comité, qui ne donne qu'un avis, aurait eu la puissance de tenir en échec le ministre qui décide ! Ah! vous avez bien admis l'effet rétroactif de l'arrêté pour faire profiter votre caisse de cette date du 1er janvier aux dépens de madame Judith. L'avez-vous acceptée aussi, cette même date, quand elle profite à ma cliente? N'ayez pas deux poids et deux mesures !

Quelques mots sur une dernière objection, et je termine. Madame Judith fût-elle bien et dûment sociétaire à partir du 1er janvier, sociétaire reçue le même jour que ses rivales, on lui conteste encore la priorité à laquelle elle a droit, selon moi, à raison de sa qualité de plus ancienne pensionnaire. On prétend qu'entre sociétaires de même date la préséance se règle au gré du comité d'administration par des considérations tirées du mérite et des services des artistes, et non pas d'après l'époque de leur admission comme pensionnaires. On ajoute que dans tous les cas les services de madame Derosne, alors pensionnaire sous le nom de Judith Bernot, avaient été interrompus quelque temps, et qu'ils avaient été repris à une date postérieure à l'admission de mesdames Bonval, Nathalie et Madeleine.

Vous le voyez, Messieurs, voici encore sous peu de mots une question de principe et une question de fait. Je soutiens que, à égalité d'ancienneté comme sociétaire, c'est le pensionnaire le plus ancien qui a la préséance. Cette règle est

d'application journalière; c'est par elle que le nom de
M. Got précède sur l'affiche celui de M. Delaunay, reçu
sociétaire le même jour que lui. C'est par elle que mes trois
adversaires, sociétaires du même jour, mais pensionnaires
de dates diverses, ont aujourd'hui le rang qu'elles occupent
au tableau; et de bonne foi, si c'était par ordre de talent,
et non d'ancienneté, qu'il eût fallu les classer, le nom de
mademoiselle Madeleine Brohan serait-il le dernier sur la
requête au Conseil comme sur l'affiche au théâtre? Reste-t-il
quelque doute sur ce point en présence d'affirmations contraires? Le Conseil, sans doute, estimera qu'à cet égard
l'affaire n'est pas suffisamment instruite, et il ordonnera un
supplément d'information.

Quant à la prétendue interruption de services, voici ce qui
s'est passé. Au mois d'octobre, madame Judith, pensionnaire, a reçu de brillantes propositions d'un théâtre du bou-
levard. Elle les a acceptées. Mais à peine l'engagement
était-il signé, que le Théâtre-Français a voulu reprendre la
fugitive. Un auteur lui écrivait un rôle dans *l'Amitié des
femmes*. On la rappelait au souvenir de ses premiers succès,
à ses espérances d'avenir. Judith hésitait. Ce fut, un mois
durant, la scène du *Dépit amoureux :* « Romprons-nous ou
ne romprons-nous pas? » Bref, il en fut comme de Gros-
René et de Marinette : on n'a pas rompu. L'engagement fut
résilié avant que madame Judith eût joué au dehors. Elle
resta pensionnaire comme devant et au même titre, car elle
conserva le rang qu'elle avait avant ses compagnes.

Voilà la cause au fond, Messieurs, elle est bien simple.
Le fait est d'accord avec le droit. La possession corrobore le
titre. Vous vous déclarerez compétents, car il ne faut ni que
les contestations de ce genre s'en aillent devant les tribunaux civils, qui n'ont pas aussi bien que l'administration
tous les éléments de solution, ni que l'abitraire règne et
gouverne, faute d'un contrôle supérieur, au sein du Théâtre-

Français. Il y a là des intérêts très-sérieux engagés, intérêts d'argent et de considération. Vous ferez donc justice, Messieurs, en retenant le litige, et bonne justice, en donnant gain de cause à ma cliente.

Le Conseil d'État rejeta la demande de mademoiselle Judith Derosne, déclarant que la lettre du ministre d'État du 28 juillet 1862 n'était pas une décision ministérielle, puisqu'elle contenait seulement autorisation d'exécuter la délibération prise par le conseil judiciaire du Théâtre-Français, et ne pouvait par conséquent donner recours par la voie contentieuse devant le Conseil d'État (1).

____

(1) Consulter le décret impérial du 15 octobre 1840 sur l'organisation du Théâtre-Français, et le décret du 27 avril 1850 sur l'administration du même théâtre.

Affaire **MIRÈS.**

Presse. — Colportage. — Liberté de la défense.

Cour de cassation (ch. crim.). — Audience du 6 mars 1863.

M. Mirès avait fait distribuer, à Douai, une brochure ayant pour titre : *Lettre à M. Dupin, procureur général près la Cour de cassation.* Cette lettre contenait ses moyens de défense, qu'il soumettait ainsi à la publicité.

La Cour de Douai, sur le réquisitoire du procureur impérial, condamna M. Mirès à un mois d'emprisonnement pour colportage et distribution sur la voie publique sans autorisation du préfet.

Contre cette décision, M. Mirès se pourvut en cassation, et Ambroise Rendu vint défendre devant la Cour de cassation ce grand principe, non moins important au point de vue de la liberté qu'au point de vue des garanties de la défense, *qu'il était permis à tout individu engagé dans un procès, d'adresser, de distribuer, non-seulement aux magistrats qui le jugent, mais aussi au public qui l'écoute, les actes relatifs à sa défense.* Tel était le principe en lui-même ; il fut soutenu par Ambroise Rendu dans les termes qui suivent :

Messieurs, M. Mirès a eu devant vous, au milieu de ses épreuves judiciaires, la bonne fortune de lutter toujours pour quelque grand principe. Il a combattu, il a vaincu une première fois pour la liberté de la défense, il combat aujourd'hui pour un principe non moins sacré, celui de la publicité de la défense.

M. Mirès soutient qu'il est permis à tout homme engagé dans un procès, de distribuer non-seulement aux magistrats qui le jugent, mais aussi au public qui l'écoute, les écrits relatifs à sa défense. Voilà ce que plaide M. Mirès, et il a pour lui les vœux de quiconque a l'honneur de défendre devant la justice les droits des citoyens.

Je rappelle en deux mots les faits qui ont donné lieu au débat.

M. Mirès, par une requête en date du 22 juillet 1862, a demandé à la Cour impériale de Douai l'interprétation de son arrêt du 21 avril 1862; postérieurement à l'introduction de l'instance il a publié une lettre adressée à M. Dupin, procureur général à la Cour de cassation.

Dans cette lettre il présente, à l'occasion du réquisitoire prononcé par ce magistrat sur le pourvoi formé dans l'intérêt de la loi contre l'arrêt du 21 avril, des considérations et des arguments qui ne sont que le développement des moyens de défense formulés en termes sommaires dans la requête en interprétation.

M. Mirès a réuni ces deux documents, considérés par lui comme le fondement même de sa défense, dans un seul imprimé; et tandis que l'instance en interprétation était pendante devant la Cour de Douai, il a remis cet imprimé à autant de personnes qu'il a pu : magistrats, avocats ou autres.

Il disait : « Il existe un arrêt de cassation rendu dans l'intérêt de la loi, dont on use et on abuse contre moi, à qui cet arrêt est légalement étranger. La Cour de Douai, qui seule m'a jugé et qui m'a acquitté ; la Cour de cassation elle-même, qui a jugé sans moi et n'a pu juger contre moi, seraient l'une et l'autre atteintes dans leur honneur ; leur conscience comme leur dignité souffriraient s'il était permis de dire que mon acquittement a été en quoi que ce soit infirmé ou amoindri par un arrêt rendu dans l'intérêt de la loi. Eh bien ! cependant, devant les tribunaux comme dans la société, on persiste à m'imputer des faits matériellement faux, dont j'ai été déclaré innocent. On me flétrit devant la justice et devant l'opinion. Eh bien ! je m'adresse à la justice et à l'opinion, à la magistrature et au public, à tous et à chacun, et je leur dis : Voici ma défense, lisez, jugez, et rendez-moi l'honneur. »

Ah ! Messieurs, tout le monde n'attache pas le même prix à l'estime publique ; l'exemple n'est pas commun dans notre siècle sceptique. Si l'on blâme Mirès, que dire de ces gens, et combien en est-il à qui le déshonneur est léger ! On eût bien fait de respecter ce besoin de réhabilitation, cette soif de bonne renommée, cette opiniâtre défense de l'honneur.

Convaincu qu'en agissant ainsi il usait de l'une des prérogatives inviolables de la défense, il n'a point cherché à dissimuler cette distribution ; il a eu soin au contraire de faire connaître qu'elle émanait de lui-même et de lui seul, et cela non pas en défi porté à l'autorité, comme on n'a pas craint de le dire, mais dans la conscience de l'exercice de son droit, de l'accomplissement d'un devoir envers lui-même et envers ceux à qui il doit compte de sa réputation.

C'est cependant ce fait que le ministère public a cru devoir poursuivre, et que la Cour de Douai a condamné comme constituant le délit de colportage. Elle a frappé d'un mois de prison cet homme, ce plaideur, pour s'être défendu. Il est vrai que, en même temps, à Paris, les distributions du même écrit n'étaient condamnées qu'à 25 fr. d'amende : « A tout seigneur tout honneur. »

M. Mirès vous défère, Messieurs, l'arrêt de condamnation comme ayant faussement appliqué la loi sur le colportage, et violé le privilége de la publicité de la défense, consacré spécialement par les lois du 24 août 1790 (tit. II, art. 14), du 20 avril 1810 (art. 7), et 17 mai 1819 (art. 23). Il soutient en droit que la loi qui soumet le colportage à l'autorisation préalable est inapplicable aux écrits relatifs à la défense des parties en instance devant les tribunaux, et il démontre en fait que l'écrit incriminé se rattachait directement à la demande en interprétation d'arrêt soumise à la Cour impériale de Douai, lorsqu'il fait lui-même la distribution de cet écrit.

Je discuterai la première de ces deux propositions, laissant au talent de mon confrère (1) le soin de justifier la seconde.

Je rappelle d'abord le système adopté par la Cour de Douai.

La disposition de l'art. 6 de la loi du 27 juillet 1849 est générale et absolue. Elle n'admet aucune exception, ni au sujet des distributions purement accidentelles, ni à l'égard des auteurs répandant eux-mêmes leurs écrits, ni même dans l'intérêt de la défense, sauf ce qui est nécessaire pour éclairer la religion des magistrats.

Telle est la triple base de l'arrêt qui a condamné Mirès.

Assurément, Messieurs, en attaquant cet arrêt il me serait facile d'élargir singulièrement le débat; je pourrais, avec plusieurs Cours impériales, prétendre que la loi de 1849

---

(1) M. De Lachère, chargé de soutenir que la lettre à M. Dupin était bien une défense, c'est-à-dire un véritable mémoire à l'appui de sa demande en interprétation.

n'est applicable qu'aux colporteurs de profession. Je pourrais surtout soutenir, sans trouver aucun obstacle dans la
jurisprudence, que l'auteur qui distribue lui-même ses
écrits n'est point soumis aux prohibitions de la loi ; c'est là
une conséquence forcée, selon moi, du principe fondamental de la liberté individuelle ; celui qui agit personnellement sans recourir à des intermédiaires échappe en toute
matière aux entraves de la réglementation ; je puis pour moimême et par moi-même porter mes lettres, vendre mes
livres, circuler dans ma voiture, négocier mes rentes et
mes actions ; si j'ai besoin d'autrui, mais en ce cas seulement, il faut m'adresser à l'agent autorisé. Telle est la règle
invariable, et Mirès pour se défendre aurait pu dire victorieusement : J'ai usé de mon droit en distribuant mes
propres écrits.

Mais il n'a voulu engager aucune de ces grandes controverses ; bien loin de chercher à étendre la portée du débat,
il s'est contenté d'invoquer le bénéfice spécial d'une immunité
essentielle à la défense.

La discussion restera sur ce terrain, je me bornerai à soutenir, d'après les principes mêmes de notre organisation
judiciaire, que toute partie en cause a le droit de distribuer
comme elle l'entend les écrits renfermant ses moyens de défense.

La garantie essentielle de la justice en France, c'est la
publicité. Le législateur a introduit la publicité, et dans le
jugement et dans la discussion qui précède le jugement ;
mais quelle que soit la partie de l'instance où elle se manifeste, elle a toujours le même but et le même effet, c'est
l'appeler sur les opérations de la justice le contrôle de
l'opinion publique ; si la justice en France émane du souverain, elle relève de l'opinion.

A Dieu ne plaise, Messieurs, que j'exagère le rôle de l'opinion quand il s'agit de la justice. On l'a dit cent fois, l'opinion est une reine capricieuse. Elle a ses écarts, ses emportements, ses tyrannies, et bien coupable serait le juge qui ne ferait qu'enregistrer ses arrêts. Mais pourtant dans notre société c'est elle qui dit le dernier mot en toutes choses, et ses données sont un élément dont notre loi exige que la justice tienne compte sans s'y asservir.

C'est là l'une des plus certaines conquêtes, l'un des plus vrais principes de 89, proclamé en haine de ces procédures secrètes qui livraient l'accusé à l'arbitraire, la partie à la prévention ou à la faveur.

Après avoir déclaré que la justice est rendue au nom du roi, la loi des 16-24 août 1790, ajoute (art. 24) : « En toute matière civile ou criminelle, les plaidoyers, rapports et jugements seront publics ; et tout citoyen aura le droit de défendre lui-même sa cause soit verbalement soit par écrit. »

Cette disposition a été modifiée en ce qui concerne la défense verbale, mais le grand principe de la publicité est resté tout entier.

Ce principe reçoit dans notre organisation judiciaire, trois applications capitales.

La publicité des audiences et des discussions. La nécessité pour le juge de motiver ses décisions. — Le prononcé public du jugement.

Pourquoi le public est-il admis à toutes les discussions judiciaires, sauf le cas tout exceptionnel où l'intérêt des mœurs s'y oppose ? C'est pour que la défense des parties soit connue des assistants, aussi bien que des magistrats, et que l'opinion publique se forme et s'éclaire en même temps que la conviction du juge.

Pourquoi toute décision doit-elle porter avec elle ses motifs ? Ce n'est assurément pas uniquement, ni même principalement, pour que les motifs des décisions diverses, rapprochées et comparées, forment ce corps de doctrine qui constitue la jurisprudence. La jurisprudence existait au temps où les droits n'étaient point motivés. C'est pour obliger le juge à une délibération plus approfondie par la nécessité d'en faire connaître le résultat et d'en livrer à tous l'application, c'est pour que l'opinion puisse exercer son contrôle par les raisons qui ont déterminé le juge.

Pourquoi tout jugement doit-il être prononcé devant le public expressément admis au moment solennel où la sentence est rendue, alors même que par exception les débats auraient été secrets? C'est pour que le juge ait toujours présent à la pensée le compte qu'il devra rendre à la société qui l'écoute, au moment même où il fixe le sort de quelques-uns de ses membres.

Le contrôle de l'opinion survit au prononcé du jugement puisque l'autorité de la chose jugée ne met pas obstacle à la respectueuse discussion et à la critique mesurée des motifs publiquement proclamés.

La loi attache à ce contrôle respectif une bien grande importance, puisqu'elle frappe de nullité le jugement qui cherche à se dérober en s'abstenant d'exprimer les motifs, et cependant il faut reconnaître que l'efficacité d'un tel contrôle est limitée; il est sans action aucune sur le procès terminé, que le respect assuré à la chose jugée soustrait à toute influence ultérieure; il n'agit guère que sur l'avenir en rappelant au juge que la société a les yeux sur lui, ou plutôt c'est la perspective de ce contrôle qui tient en éveil la conscience du magistrat.

Mais borné à cette phase suprême de l'instance, le contrôle de publicité est insuffisant. La décision est acquise, et quand même, par impossible, elle encourrait à juste titre le blâme de l'opinion, le mal dans le cas particulier serait sans remède.

Il en est tout autrement pendant le cours de l'instance encore pendante; c'est alors et surtout que le contrôle de la publicité s'exerce avec sa puissance et son utilité tout entières, non pas sans doute que le juge, impassible comme la loi, ait à subir de la part de l'opinion pas plus que du pouvoir, une pression passionnée, mais il ne peut ni ne doit se soustraire à une inévitable et légitime influence qui n'est autre chose qu'une communication incessante et salutaire avec le milieu social dont il fait partie.

Et pourquoi, Messieurs, pourquoi, le huis-clos sauf des cas infiniment rares est-il proscrit par nos lois? Est-ce que les magistrats, contre cette image divine, qui les rappelle à l'accomplissement le plus austère de leurs devoirs, et l'accusé assisté de son défenseur, en face de leur seule conscience, à l'abri de toute émotion du dehors, est-ce que les magistrats recueillis dans le silence et l'isolement ne sembleraient pas dans les meilleures condition d'une impartiale justice?

Le législateur ne l'a pas pensé. A toutes ces garanties morales il préfère celle de la publicité ; c'est à regret que parfois il autorise le débat sans témoins. Partout ailleurs,il maintient énergiquement cette grande loi de la publicité dont l'origine remonte aux jugements tumultueux des forums, dont la tradition a survécu à tous nos régimes, et que Treilhard, en l'appliquant au droit moderne, appelait un principe sacré. Ces idées éternellement vraies viennent de recevoir une consécration éclatante.

Usant avec un rare bonheur de sa plus haute prérogative, le souverain a ajouté la garantie de la publicité des débats à la garantie déjà existante des motifs exprimés et même du débat oral dans l'exercice de la principale juridiction administrative.

Pour que le sens de cette importante réforme ne soit pas méconnu, le Ministre de l'intérieur en a expliqué la réalisation aussi précieuse qu'inattendue par des raisons tirées des grands principes qui viennent d'être rappelés; il a placé la publicité des audiences au rang des garanties que les justiciables regrettaient de ne pas trouver auprès des Conseils de préfecture.

Il a déclaré que cette justice sans publicité n'était en rapport ni avec les principes qui président à notre organisation judiciaire, ni avec les idées et les exigences de notre temps, et il a ajouté ces paroles mémorables : « Il est impossible de méconnaître l'avantage des débats publics et contradictoires. La justice aime à s'appuyer sur l'opinion, et son autorité gagne à se trouver en contact direct avec les citoyens dont elle règle les intérêts et termine les différends. »

Vous le savez, Messieurs, cet appel à l'opinion a été entendu, la presse toute entière a répondu par ses acclamations, et jamais mesure gouvernementale n'a rencontré une approbation plus unanime. Le pouvoir a eu cette satisfaction rare d'être applaudi par tous les partis à la fois, il était d'accord avec l'opinion.

L'objet et la portée de la publicité, en matière judiciaire, ainsi fixés, la question du procès, va ce me semble se résoudre d'elle-même.

La publicité des débats, si ce n'est pas un vain mot, permet à chacun de faire entendre sa défense, non-seulement des magistrats, mais du public ; mais est-ce donc seulement de cette portion minime du public que peut renfermer l'étroite enceinte d'un prétoire? C'est au même titre, de cette partie considérable de la société à laquelle les cent voix de la presse transmettent l'écho des discussions orales. Si l'audience est publique, ce n'est pas pour que les paroles qui s'y prononcent tombent comme un vain bruit dans les oreilles indifférentes de quelques assistants de hasard, c'est pour que par cette porte ouverte la discussion puisse parvenir à la société elle-même intéressée et partie à tous les débats qui ont lieu dans son sein. Telle est la disposition formelle, tel est l'esprit de la loi de 1790, citée précédemment. Ces discussions se répandent avec le caractère et les immunités spécialement accordées aux débats judiciaires, car il suffit qu'elles aient été prononcées devant des juges pour qu'aux termes de la loi du 17 mai 1819, elles échappent à l'application des règles ordinaires sur la diffamation.

Mais ce n'est pas seulement par la parole que la défense peut se produire. Il est permis à la partie de formuler ou de développer ses moyens dans des écrits ; ou , par cela seul que ces écrits sont relatifs au procès, ils échappent à la nécessité partout ailleurs si rigoureuse, du timbre, et ils empruntent à la plaidoirie ses libertés. (Loi du 17 mai 1819.) Telle est la volonté de cette grande loi de 1819, qui vit dans tant de souvenirs et dans tant d'espérances ; cette loi dont quelques dispositions peuvent être aujourd'hui inappliquées, mais dont on peut dire comme de chacune de nos libertés : elle n'est pas morte, elle n'est qu'endormie ; *non autem mortua est, sed dormitat.*

Si les écrits comme les plaidoiries s'appliquent principalement aux juges qu'ils ont pour but essentiel d'éclairer, ils font partie les uns et les autres de cette discussion essentiellement publique, l'une des garanties des justiciables. Pour que la justice qui les apprécie puisse s'appuyer sur l'opinion comme le dit M. le Ministre de l'intérieur, il faut bien que cette opinion du public se forme avec celle du juge, il faut bien qu'elle s'éclaire en même temps et par les mêmes moyens. C'est là ce salutaire contact avec les citoyens que le Gouvernement appelle dans l'intérêt des juges comme des justiciables.

De là cette conséquence absolument irrésistible que tout moyen légitime de discussion, tout élément du débat doit pouvoir parvenir au public comme au juge. Le juge ne sera réputé complétement et suffisamment éclairé que quand la lumière qui brille pour lui se sera manifestée ou aura pu se

manifester aux yeux du public. Tel est le système de notre
organisation judiciaire, si bien compris et si bien exposé à
l'occasion du plus récent hommage rendu à ce grand principe de la publicité des débats.

On voit dès lors l'erreur où est tombée la Cour de Douai
quand, déclarant que le droit de la défense ne saurait aller
au delà de ce qui est nécessaire pour éclairer la religion du
magistrat, elle considère comme ne rentrant pas dans cette
nécessité la communication au public de ce qui est adressé
aux magistrats. Mirès avait fait une publication dans l'intérêt de sa défense ; il la présentait à ses juges, il avait par là
même le droit de la faire connaître au public, le prenant là
où il se trouve, s'adressant « à tous et à chacun » comme dit
l'arrêt en termes qu'il a cru rendre dédaigneux et qui ne sont
que vrais. Est-ce que tous et chacun ne constituent pas précisément ce public dont le législateur se préoccupe si fort
quand il lui ouvre le sanctuaire de la justice, quand il lui
livre la connaissance des débats, quand il oblige le juge de
lui faire connaître les motifs de ses décisions.

Voilà, Messieurs ce que l'arrêt attaqué n'a pas compris,
et par là même il a reconnu les conditions auxquelles le législateur permet d'éclairer la justice, les garanties dont le
justiciable a le droit d'user dans toute leur plénitude. Sans
doute, la distribution au public d'un mémoire judiciaire n'est
pas une nécessité absolue, mais c'est une faculté ; et cette
faculté, par cela même qu'elle tient à la défense, ne peut
être, sans excès de pouvoir, refusée à la partie qui la réclame.

C'est bien ainsi que l'administration elle-même l'a compris, et j'en trouve la preuve éclatante dans une décision
ministérielle qui proclame tout à la fois, pour les mémoires
judiciaires, l'exemption du timbre et la liberté de la distribution. « Les mémoires imprimés, dit la décision du
13 juin 1809, et *distribués au public,* sont exemptés du

timbre..... Mais les exemplaires qui sont destinés à être
produits en justice doivent être timbrés. » Ainsi la distribution au public est plus favorisée que la production au tribunal! (Championnière et Rigaud, *Dict. du timb.* n° 29.)
Messieurs, cette discussion trop peu connue, est d'un temps
qui ne fut guère favorable aux libertés superflues. Celles
que l'on concédaient alors étaient de bon aloi, on peut les
maintenir aujourd'hui sans péril.

Le pourvoi n'invoque pas seulement le texte et l'esprit
des lois de quatre époques bien diverses pourtant, et sur ce
point semblables : l'ancienne monarchie, la Révolution, l'Empire, la Restauration ; il se place, Messieurs, sous la protection de votre jurisprudence. La question même du procès
actuel a été soumise à la Chambre devant laquelle j'ai l'honneur de parler, à propos de la distribution au public de
divers écrits concernant le décret du 22 janvier 1852, sur
les biens de la famille d'Orléans. M. Bocher prétendant
par ces écrits défendre le droit de propriété contre les effets
de ce décret, soutenait que la loi sur le colportage était
inapplicable à des distributions nécessitées et légitimées par
les besoins de la défense. La Cour, statuant sur son pourvoi,
a rendu l'hommage le plus explicite au principe invoqué
devant elle. Si elle a rejeté le pourvoi, c'est uniquement
parce qu'il était constant, en fait, que la distribution effectuée par M. Bocher ne se rattachait pas à une instance
actuellement engagée devant les tribunaux. L'arrêt du 25
juin 1852, rendu au rapport de M. le conseiller Rocher, et
sur les conclusions de M. l'avocat général de Raynal, contient ce considérant remarquable : « Attendu que les articles 14, titre II, de la loi du 24 août 1790, et 23 de la loi
du 17 mai 1819, se rapportent exclusivement au cas d'une
instance ouverte et pendante devant les tribunaux ; attendu
que les immunités inviolables de la défense judiciaire reconnus et consacrés par ces articles, n'ont pu recevoir une

atteinte quelconque, dans l'espèce de l'application faite au demandeur, des peines édictées par l'art. 6 de la loi du 27 juillet 1849, les distributions déclarées à sa charge ayant eu lieu antérieurement à l'introduction au nom de ses mandants de toute action en justice. » Or, c'est postérieurement à l'introduction de l'instance devant la Cour de Douai, c'est avant le jugement intervenu et tandis que l'instance était pendante, que Mirès a distribué son écrit. Il est donc dans le cas prévu et réservé par vous ; il est couvert par votre arrêt du 25 juin 1852.

Au surplus, la pratique constante et journalière, cette interprétation de la loi par le bon sens, *legum optimus interpres usus*, la pratique a depuis longtemps résolu la question. Jamais, dans l'usage, la distribution des mémoires judiciaires ne se limite aux magistrats qui doivent connaître de la cause, et qui d'après la Cour de Douai, seraient les seules personnes dont il serait nécessaire d'éclairer la religion. Ces mémoires sont toujours distribués à un plus ou moins grand nombre de personnes, magistrats, avocats, hommes de lois ou autres, peu importe. Et en effet, en dehors des juges de la cause, tout le monde, au regard du procès, est le public !

Oh ! qu'on se garde bien de nous répondre que cette liberté de faits n'existe pas en droit, qu'elle n'est qu'une tolérance. Cette idée seule me semble un outrage à la justice. Qu'est-ce que la justice et quel est son symbole ? La balance égale tenue entre les citoyens ; qui dit tolérance, dit faculté accordée à l'un ; et refusée à l'autre, défense inégale. Est-ce la justice de mon pays ? Non, non, Messieurs. En pareille matière il n'y a place, ni pour l'incertitude ni pour l'arbitraire. Il y aurait scandale à ce qu'une partie se vît interdire demain dans sa défense ce qu'une autre partie aurait fait librement hier. Il ne faut pas méconnaître l'égalité plus que la liberté de la défense.

L'égalité ! On l'a dit bien souvent, elle nous est plus chère en France que la liberté même. Mais si c'est un bien précieux en politique, qu'est-ce donc lorsqu'il s'agit de ce que chacun a de plus cher au monde, son droit et son honneur? Pour les défendre, il faut à tous les mêmes armes. La justice n'est inviolable qu'à ce prix, et elle aurait perdu son prestige du jour où il serait dit que, suivant les personnes, elle peut avoir des préférences ou des rigueurs.

Ce danger, Messieurs, et il est grand, je ne vois qu'une manière de l'éviter, c'est que jamais aucun arbitraire déguisé sous le nom de tolérance ne puisse à volonté étendre ou restreindre les moyens de la défense.

Si donc, Messieurs, le droit de distribuer les écrits, n'existe pas, je le dis hautement, il faut abolir l'usage ; ou si l'on maintient l'usage il faut proclamer le droit. Et ce sera là la solution suprême.

Le fisc, qui, lui, n'a pas de tolérances, car elles seraient des prévarications, le fisc, si exact et si rigoureux, n'exige pas le timbre à l'égard des mémoires sur le procès adressés au public. Le fisc n'a pas poursuivi la brochure de Mirès pour défaut de timbre, et les juges l'ont condamnée pour défaut d'autorisation. Le fisc n'a pas entravé sa défense, le ministère public l'a arrêtée. Le fisc serait plus libéral que la magistrature?

Voilà un de ces rapprochements que l'opinion a le droit de faire ; voilà de ces contrastes dont elle a raison de s'émouvoir, Messieurs, et vous ferez comme elle, en censurant la décision qui vous est déférée.

La Cour de cassation rejeta le pourvoi de Mirès par un arrêt ainsi motivé :

« L'art. 6 de la loi du 27 juillet 1849, sur le colportage, interdit, par mesure générale de police, le colportage et la distribution des livres, écrits ou bro-

chures sans une autorisation spéciale de l'administration;

« Cette loi punit aussi bien le fait de distribution
accidentelle par l'auteur même de l'écrit, que celui de
la distribution par un colporteur de profession;

« L'arrêt de la Cour de Douai, déclarant que la brochure distribuée n'a pas trait direct à l'instance pendante devant la Cour saisie, contient une appréciation souveraine, exclusive, de l'immunité reconnue
par la loi du 17 mai 1819, art. 23, autorisant la distribution de mémoires dans l'intérêt de la défense des
prévenus.

« En effet, la lettre, adressée à M. le procureur général Dupin, n'avait pas rapport à l'instance elle-
même, mais seulement à un pourvoi dans l'intérêt de
la loi, sur lequel il avait été statué ultérieurement par
la Cour de cassation. »

Affaire ARMAND.

Cour de cassation (chambre criminelle). — Audiences des vendredi 6 et
samedi 7 mai 1864.

En 1863, une affaire, qui avait éveillé de grandes
passions et causé de regrettables violences, était portée
à la Cour d'assises d'Aix.

Un domestique avait été trouvé dans une cave, lié,
étranglé et presque sans vie ; son maître, Armand,
qu'il accusait de cet attentat, fut arrêté ; après une
longue instruction, le jury, appelé à donner sa décision, déclara que l'accusé n'était pas coupable.

Mais à côté de cette affirmation si positive, si claire
de l'innocence d'Armand, la Cour d'Aix le condamna
comme coupable d'avoir maladroitement donné des
coups à son domestique, à 20,000 fr. de dommages et
intérêts, au profit de ce dernier qui s'était porté partie
civile.

Devant ces deux décisions contradictoires du jury
et de la Cour, Armand se pourvut en cassation. La
question soumise à l'appréciation de la Cour suprême
pouvait se résumer ainsi. « La Cour a-t-elle pu sans
porter atteinte à la chose jugée, et sans contredire la
déclaration du jury, reprendre les faits de l'accusation

pour en faire la base d'une condamnation à des dommages et intérêts. Ambroise Rendu, chargé de soutenir le pourvoi, s'exprima dans les termes qui suivent:

Messieurs, un vieil auteur français, cité par Dulaure dans son *Histoire de Paris*, passe en revue les diverses conditions sociales et s'exprime en ces termes : « Si un bourgeois « est accusé d'avoir frappé un gueux, et si le bourgeois a « de la fortune, on dira : « Ah ! Ah ! c'est un mutin ; il est « trop à son aise, il faut qu'il pâtisse. » On ne s'informera « point si le gueux s'est lui-même blessé pour avoir de « l'argent, comme cela se fait ordinairement ; et le bour- « geois sera condamné à une forte amende envers le gueux, « qui le plus souvent ne la touche point, et aux frais, qui « sont considérables. »

Voilà, écrite plus de deux cents ans à l'avance, voilà dans un raccourci d'une exactitude singulière, toute l'affaire Armand, qui, pour le vieil auteur, n'eût pas été fort mystérieuse.

Deux fois déjà cette affaire vous a été soumise, et vous avez fait acte de profonde sagesse, lorsque, avertis par de graves symptômes, vous avez enlevé à la Cour d'assises de Montpellier, une cause qu'elle ne pouvait juger avec calme et avec liberté. Vos prévisions n'ont été que trop justifiées par le déchaînement des passions que vous entendiez gronder de loin, par ces scènes scandaleuses, heureusement circonscrites à une seule ville, quoi qu'en ait dit la calomnie, par ces violences sans nom, qui ne respectant pas même les auxiliaires de la justice, témoins, experts, défenseurs, ont soulevé l'indignation de tous les honnêtes gens, consterné quiconque a souci de l'honneur de notre généreux pays, et qu'il faut ici non pas seulement déplorer, mais flétrir !

Vous avez maintenant à achever votre œuvre. L'ordre matériel a pu être promptement rétabli à Montpellier ; mais un désordre moral s'est produit et subsiste, et il vous appartient de le faire cesser. L'opinion, je dis mieux, la conscience publique a été troublée par l'arrêt inattendu de la Cour d'Aix. Aux yeux de tout le monde, l'arrêt qui a condamné M. Armand à 20,000 fr. de dommages-intérêts est en contradiction flagrante avec le verdict du jury qui l'a déclaré innocent. Aux yeux de tout le monde il y a conflit entre le jury et la magistrature. Cette contradiction, ce conflit, manifestes dans la réalité des choses, existent-ils au point de vue légal ? Il faut le souhaiter, Messieurs, car s'il en est ainsi, à côté du mal sera le remède, et c'est vous qui l'apporterez.

La gravité de la question peut se mesurer à l'émotion extraordinaire qu'elle a excitée. Cette question de droit a passionné à l'égal des péripéties du drame qui l'a précédée. Toutes les feuilles publiques l'ont débattue, toutes les réunions, dans toutes les classes de la société, l'ont discutée et la discutent encore ; et partout elle a été résolue, d'instinct, de la même manière. Pourquoi cette préoccupation si générale et si persistante ? Est-ce donc l'intérêt qui, dans toute affaire d'éclat, s'attache soit à l'accusé, soit à la victime ? Mais ce sentiment est aussi passager qu'il est véhément parfois. La cause en est plus profonde et plus durable. Le pays s'est senti atteint dans l'une de ses attributions les plus chères ; il a vu le jury menacé dans son autorité morale, et il s'est porté tout entier à sa défense. Voilà, et il ne faut pas la chercher ailleurs, la cause de cette émotion universelle. Ah ! rendons hommage à ce grand mouvement d'opinion, Messieurs ; car un pays s'honore par le prix qu'il met à ses institutions et par l'ardeur qu'il montre à les défendre.

J'attaque l'arrêt de la Cour d'Aix par deux moyens. Je lui reproche d'abord d'avoir méconnu l'autorité souveraine de la décision du jury et violé la chose jugée en faveur d'Armand. Je lui reproche, en second lieu, d'avoir commis un excès de pouvoir et un empiètement sur la juridiction du jury en statuant sur un délit dont il appartenait au jury seul de connaître. Je démontrerai en outre que, à l'un et à l'autre point de vue, l'arrêt doit être cassé pour n'avoir pas légalement motivé sa décision.

Il est d'abord évident qu'il y a dans la décision de la Cour d'Aix, contradiction possible avec la décision du jury. Celle-ci est complexe, d'après la législation actuelle, toute différente à cet égard de la législation qui l'a précédée. Par une disposition dont plusieurs criminalistes ont regretté la sagesse, le Code de brumaire an IV prescrivait de poser aux jurés deux questions distinctes : l'une sur le fait matériel, l'autre sur l'intention coupable. D'après ce système, nulle équivoque n'était possible. Si le fait maériel était déclaré non existant, aucune condamnation aux dommages-intérêts ne pouvait être prononcée. Si le fait matériel était reconnu constant quoique l'intention coupable fut écartée, la condamnation civile ne pouvait faire difficulté. Aujourd'hui il en est tout autrement, et le jury résout par une seule et unique réponse la double question de l'existence du fait et de l'intention de l'accusé. Il peut donc avoir acquitté parce que dans sa conviction le fait matériel n'existe pas, et s'il en est ainsi, la Cour, en réalité, contredit le verdict en condamnant parce que, suivant elle, le fait matériel existe.

Je sais que d'après votre jurisprudence, cette contradiction possible ne suffit pas pour limiter les pouvoirs de la Cour d'assises, statuant sans assistance de jurés sur les dommages-intérêts. Et pourtant il ne faut pas se dissimuler qu'elle produit parfois en elle-même des résultats regrettables, de nature à jeter le trouble dans les esprits. Le bon sens public distingue, et distingue avec raison, deux cas très-différents : celui où malgré la complexité de la réponse du jury le fait matériel est demeuré certain, et celui où le fait matériel a réellement disparu. Autant dans le dernier cas il s'inquiète d'une condamnation aux dommages-intérêts, autant il s'en applaudit dans le premier, Vous en avez eu un exemple bien frappant à l'occasion du duel où a succombé le malheureux Dillon. Le fait matériel de l'homicide était constant, avoué. L'acquittement prononcé ne pouvait reposer que sur l'absence d'intention coupable. La condamnation aux dommages-intérêts, pour le tort causé par le fait matériel se justifiait d'elle-même.

Aussi ne s'est-il pas élevé dans le public une seule protestation contre l'arrêt de la Cour d'assises.

Rien de semblable ici évidemment, et la possibilité d'une contradiction est incontestable.

Mais la possibilité ne suffit pas, dit-on. Il faut encore la certitude.

La certitude, Messieurs, elle existe; elle a été affirmée de toutes parts. Il n'est pas une voix impartiale et honnête qui ne l'ait proclamée. Serions-nous donc réduits à dire qu'il y a eu erreur commune, erreur universelle? Ce serait à déplorer profondément.

Que les subtilités du droit s'exercent en matière civile, c'est leur domaine naturel ; elles peuvent sans inconvénient s'y donner carrière : il s'agit de pourvoir aux complications souvent inextricables des rapports et des intérêts privés.

Mais, en matière criminelle, il en est tout autrement. La législation criminelle est faite pour l'exemple. Il faut qu'elle donne des résultats simples, intelligibles, à la portée de tous. Un éminent criminaliste l'a dit : « Si les citoyens ont « l'obligation de connaître la loi, ils n'ont pas celle de « l'étudier comme des légistes ; ils ne sont pas tenus d'en « commenter les termes, d'en rechercher péniblement l'es- « prit pour découvrir la règle de leurs actions. Toute inter-

« prétation qui n'est pas claire aux yeux de tous doit être
« rejetée » (M. Faustin Hélie, t. I, p. 50). S'il n'en était
pas ainsi la législation criminelle aurait manqué son but.
Au lieu de l'exemple elle pourrait produire le scandale.

Or ici, j'espère, grâce à Dieu, mettre d'accord le droit
avec le sentiment universel. Je vais démontrer que la contradiction qui existe dans la pensée de tous, existe réellement et dans le droit et dans le fait.

J'en donnerai deux preuves également péremptoires,
qui se compléteront, se contrôleront, se corroboreront l'une
par l'autre.

Je tiens à poser très-nettement les termes de la question.

Nous avons deux décisions à comparer pour rechercher si
elles se concilient ou se contredisent. Or, dans chacune
d'elles, il y a au premier abord quelque chose de clair et de
certain, et quelque chose d'obscur et de douteux. Ainsi
il est évident pour tous que le jury a écarté l'intention au
point de vue des coups et blessures ; que la Cour a admis le
fait matériel, à savoir, l'existence de coups et blessures.
Dans ces termes extrêmes, et s'il n'y a pas autre chose, soit
dans le verdict du jury, soit dans l'arrêt de la Cour, les
deux décisions pourront se concilier. Mais elles seront in-
conciliables, contradictoires, dans deux hypothèses, soit que
le jury ait écarté le fait matériel que la Cour admet, soit
que l'arrêt admette l'intention que le verdict exclut.

J'aurai donc justifié le pourvoi à un double point de
vue, et d'une double manière, si j'établis la négation par le
jury de toute participation d'Armand au fait matériel admis
par la Cour ; ou l'admission par la Cour de l'intention que le
jury a écartée.

J'examine d'abord la portée de la décision du jury.

Elle résulte de documents que vous pouvez très-légitime-
ment consulter, car ils appartiennent au dossier qui vous
est soumis, à l'instruction écrite, dont les éléments sont

passibles de votre contrôle. Je sais bien que les débats oraux échappent à votre appréciation ; que, quel qu'ait pu être leur retentissement, ils ne sauraient vous fournir des raisons de décider : ils peuvent du moins rester dans vos souvenirs pour éclairer ce qui demeurerait obscur dans les pièces mêmes du procès.

Pouvez-vous déclarer que le jury a écarté le fait matériel, ou plus exactement la participation d'Armand au fait matériel ? Dans la réalité des choses, il n'y a aucun doute à cet égard. Chacun sait l'alternative nécessaire, fatale, de ce procès. De deux choses l'une : ou comme l'affirmait Maurice Roux, Armand l'avait, dans sa cave, frappé, lié et presque étranglé, ou, comme l'affirmait Armand, celui-ci était absolument étranger à la scène de la cave et n'était pour rien dans le fait matériel. C'est ce que le président rappelait énergiquement aux jurés par ces paroles qui sont dans toutes les mémoires : « Vous avez à faire un choix entre « ces deux hommes. Si vous croyez ce que vous a dit Mau- « rice Roux, vous condamnerez Armand. Si vous acquittez « Armand, c'est que, pour vous, Maurice Roux est un infâme « imposteur. »

Or, ce que la France tout entière sait, je pourrais dire l'Europe, car j'ai là les journaux étrangers qui discutent cette affaire, vous seuls, devrez-vous nécessairement l'ignorer ?

Ah ! Messieurs, les fictions de droit, si utiles, si indispensables, sont respectables, à une condition : c'est de ne pas heurter trop ouvertement la réalité des choses. Elles cesseraient d'être utiles, elles deviendraient funestes, si elles donnaient un démenti flagrant à la vérité. Elles doivent subjuguer les esprits, les dominer, non pas les violenter, les torturer en quelque sorte. On a dit avec une grande sagesse ; il ne faut pas faire de la politique à outrance. Et moi, je dis, à mon tour : il ne faut pas faire du

droit à outrance. Quand la vérité du fait est là, claire, vi-
sible, palpable, il ne faut pas lui donner un démenti par
une fiction de droit si la loi n'y oblige pas. Et qui donc
pourrait dire qu'ici la loi y oblige en présence des documents qui vous sont régulièrement soumis et dont l'appréciation vous appartient ?

L'instruction écrite vous est connue dans cette affaire
d'une manière toute spéciale. Vous vous l'êtes fait représenter antérieurement, et c'est par l'examen de cette instruction que s'est formée en vous la conviction qu'il y avait
des motifs de suspicion légitime contre la Cour d'assises de
Montpellier. Quand je vous en parle, je ne fais donc que réveiller des souvenirs bien récents et des impressions toutes
vivantes encore.

Nous y trouvons d'abord l'acte d'accusation et l'arrêt de
renvoi.

L'acte d'accusation et l'arrêt de renvoi sont la base de la
décision du jury, car, d'après l'art. 337 du Code d'instruction criminelle, ce sont les questions résultant de l'acte d'accusation qui doivent être posées au jury et le débat oral
s'ouvre par la lecture de ce document.

D'après l'acte d'accusation et l'arrêt de renvoi, Maurice
Roux était à genoux dans la cave lorsque son maître lui
asséna sur le derrière de la tête un coup violent qui le fit
tomber la face contre terre. La commotion provoquée par cette
agression paralysa les forces de Maurice Roux qui fut garotté
par Armand de telle sorte que lorsqu'il fut découvert plus
tard presque sans vie, son cou était fortement serré à l'aide
d'une corde, ses bras étaient attachés derrière le dos et ses
jambes étaient réunies l'une à l'autre à l'aide d'un mouchoir.

Tel est le fait imputé à Armand et qui a été soumis aux
débats. Ce fait tel qu'il est énoncé est évidemment un fait
complexe et indivisible, dans lequel il est impossible de séparer la matérialité de l'intention. Il renferme une série de

violences qu'on ne peut pas concevoir sans une action énergique et persistante de la volonté de son auteur. Frapper un
homme et le garotter de manière à assurer les funestes effets
du coup porté, c'est là un fait qui ne peut absolument se
produire sans intention ; de telle sorte que de deux choses
l'une : ou le fait matériel existe de la part de l'accusé et existe
avec l'intention coupable qui en est inséparable, ou l'intention n'existant pas, il n'existe pas lui-même et ne peut
exister de la part de l'accusé. Aussi n'est-il jamais venu à la
pensée de personne qu'Armand eût pu frapper et lier Maurice Roux sans le vouloir. Aussi le débat a-t-il porté tout entier sur cette alternative : ou Maurice Roux a dit vrai, et
Armand a commis sur lui les plus odieuses violences ; ou
Maurice Roux a menti et Armand n'est pour rien dans la
scène de la cave. N'est-ce pas l'irrésistible évidence de ce
dilemme qui inspirait au président de la Cour d'assises, les
paroles que j'ai rappelées ?

Qu'a donc fait le jury quand en présence d'une accusation
ainsi formulée, il a répondu négativement à cette première
question : Armand est-il coupable d'avoir commis une tentative d'homicide volontaire manifestée par un commencement
d'exécution ? En répondant : *Non, l'accusé n'est pas coupable,*
il a nécessairement décidé qu'Armand a dit vrai et que Roux
a menti ; c'est-à-dire qu'Armand n'a pas fait de blessures à
Roux et qu'il n'a pas participé au fait matériel impossible à
concevoir distinctement du fait intentionnel.

Il faut tirer la même conséquence de la réponse faite à la
question subsidiaire posée aux jurés. On leur a demandé
subsidiairement, non pas si Armand avait porté un coup à
son domestique à une époque quelconque, mais si, le 7 juillet 1863, il avait volontairement porté des coups et blessures
à Maurice Roux. C'était bien là interroger le jury sur la scène
même relatée dans l'acte d'accusation, en substituant à l'intention de donner la mort celle de faire des blessures ; mais

c'était toujours l'interroger sur la scène de violences mul-
tiples qui étaient le fait matériel imputé à Armand, c'est-
à-dire toujours sur le fait complexe qui n'avait pu se produire que volontairement par sa nature même. Dès lors la
réponse négative sur la seconde question comme sur la première écartait la participation d'Armand au fait matériel
aussi bien que l'intention elle-même. Dira-t-on que les débats qui, à la différence de l'acte d'accusation, échappent à
la connaissance de la Cour suprême ont pu modifier le fait
primitivement imputé et en changer les circonstances matérielles? Mais j'ai la preuve authentique qu'il n'en a pas été
ainsi. Cette preuve, Messieurs, elle résulte de ce que la Cour
a fait connaître ce qui lui a paru ressortir des débats. Elle
en a fait l'objet d'une question unique qui est la seule chose
nouvelle que les débats aient fait apparaître, et comme je
viens de le faire remarquer, cette question présente encore
dans son ensemble, sauf une modification dans l'intention, le
fait matériel, tel qu'il a été l'objet de l'accusation. L'intention de faire des blessures remplace celle de donner la mort.
Mais rien n'est changé quant au fait matériel.

C'est ici, Messieurs, il est pénible, mais il est nécessaire de
le constater, c'est ici que l'arrêt vient se heurter à l'évidence
par sa rédaction même quand il admet non pas comme établi
d'une manière quelconque, mais comme *résultant des débats*
(ce sont les termes de l'arrêt), ce même fait, que d'après la
question spéciale qui lui était posée, le jury a déclaré souverainement ne pas résulter des débats. Et ce n'est pas le jury
seul qui l'a décidé ainsi, c'est la Cour elle-même. N'est-ce pas
en effet au moment même où la Cour posait au jury la question et la seule question qui, suivant elle, ressortait des débats que la clôture des débats est prononcée, rien de nouveau
n'a pu en sortir, tout était consommé. Comment donc la Cour
pourra-t-elle déclarer plus tard qu'il ressort des débats....
quoi? un fait nouveau, un fait qu'elle a implicitement re-

connu n'en point ressortir par cela même qu'elle ne l'a pas soumis au jury.

Quelle est la conclusion certaine de toute cette discussion? C'est que le jury a écarté effectivement la participation d'Armand au fait matériel, c'est qu'il a décidé qu'Armand n'a pas, lors de la scène du 7 juillet, porté de coups à Maurice Roux. Dès lors il est clair que la chose jugée par le jury faisait obstacle à ce que la Cour d'assises reprît ce même fait matériel de coups portés par Armand à Maurice Roux pour justifier une condamnation en des dommages-intérêts.

C'est cependant ce qu'elle a fait en affirmant qu'Armand avait porté un coup à Maurice Roux en cette même journée du 7 juillet.

Elle a donc ainsi méconnu l'autorité de la décision du jury et commis l'excès de pouvoir qui doit faire tomber son arrêt sous votre juste censure.

Voilà, Messieurs, ce qu'il faut proclamer bien haut, au nom des principes du droit, au nom de l'intérêt social.

Lorsque devant le jury, le débat a porté tout entier, non sur des appréciations d'intention, mais sur le fait matériel lui-même, et *sur la participation du l'accusé à ce fait;* lorsque, la solution du procès est dans l'affirmation de celui qui accuse, ou dans la dénégation de celui qui se défend ; quand le débat est ainsi posé, ainsi restreint, quand il est évident pour tous que le mot suprême de la justice est dans la participation ou la non-participation de l'accusé au fait incriminé, que doivent faire les juges civils en présence de la déclaration négative du jury, pour ne pas se mettre en contradiction avec elle? Accepter sincèrement cette déclaration, s'incliner devant cette négation, car s'ils viennent à dire *oui* quand le jury aura dit *non,* ils obscurcissent la notion du vrai et font douter de la justice.

Je crois, Messieurs, avoir justifié ma première proposition en prouvant que le jury avait écarté la participation d'Armand au fait matériel affirmée pourtant par la Cour d'assises et que celle-ci a par conséquent violé la chose jugée à un premier point de vue.

J'ajoute que l'arrêt a commis la même violation sous un autre rapport. Je soutiens que, malgré toutes ses précautions de langage, il a réellement admis le fait intentionnel, la volonté de porter des coups et blessures, que le jury a expressément écartée en répondant négativement à la question subsidiaire qui lui était posée. Je montrerai que dans cet ordre d'idées l'arrêt de la Cour d'Aix a encouru votre censure, soit en affirmant ce que le jury a nié au point de vue de l'intention, soit tout au moins parce qu'il a motivé sa décision en termes équivoques qui ne satisfont pas au vœu de la loi.

Ici, Messieurs, vous le voyez, ce que j'ai à interpréter ce n'est plus la décision du jury, c'est celle de la Cour d'assises, je dois en faire une analyse très-exacte, très-attentive. Dieu me garde de tomber dans la subtilité, et de rabaisser ce grand débat par de mesquines querelles de mots. Pour éviter cet écueil, je prends un guide sûr, le meilleur de tous, le sens commun. Dès que l'arrêt d'Aix a été connu, comment l'a entendu le sens commun ? Chacun s'est dit : dans la pensée de la Cour, Armand a voulu donner une correction à son domestique et l'a donnée trop forte. Recherchons donc si c'est bien là ce que signifie l'arrêt, et quelle est la portée légale de cette signification.

On se rappelle que le jury a été interrogé sur cette question très-précise et très-formelle :

« Si André Armand n'est pas coupable du fait mentionné « dans la première question (tentative d'homicide), est-il « coupable d'avoir, le 7 juillet 1863, volontairement porté « des coups et blessures à Maurice Roux ? »

La réponse du jury a été sur cette question comme sur la première : « Non, l'accusé n'est point coupable ; » c'est-à-dire l'accusé n'a porté volontairement aucun coup à Maurice Roux. Que dit l'arrêt de la Cour d'Aix : « Dans la journée « du 7 juillet, Armand *a maladroitement porté un coup* à Mau- « rice Roux. » Or, je soutiens que les mots *porter un coup maladroitement*, signifient frapper avec l'intention, avec le dessein de frapper, mais avec maladresse dans l'exécution de ce dessein.

Avant de le démontrer, je constate d'abord un premier point : c'est qu'il vous appartient, Messieurs, d'interpréter les arrêts qui vous sont soumis et d'en déterminer le sens et la portée pour apprécier s'ils sont ou non conformes à la loi. Cela est vrai en toute circonstance, mais cela est surtout d'une évidente nécessité quand il s'agit, pour la Cour suprême, comme dans la cause actuelle, de vérifier si deux décisions sur le même fait sont conciliables ou contradictoires. Cette interprétation est le préliminaire indispensable de l'examen de toute question de chose jugée. Les exemples de l'exercice de ce droit sont innombrables dans la jurisprudence de la Cour de cassation. Or pour cette interprétation, elle est évidemment souveraine. Elle n'a d'autre guide et d'autre règle que sa conscience et ses lumières. S'il peut y avoir quelque difficulté sur ce point à l'égard du verdict qui n'est pas motivé, il n'y en a aucune quand il s'agit d'un arrêt appuyé sur des motifs qui ont précisément pour but et de faire connaître la pensée de l'arrêt et de vous donner les moyens de déterminer quelle est véritablement cette pensée. Vous êtes juges, Messieurs, et seuls juges de ce qui peut vous éclairer dans cette recherche. Pour apprécier ce qu'un arrêt a voulu dire par une expression obscure et ambiguë, il n'est ni texte ni principe de droit qui s'oppose à ce que la Cour de Cassation tienne compte des circonstances où l'arrêt est intervenu.

C'est ici, que l'instruction tout entière vous appartient et que rien n'écbappe dans l'affaire elle-même à vos investigations. C'est ici qu'il sera permis de faire appel à tout ce qui peut lever les doutes et dissiper l'obscurité, et il n'est rien au monde qui puisse vous interdire de donner à l'expression qui vous est soumise la signification et la portée que le bon sens suggère.

Ce point bien entendu, je reviens à l'arrêt de la Cour d'Aix et je dis et j'affirme ceci : les mots dont l'arrêt s'est servi, *porter un coup maladroitement*, qu'on les prenne soit isolément, soit dans leur ensemble, impliquent un fait intentionnel, c'est-à-dire le délit ou le crime, suivant les cas, de coups et blessures volontaires.

Que veut dire d'abord *porter un coup?*

Dans le langage usuel, cette expression signifie un acte spontané, volontaire au premier chef. Porter, diriger un coup (ce qui est tout un), c'est un effet des organes mus par la volonté. Le mot porter à le sens actif au premier chef; il faut ignorer la valeur des termes pour s'y méprendre.

Mais ce n'est pas là seulement le sens usuel, c'est le sens légal du mot. Cette expression porter des coups, je la trouve et je la trouve uniquement dans la section du Code pénal intitulée : *Blessures et coups volontaires.* L'art. 309 qui concerne exclusivement les faits intentionnels, offre deux fois cette expression, et je vois même au dernier alinéa les mots *coups portés* employés comme équivalant à ceux *blessures faites volontairement.* C'est si bien là le sens propre de ces mots *porter des coups*, que l'ancien art. 309 tel qu'il existait dans le Code pénal de 1810 les employait sans autre explication et n'avait pas même cru nécessaire d'y joindre le mot volontairement.

L'arrêt ajoute *maladroitement.* Or, ce terme, bien loin d'atténuer le sens naturel et légal de l'expression *porter des coups*, le fait ressortir d'une manière plus certaine encore.

La signification du mot, je la donne avec l'usage comme avec le dictionnaire de l'Académie : « *Maladroitement,* d'une manière maladroite. » Or la chose, l'opération qu'on fait d'une manière maladroite, a-t-on eu la volonté de la faire? Oui, sans doute; car on a eu la volonté de la faire autrement, de la faire plus habilement, plus heureusement, mais enfin de la faire. Cela n'est pas un instant douteux dans le langage usuel. Un chasseur tire *maladroitement.* Est-ce à dire qu'il ne veut pas tirer, qu'il n'a pas l'intention de tirer? évidemment non; mais que, voulant tirer, il ne tire pas aussi habilement qu'il le voudrait. Ce même chasseur frappe, corrige son chien *maladroitement.* Que veut-on dire par là? est-ce qu'il l'a frappé involontairement? non, assurément; mais que, voulant le frapper seulement pour le punir, il s'y est pris si mal, qu'il lui a, par exemple, cassé un membre.

Faire maladroitement veut donc dire faire avec intention mais avec inhabileté, avec maladresse.

Bien différent est le sens de l'expression analogue, mais nullement identique, que la loi a employée dans les art. 319 et 320 où elle ne dit pas *maladroitement* ou AVEC *maladresse,* mais PAR *maladresse.*

Je reprends les exemples que je citais plus haut. Un chasseur tire *par maladresse.* Cela veut dire que ne voulant pas tirer, mais désarmer son fusil, il l'a fait partir, ou que tenant gauchement son arme, il a accroché la détente dans un buisson et a fait partir le coup contre son intention.

Et il ne faudrait pas dire que les deux expressions peuvent se prendre indifféremment l'une pour l'autre. La langue résiste aussi bien que le bon sens à cette confusion. Un horloger fait une montre qui marche mal; on dira qu'il l'a faite maladroitement, avec inhabileté, *avec* maladresse. Personne, parlant français, ne dira qu'il a fait cette montre *par* maladresse.

Au surplus et si la Cour veut bien poursuivre encore un instant avec moi cette analyse à la fois grammaticale et juridique, elle va voir la différence saisissante des deux termes dans un même fait, dont les circonstances présentent successivement, mais très-distinctement, deux caractères et donnent lieu à l'emploi très-distinct des deux expres-sions.

Un cocher inhabile conduit un attelage. Les chevaux vont de ci, de là, et s'emportent. On dit que le cocher conduit maladroitement, AVEC *maladresse*, c'est-à-dire qu'il conduit volontairement, voulant conduire, mais que l'acte qu'il fait de sa propre volonté est accompagné de maladresse.

Mais l'attelage en s'emportant renverse un passant et le blesse. Voilà un individu que le cocher a blessé PAR *maladresse*, ne voulant pas le blesser. Ce n'est pas la volonté qui a produit le fait, c'est la maladresse. Ainsi dans le fait de conduire, volonté accompagnée de maladresse, dans le fait de blesser, maladresse sans volonté. Et dans le premier cas, on dira *maladroitement*, dans le second cas, *par maladresse*.

Or dans cet exemple, je trouve deux faits à chacun desquels je puis appliquer l'une de ces qualifications très-différentes. Mais dans l'affaire qui nous occupe et dans les termes de l'arrêt de la Cour d'Aix, il n'y a qu'un fait unique, ne comportant pas à la fois les deux qualifications dont l'une exclut l'autre. Il nous faut donc nécessairement choisir entre les deux, et le choix, Messieurs, il n'est pas plus douteux pour vous que pour moi.

Je me résume sur ce point capital :

Le coup porté *par maladresse* est le coup donné sans intention en l'absence de toute volonté de frapper. C'est le cas de l'article 320 du Code pénal, relatif aux coups involontaires.

Le coup porté maladroitement est celui porté avec la voonté de frapper, sauf à frapper mieux ou autrement. C'est e cas de l'article 309 concernant les coups et blessures olontaires.

Dans la dernière hypothèse, la maladresse a *accompagné* 'acte d'ailleurs déterminé par la volonté qui en est la cause.)ans la première, la maladresse a *déterminé* l'acte et a remlacé la volonté. Dans un cas, c'est une circonstance accesoire, dans l'autre, c'est une cause efficiente.

Voilà le sens vrai, le sens tout à la fois usuel et grammaical, logique et juridique des mots employés par l'arrêt qui ous est soumis.

Votre jurisprudence a consacré la justesse de cette obseration faite déjà par le savant auteur de la *Théorie du Code* énal.

« Il ne faut pas confondre avec la faute qui exclut l'intenion, celle qui ne serait qu'une exécution maladroite d'une atention criminelle. Un individu veut porter un coup à une ersonne et en atteint involontairement une autre. Est-ce là ne blessure, est-ce là un homicide involontaire ? Nullement, ar l'erreur dans le choix de la victime suppose la volonté e faire une victime, la volonté de blesser ou de tuer » (T. IV; . 103).

Vous avez décidé dans ce sens, par arrêt du 7 avril 1853, [ue l'article 209 du Code pénal (qui punit l'homicide volonaire) est applicable à l'individu qui, en voulant frapper une ersonne, en atteint une autre, qui succombe de la blessure [u'elle a reçue. Voilà une circonstance où le coup a été orté maladroitement, mais non par maladresse ; car il y a lans ce cas, dites-vous, *volonté* de porter un coup quoique e coup ait été porté autrement que ne l'avait entendu son uteur.

Les chambres de mises en accusation font application de

cette jurisprudence à un cas qui se présente fréquemment : Un individu se prend de querelle avec un autre, un de ses amis peut-être ; il frappe voulant atteindre légèrement et non blesser sérieusement. Mais dans sa colère il a mal calculé son coup, il offense un organe essentiel ; au lieu d'atteindre la joue, il atteint l'œil et le crève. Est-ce une blessure par imprudence ou par maladresse prévue par l'article 320 du Code pénal ? Non ; c'est une blessure volontaire punie par l'article 309, car on a frappé ayant l'intention de frapper. On a fait un mal plus grand voulant faire un léger mal ; mais peu importe. Il suffit qu'on ait voulu le principe pour qu'on subisse la conséquence. La personne humaine est à ce point sacrée, elle est protégée par la loi de telle manière que quiconque lui porte un coup volontairement, se rend passible de toutes les suites, eussent-elles dépassé l'intention originaire, si elles résultent d'une volonté première de frapper.

Voilà la loi dans ses termes et dans son esprit ; et c'est pourquoi tout individu qui porte un coup maladroitement commet, en cas d'incapacité de travail de plus de vingt jours, le crime de l'article 309, à la différence de celui qui a frappé par maladresse quelle qu'ait pu être la gravité de la blessure.

Voyez, Messieurs, comme la cause présente un exemple saisissant de la distinction si vraie que je propose.

Placez-vous dans l'hypothèse de coups et blessures portés volontairement par Armand. Comme cette expression *maladroitement* sera bien appliquée !

Armand veut corriger son domestique : il s'y prend si maladroitement qu'il l'assomme au lieu de frapper seulement. Épouvanté du résultat de sa maladresse, il veut s'assurer le silence de la victime en lui donnant la mort par strangulation ; mais il s'y prend si maladroitement encore que, voulant l'étrangler, il ne noue pas la corde et la laisse flottante

et sans effet. Pour assurer le succès de sa nouvelle action,
il veut paralyser davantage les efforts du malheureux dans
le cas où il reviendrait à lui en le garottant aux bras et aux
jambes ; mais il a encore cette fois l'insigne maladresse de
se servir du mouchoir qui porte ses initiales et de signer
ainsi son forfait. Peut-on concevoir un crime plus *maladroitement* accompli !

Oh ! voilà le mot bien employé ! Mais que veut-il dire
sinon l'exécution volontaire mais mal habile du dessein
criminel ?

Si, au contraire, l'on prétend que le mot n'implique pas
l'intention, voyez à quoi il faudra se résoudre ? On sera réduit à dire qu'Armand a, par inadvertance suivi Maurice
Roux à la cave, qu'il l'y a terrassé par imprudence, qu'il l'y
a étranglé par méprise, qu'il l'y a garotté par mégarde,
qu'il a accompli l'opération la plus suivie, la plus com-
pliquée, la plus persistante par inattention ; car tous ces
mots sont équivalents du mot par *maladresse*. Est-ce possible ?

Je sais qu'il y a une troisième hypothèse. Mais elle est
encore plus inadmissible, car elle est non pas absurde, mais
immorale.

On peut supposer que Maurice Roux frappé par son
maître aurait dans son ressentiment, conçu le dessein tout
à la fois de se venger et d'exploiter la situation par une machination atroce. Dans cette hypothèse il se serait garotté
lui-même, et étranglé à demi afin de faire croire à une
tentative d'assassinat de la part de son maître, et d'obtenir
contre celui-ci une condamnation terrible et une forte indem-
nité pécuniaire.

Mais, Messieurs, si dans la pensée de la Cour, telle avait
été la vérité, est-ce qu'elle n'aurait pas repoussé la demande
de Roux de toute son indignation et de tout son mépris ?
Est-ce qu'elle aurait récompensé par 20,000 francs de dom-

mages-intérêts cette abominable vengeance d'un misérable, qui pour assouvir sa haine et sa cupidité, aurait poussé un innocent à l'échafaud ? Cette prime donnée à une infâme calomnie, à une comédie sacrilége, mais ce serait un scandale sans exemple. J'outragerais la majesté de la justice si je prêtais à une Cour française une semblable pensée, et je ne veux plus qu'il soit même question d'une interprétation de l'arrêt qui fait horreur.

Je reviens donc aux deux seules explications qui soient acceptables, mais entre lesquelles le bon sens ne permet pas d'hésiter, et je conclus : Armand, d'après l'arrêt, a frappé Roux maladroitement, cela veut dire : Il a voulu frapper Roux pour lui administrer une correction ; mais il a mal dirigé son coup : au lieu, par exemple, d'atteindre les épaules où le coup eût été inoffensif, il a atteint la nuque où il a produit une commotion. Mais à tout prendre il a frappé intentionnellement.

Voilà le sens naturel, usuel, exact du mot, tel que l'arrêt l'emploie et tel qu'il faut l'admettre.

En effet, tout le monde comprend l'idée que présentent les mots Armand a frappé Maurice Roux *maladroitement, avec maladresse*, si on entend par là qu'il a voulu le frapper, et qu'il s'y est mal pris.

Mais si l'on veut entendre que, dans la pensée de la Cour, Armand aurait frappé Maurice Roux *par maladresse*, sans le vouloir, mais, Messieurs, ce n'est pas l'invraisemblable le déraisonnable, c'est l'absurde, c'est le ridicule à son comble.

Armand dans cette hypothèse est descendu avec Maurice Roux à la cave, il l'a atteint d'un coup de buche en l'aidant apparemment à charger un crochet, puis il l'a lié au cou avec une corde, il lui a attaché les bras derrière le dos, les jambes avec un mouchoir, sans en avoir conscience, le prenant sans doute pour un fagot à cause de l'obscurité, tout cela sans le savoir, sans le vouloir..... sans se douter qu'il terrassait un homme , qu'il le garottait , qu'il l'étranglait.....

Messieurs, c'est monstrueux, et je recule devant l'énormité de mon hypothèse. Justifier ainsi l'arrêt, c'est le stygmatiser, c'est le vouer à la dérision. Est-ce que la Cour d'Aix accepterait cette défense, est-ce qu'elle voudrait en subir l'humiliation ? Est-ce qu'elle n'aimerait pas mieux laisser douter de son sens juridique que de son bon sens.

Ainsi taxer l'arrêt d'une énormité, ou le taxer d'une illégalité : voilà l'alternative. Quelle est celle qu'il faut choisir ? Ai-je besoin de dire que c'est la dernière ?

Et en effet, Messieurs, est-ce que vous iriez pour justifier un arrêt que tout le monde déplore, et j'emploie l'expression des plus modérés, est-ce que vous iriez forcer le sens naturel des mots et faire violence à la raison elle-même ? Et dans quel but, grand Dieu ! dans quel intérêt ?

Ah ! je comprends de grands efforts d'esprit, des subtilités même pour défendre, pour sauver devant vous l'une de ces décisions qui, peu conformes en apparence à la rigueur du droit, donnent cependant satisfaction à quelque grande règle d'équité, à quelque grand intérêt public.

Mais ici, il n'y a en France, qu'un vœu, qu'un besoin, qu'un cri : c'est qu'il disparaisse, cet arrêt qui nous pèse à tous et dont les suites ont si cruellement révélé la portée !

Ah ! ce n'est pas impunément que les principes conservateurs des sociétés sont violés en haut. A l'instant même le contre-coup retentit ailleurs, et une logique inflexible fait éclater les conséquences. Le lendemain du jour où la magistrature paraissait méconnaître l'autorité du jury, les passions déchaînées ajoutaient à cette protestation juridique leur protestation sauvage. Cette coïncidence a frappé tous les esprits ; elle a inspiré de sévères réflexions. Est-ce en effet sans raison que tant de gens ont fait remonter à l'arrêt que j'attaque la responsabilité des troubles de Montpellier.

16

Comment demander à des masses aveugles et furieuses le respect de la chose jugée, quand elles la voient méconnue par ceux-là mêmes qui en ont le dépôt et la garde ? Comment rappeler à l'ordre les passions déchaînées quand on leur laisse croire tout au moins qu'elles peuvent invoquer à leur gré ou la justice du verdict ou la justice de l'arrêt. L'émeute dans la rue, je ne crains pas de le dire, c'est quelque chose de moins grave que le renversement des principes : l'une est la blessure extérieure qui se cicatrise vite, l'autre est le mal interne et profond qui désorganise et qui détruit. Aussi bien, personne ne parle plus des désordres de Montpellier et tout le monde s'entretient encore de l'arrêt d'Aix et chacun s'en inquiète aussi vivement qu'au premier jour.

Ah ! Messieurs, on l'a dit depuis longtemps, ce qui manque surtout à notre société c'est le respect ! Le respect pour l'autorité et ceux qui la personnifient, le respect pour les principes et les institutions qui les consacrent. Au temps où nous vivons je ne sais quel mauvais génie nous enlève toutes nos croyances comme si ce n'était pas arracher une à une toutes les fibres de nos cœurs. Il est une croyance qui survit à tant d'autres et qui vous est confiée ; c'est la foi dans la justice, dans sa sainteté, dans son inviolabilité. Cette foi qui est le salut des sociétés, comment le peuple la conservera-t-il si les pouvoirs publics ne craignent pas de l'ébranler ?

Le respect de la justice , voilà le grand intérêt du procès. Vous ne le laisserez pas périr.

Qu'on ne dise pas que ce sentiment couvre l'arrêt de la Cour d'Aix aussi bien que le verdict du jury ; que l'un et l'autre ont un égal droit au respect de tous et à votre protection. Il y aurait là une dangereuse méprise.

A Dieu ne plaise ! Messieurs qu'en défendant la prérogative du jury, je dépasse la mesure et que j'oublie qu'il est un autre intérêt non moins grave, celui de la prérogative des magistrats; à cet égard, je ne veux rien laisser à l'adversaire et je le dis bien haut : la magistrature est la justice incarnée, ses décisions, à l'égal de celles du jury, car il n'y a pas ici de plus ou de moins, sont inviolables et sacrées. Mais à quelle condition ? à une condition élémentaire, connue, comprise de tout le monde : c'est que ces décisions soient définitives. Tant qu'il y a un recours à juridiction plus haute, tout jugement est discutable, est attaquable, celui de première instance s'il peut être frappé d'appel, celui d'appel s'il peut être frappé de pourvoi en cassation.

Or, tout arrêt rendu par une Cour impériale peut vous être déféré; il peut être brisé par vous, devenir chose nulle et non avenue. Le verdict d'acquittement, au contraire, est toujours absolument définitif. Nulle autorité humaine ne saurait l'infirmer. Voilà pourquoi s'il y a conflit entre le verdict et l'arrêt, c'est le verdict qui doit l'emporter. Et voilà pourquoi aussi la prérogative de la magistrature, l'autorité de la Cour d'assises ne sont pas même en jeu ici. D'une part il y a une décision irrévocable, inviolable; d'autre part une décision qui tout à l'heure, je l'espère, ne sera plus qu'un souvenir. On se tromperait donc étrangement si on cherchait à impressionner vos esprits en opposant au respect dû à la prérogative du jury, le respect dû à celle de la Cour d'assises.

Or, je le sais bien, il y a dans les questions de ce genre deux périls contraires à éviter, deux écueils opposés, Charybde et Scylla ! Il ne faut pas en défendant le droit du jury, atteindre le droit de la Cour, ni en réservant le droit de la Cour entamer celui du jury.

Il y a danger, et danger redoutable à ce que l'arrêt de la Cour paraisse corriger le verdict du jury, prendre une revanche contre un acquittement non justifié : tout verdict est chose sacrée, *verè dictum*, et ce qui en infirmerait l'autorité morale, serait un scandale.

Il y aurait danger aussi à ce que la Cour fût entravée dans

l'exercice du droit que lui donne l'article 358 du Code d'instruction criminelle.

Eh bien! je veux ici dissiper toute crainte et ne pas même laisser de place au scrupule. Dans la cause actuelle de quel côté est le mal, de quel côté faut-il porter le remède? Le mal, c'est que l'arrêt de la Cour a été considéré et considéré à bon droit, comme cette revanche dont je parlais tout à l'heure de la magistrature contre le jury. C'est au verdict que l'atteinte a été portée et c'est là ce que vous devez tout d'abord corriger.

Et pourquoi encore en ce conflit qui a excité dans toutes les âmes une anxiété si vive, pourquoi est-ce vers le jury que doit se porter votre sollicitude? est-ce par complaisance pour la popularité qui s'attache à cette institution? Non, Messieurs, mais c'est que le jury a besoin dans l'état de nos lois et de nos mœurs d'une protection spéciale. Le jury n'a pas, comme la magistrature, le prestige des traditions, la majesté d'une origine antique, l'autorité de la hiérarchie et l'éclat d'un rangement parmi les pouvoirs publics. Nouveau venu dans notre organisation judiciaire, tribunal passager, sorti aujourd'hui de la foule pour y rentrer demain, le jury, n'a pour lui que la confiance de la nation et le respect fondé sur la confiance. C'est ce respect qu'a voulu assurer la loi quand elle a dit « la déclaration du jury ne pourra jamais être soumise à aucun recours »; c'est ce grand principe qui vous dictera votre arrêt.

En résultera-t-il une diminution de la prérogative des Cours d'assises? non évidemment; car que fera votre arrêt de cassation? Tout en montrant que le droit de la Cour a été dépassé, il fera voir par là même jusqu'où ce droit peut aller; il sauvegardera la juste autorité de la magistrature en face de celle du jury et la rendra plus respectable en la renfermant dans ses limites.

Et en effet, Messieurs, qu'est-ce qui a soulevé ici l'opinion

universelle. Est-ce, comme on l'a dit imprudemment, la faculté
même que la loi confère au juge civil après l'acquittement
du prévenu et a-t-on entendu protester contre la loi ? Non
c'est l'usage de cette faculté ; c'est la manière dont elle a été
exercée, c'est l'abus qui en a été fait. Quel plus grand service pouvez-vous rendre à la magistrature, à la juridiction
des Cours d'assises, que de régler l'exercice de cette juridiction en disant tout à la fois ce qu'elle ne peut pas faire, ce
qu'elle a eu tort de faire dans la cause et ce que dans une
autre circonstance elle pourra et devra faire légitimement ?
Quel plus grand service pouvez-vous rendre à la chose publique que d'enseigner à tous que les torts dont s'est émue
la conscience de tous, sont ceux d'une décision facile à réformer, et non ceux de la loi devant laquelle il faut savoir
s'incliner ?

Tel sera l'effet et l'effet salutaire d'un arrêt de cassation.
Le rejet du pourvoi au contraire tendrait à accréditer cette
idée, fausse autant que funeste, que la Cour d'assises peut
infirmer moralement au moins la décision du jury comme
l'a fait aux yeux de tout le monde l'arrêt de la Cour d'Aix.

C'est là, Messieurs, le vrai, le seul péril à redouter.

Je plaide donc ici, avec la cause du jury, celle de la magistrature en demandant qu'on la délivre d'un précédent qui
l'engage dans un conflit regrettable avec le sentiment public, et qui soulève une de ces protestations nationales qui
ne peuvent être le résultat de l'erreur.

Un dernier mot et je termine ces considérations : « Le
jury, a-t-on dit en termes excellents, a sa place à côté de la
magistrature dans l'accomplissement de l'œuvre judiciaire :
ce sont deux institutions également indépendantes l'une de
l'autre et qui doivent agir avec un mutuel respect de leurs
droits : toute lutte entre elles, même apparente, altère l'u-
nité, la dignité de la justice. Quand le jury prononce, il peut
se tromper sans doute ; quelle est donc la juridiction infail-

lible ? mais, quand il a prononcé, les convictions contraires n'ont pas à chercher des compensations ou des revanches ; il faut qu'elles se résignent et se taisent. Nous sommes à une époque où il n'y a que trop de principes compromis et méconnus. Gardons-nous, même avec les intentions les plus pures, d'égarer les esprits sur le respect que commande la chose jugée en leur donnant le spectacle de deux vérités légales, de deux justices. »

Et maintenant, Messieurs, la conclusion en droit se tire d'elle-même. S'il est vrai, s'il est certain que l'arrêt de la Cour d'Aix a imputé à Armand un coup volontaire, il a encouru la cassation d'après votre jurisprudence constante. Vous avez à plusieurs reprises cassé les arrêts de Cours d'assises qui, après acquittement par le jury sur une question de coups et blessures volontaires, avaient cru pouvoir condamner aux dommages-intérêts en se fondant sur ce que des coups auraient été volontairement portés. Vous avez vu là la violation flagrante du principe sacré qu'invoque le pourvoi.

Le savant rapport que vous venez d'entendre ne me laisse rien à dire sur les précédents si formels de votre jurisprudence dont un des monuments les plus remarquables, l'arrêt Souesme du 21 juillet 1841, a été invoqué dans cette affaire même devant la Cour d'Aix. Je me borne à rappeler avec un arrêt plus récent (6 mai 1852) cette déclaration énergique : « qu'une condamnation ainsi motivée porte atteinte à l'autorité de la chose jugée et à l'inviolabilité des décisions du jury. »

J'ai défendu et, je l'espère, j'ai vengé la chose jugée par le jury en démontrant que l'arrêt de la Cour d'Aix devait être cassé pour y avoir porté une double atteinte en affirmant ce qu'avait nié le jury, au point de vue du fait matériel comme au point de vue de l'intention.

Il me semble que je vous ai présenté un double moyen de

prononcer cette cassation qui est dans les vœux de tout le monde, *hoc erat in votis !* moyen qui, je puis l'affirmer, a l'approbation des plus excellents esprits.

Me suis-je mépris en soutenant que les termes de l'arrêt attaqué ont certainement, au point de vue de l'intention, cette portée, cette signification qui les met en contradiction manifeste avec la décision du jury ? — Ai-je été trop affirmatif à cet égard ? Je ne le crois pas. Mais enfin j'entends raisonner dans toutes les hypothèses, je veux, contrairement à ce qui est pour moi l'évidence, je veux qu'il y ait doute, — je veux que ces mots *porter un coup maladroitement* se prêtent à ces deux sens si différents au point de vue légal : *coup porté avec maladresse* ou *coup donné par maladresse*. Est-ce que dans cette hypothèse, que je n'admets, que je ne pose que pour n'avoir rien négligé dans un si grand débat, *nil omissum, nil intentatum*, est-ce que dans cette hypothèse vous laisseriez subsister l'arrêt ?

Assurément non.

Vous voulez, vous exigez et vous l'avez prouvé cent fois, que les arrêts, surtout en matière criminelle, se justifient d'eux-mêmes. Il ne faut pas qu'une équivoque empêche l'esprit d'apercevoir la pensée du juge et de démêler s'il est dans la vérité ou dans l'erreur; il ne faut pas même que la rédaction adoptée empêche de reconnaître sur quel terrain le juge s'est placé et s'il a jugé en fait ou en droit. Quand l'équivoque existe sur ce point essentiel, que faites-vous, Messieurs ? Vous cassez; et je me bornerai à rappeler ici les termes énergiques d'un de vos récents arrêts, rendu en matière différente sans doute, mais qui n'en est pas moins exactement applicable à la cause actuelle : « Attendu, dites-vous, que si le juge, par un silence « affecté ou par les « affirmations vagues et générales où il s'est renfermé, ne « permet pas de reviser l'appréciation qu'il a faite.... il « tend par là à enlever à la Cour de cassation son droit de

« censure et de contrôle et viole l'art. 7 de la loi du
« 20 avril 1810 » (arrêt du 26 juin 1862, aff. Joly).

Eh bien ! n'est-il pas certain, n'est-il pas manifeste que
l'arrêt de la Cour d'Aix, dans l'hypothèse la moins favorable au pourvoi, présenterait précisément le vice pour
lequel vous avez prononcé la cassation de l'arrêt Joly ?
Lorsque j'aurai concédé à l'arrêt que l'expression par lui
employée peut également signifier coup porté avec maladresse, c'est-à-dire coup volontaire, ou coup donné par
maladresse, c'est-à-dire coup involontaire, qu'en résultera-
t-il ? C'est que vous aurez à prononcer sur un terme équivoque, ne permettant pas de saisir la véritable pensée du
juge, d'apercevoir s'il a entendu apprécier le fait intentionnel qui échappait à sa juridiction ou le fait non intentionnel qui seul pouvait lui être soumis. Mais s'il en est ainsi,
vous ne pouvez pas savoir ni affirmer que l'arrêt a respecté
l'autorité souveraine de la décision du jury ; vous ne pouvez
pas vérifier par conséquent la légalité de la décision ; et
votre contrôle, ce contrôle tutélaire, dont, à bon droit, vous
êtes jaloux, car il est une des garanties de notre ordre social, votre contrôle, dis-je, tenu en suspens, est paralysé
dans son action et comme annihilé, faute de pouvoir s'exercer à coup sûr.

Est-ce possible, Messieurs, et dépend-il d'une Cour impériale de se soustraire à votre juridiction suprême par l'arti-
fice calculé d'une rédaction ambiguë ? C'est ce que vous avez
sévèrement interdit aux juges du fait par l'arrêt que j'ai cité,
et certes, si jamais il y eut lieu d'appliquer cette prescription,
n'est-ce pas dans cette occasion solennelle, où la France
entière cherche avec anxiété, dans deux décisions qui se
heurtent, la vérité légale ?

Rappelons-nous le principe qu'un arrêt de la Chambre
civile, au rapport d'un de ses membres les plus éminents,

M. le conseiller Laborie, a proclamé en ce noble langage :
« Lorsque la justice répressive a prononcé, il ne saurait être
« permis au juge civil de méconnaître l'autorité de ses sou-
« veraines déclarations, et l'ordre social aurait à souffrir
« d'un antagonisme qui, en vue seulement d'un intérêt privé,
« aurait pour résultat d'ébranler la foi due aux arrêts de
« la justice criminelle » (7 mars 1855, Dall. 55.1.81). S'il
en est ainsi, la Cour d'assises ne peut condamner aux dommages-intérêts pour un fait innocenté par le jury qu'à la
condition expresse que son arrêt se conciliera avec le verdict. Cette conciliation est la condition absolue de la légalité
d'un tel arrêt. Dès lors l'accomplissement de cette condition
doit ressortir clairement des termes de l'arrêt civil. Car s'il
n'appartient pas au juge civil d'analyser et d'expliquer la
déclaration complexe du jury, qui est l'un des termes de la
comparaison à établir, c'est son devoir, et son devoir le plus
impérieux, de ne laisser subsister aucun doute sur le sens
et la portée de l'autre terme, qui est sa propre décision.

A cet égard, votre jurisprudence est d'une salutaire exigence. Dans un arrêt du 9 novembre 1861, vous avez cassé
par le motif que « la Cour de cassation, à qui appartient l'ap-
« préciation des arrêts et jugements qui lui sont soumis »,
ne pouvait, en présence de la formule adoptée par le juge,
s'assurer du sens de sa décision,

Par un arrêt du 10 juillet 1862, vous avez cassé encore
en disant que le juge n'avait pas suffisamment motivé sa
décision dès lors qu'il demeurait *incertain* si le fait était ou
non imputable à la partie condamnée. Cet arrêt a décidé la
question même du procès actuel.

Et en effet, Messieurs, l'incertitude ici, le doute, n'est pas
supportable. Il faut qu'on sache si, oui ou non, l'arrêt civil
a respecté l'arrêt criminel, si le juge civil s'est arrêté
dans son appréciation devant la barrière légale, ou s'il l'a
franchie. Il le faut, parce que si son arrêt est ambigu, il don-

nera des armes à ceux qui s'insurgeront moralement contre
la décision du jury parce qu'il permettra d'opposer le sentiment des magistrats avec celui du jury. Il le faut, parce que
si le sens de l'arrêt civil est fixé, ou il sera d'accord avec le
verdict, et tout le monde devra s'incliner, ou il sera contraire, et alors vous rétablirez l'ordre en cassant la décision
qui l'ébranle. Mais le doute, Messieurs, qui pervertit les âmes,
il tue les sociétés. Le doute sur la justice, il est aussi fatal que
le mépris de la justice ; c'est le trouble des consciences, c'est
l'échec de l'autorité, c'est le scandale. C'est un de ces désordres que vous ne pouvez souffrir et que votre arrêt fera cesser.

Par toute cette discussion, je crois avoir justifié, en l'analysant, l'impression pénible qu'a produite sur tous les esprits
la rédaction de l'arrêt attaqué.

Les magistrats, dit-il, ont statué *dans leur conscience !* Et
quel besoin de le dire ? Qui donc accuserait, qui donc soup-
çonnerait une Cour de justice de mentir à sa conscience, et
pourquoi la Cour d'Aix se sent-elle pressée d'aller au-devant
d'un reproche possible ? Pourquoi ? si ce n'est qu'elle est
mal à l'aise entre des convictions intimes qu'elle n'a pas la
force de sacrifier, comme c'était son devoir, à l'autorité supérieure du verdict, et la nécessité légale de respecter au
moins les termes de ce verdict. La conscience ! Eh ! il ne
s'agit pas de savoir si elle est honnête, mais si elle est éclairée, et c'est précisément le nuage qui l'a obscurcie qui
s'étend sur l'arrêt lui-même.

La situation fausse où s'est placée la Cour d'Aix l'a conduite à cette rédaction équivoque contre laquelle on peut le
dire, s'est élevée une clameur universelle. On a reproché à
l'arrêt, et je puis l'affirmer maintenant, on lui a reproché
avec raison, de n'être pas sincère. Si la clarté, comme on l'a
dit bien souvent, est le premier mérite de l'esprit français,
la franchise, c'est le premier mérite du caractère français.
Or l'une est l'expression de l'autre. Quand la parole est am-

biguë, c'est que la pensée n'est pas franche. Et c'est là, il faut le dire à l'honneur de notre nation, ce que personne n'a pu souffrir. Partisans ou adversaires d'Armand, tout le monde a voulu, et c'était le droit de tout le monde, savoir, d'après l'arrêt, s'il avait voulu ou non frapper Maurice Roux. L'arrêt en l'interprétant de la manière qui lui est le plus favorable, admet l'une et l'autre hypothèse. En laissant subsister un tel doute, je le dis de toute l'énergie de ma conviction, la justice n'a pas fait son devoir.

Messieurs, un sentiment profond me dit que c'en est assez, que votre conviction est faite, et que ma cause est gagnée. J'ai pourtant présenté à l'appui du pourvoi un second moyen de cassation qui serait décisif en lui-même ; j'en dirai quelques mots rapides, bien persuadé pourtant que vous ne jugerez pas même nécessaire de l'examiner.

Me plaçant dans la supposition tout à fait invraisemblable que l'expression de l'arrêt *coup porté maladroitement* serait considérée comme synonyme de *coup donné par maladresse*, j'ai dit, dans mes conclusions, que même à ce point de vue, l'arrêt devait encore être cassé pour plusieurs raisons. Il serait entaché d'incompétence et d'excès de pouvoir pour avoir statué sur un délit dont il n'appartenait pas à la Cour d'assises de connaître sans assistance des jurés; il présenterait en outre un défaut de motifs donnant lieu à cassation parce qu'il n'aurait pas légalement constaté la *faute civile* pouvant seule donner lieu à des dommages-intérêts.

En effet, Messieurs, la Cour d'Aix ne paraît pas avoir remarqué que l'expression dont elle a cru pouvoir se servir contient précisément la définition d'un délit. Les coups et blessures involontaires, quand ils sont le résultat de la maladresse, constituent un délit prévu et puni par les articles 319 et 320 du Code pénal, à la différence des coups et blessures provenant d'un accident qu'aucune prudence humaine ne pouvait prévenir.

Un chasseur commet le délit prévu par l'art. 320 quand il atteint par mégarde un de ses compagnons. Au contraire, un soldat en faisant l'exercice à feu sur le champ de manœuvre ne commet aucun délit si sa balle atteint un individu qui s'est glissé près de la cible sans être aperçu ; fait purement accidentel dans ce dernier cas, fait d'imprudence et délit dans le premier. Dans le procès actuel, le fait serait un coup résultant de l'imprudence, un délit. Mais il est un principe universel, protecteur à la fois des droits de la défense et de l'ordre des juridictions : c'est que les crimes ou délits qui se rattachent au fait principal, à l'objet même de la poursuite, sont de la compétence du jury et non de celle de la Cour d'assises statuant sans assistance de jurés.

Dans le cas, en effet, où un de ces crimes ou délits accessoires vient à ressortir des débats, il doit faire l'objet d'une question subsidiaire posée aux jurés, d'après l'interprétation que la jurisprudence a donnée à l'art. 338 du Code d'instruction criminelle, et c'est dès lors le jury seul qui peut en connaître.

De deux choses l'une, en effet : ou le fait accessoire (crime ou délit) ressort des débats, et c'est le cas de le déférer au jury ; ou ce fait ne ressort point des débats, alors il n'appartient pas à la Cour d'assises de le prendre en considération, celle-ci ne pouvant évidemment s'expliquer que sur les faits établis par les débats qui ont eu lieu devant elle.

C'est au surplus ce que la Cour d'Aix a reconnu et proclamé elle-même quand elle a dit en propres termes qu'il *ressort des débats* que Armand a porté un coup.... Mais c'était en même temps proclamer son incompétence, car c'était constater la circonstance même qui, d'après la loi, attribuait au jury la connaissance du fait. Or, il ne peut pas y avoir double juridiction, c'est-à-dire conflit d'attributions entre le jury et la Cour d'assises sur le même fait. Il faut dire que si le crime ou délit accessoire au fait principal n'a pas été soumis au jury, la présomption légale est qu'il ne ressortait pas des débats et que dès lors il échappait absolument à la Cour d'assises elle-même. Si, au contraire, on admet que le fait ressortait des débats, c'était dès lors et par là-même le jury seul qui devait en connaître.

Comprendrait-on en effet qu'il dépendît de la Cour d'assises de se réserver la connaissance d'une question qui, de sa nature, appartient au jury et qu'elle pût ainsi discrétionnairement la faire juger par les jurés ou la juger elle-même? Es-ce qu'il n'importe pas essentiellement à l'ordre des juridictions que leurs domaines soient déterminés? Est-ce que par conséquent l'une des juridictions n'est pas exclusive de l'autre? Est-ce qu'il ne suffit pas de l'attribution d'un fait à l'une d'elles pour que l'autre soit par là-même incompétente?

Si les principes exigent qu'il en soit ainsi, le droit de la défense le réclame également. Le crime ou le délit se rattachant au fait principal se débat devant le jury, dans d'autres conditions, avec d'autres garanties que devant la Cour d'assises. Il ne faut pas que l'accusé soit, par l'appréciation tout arbitraire de la Cour, privé de ces conditions et de ces garanties.

Au surplus, Messieurs, la situation dans la cause actuelle était bien déterminée ; un fait était, aux yeux de la Cour, ressorti des débats : c'était le crime de coups et blessures volontaires avec incapacité de travail de plus de vingt jours. Or, je le demande, aurait-il été permis à la Cour de se réserver la connaissance de ce crime en s'abstenant d'en faire l'objet d'une question au jury et de condamner explicitement Armand aux dommages-intérêts parce qu'il serait résulté des débats qu'il aurait volontairement fait des blessures à Maurice Roux? Mais, Messieurs, ceci heurterait les traditions aussi bien que tous les principes. Jamais on n'a admis qu'il y eût en Cour d'assises deux juridictions parallèles ayant également le pouvoir de qualifier les faits au point de vue criminel, c'est-à-dire de disposer de l'honneur des citoyens, sauf à l'une à prononcer des peines afflictives et à l'autre à prononcer des peines pécuniaires. Un tel parallélisme, disons-mieux, un tel antagonisme, est tout ce qu'on peut imaginer de plus contraire à l'institution des Cours d'assises et du jury. Ce qui est vrai, c'est que le quasi-délit seul, et non le délit ou le crime, appartient à la Cour d'assises jugeant sans assistance de jurés.

Or, si cela est vrai et évident à l'égard du crime qui a fait l'objet de la question subsidiaire, s'il est certain que la Cour d'assises n'aurait pu se réserver la connaissance de ce crime, il faut admettre également qu'elle était incompétente à l'égard du délit qui, aussi bien que le crime, appartenait au jury s'il ressortait des débats. Ici encore, le bien le plus précieux des citoyens, leur intérêt le plus sacré, l'honneur est en jeu; il est sous la sauvegarde du jury, la Cour ne peut en disposer.

Si ces principes sont aussi vrais qu'ils sont nécessaires, il faut conclure que la Cour a excédé ses pouvoirs, a usurpé sur la compétence du jury, en prononçant sur un délit accessoire au fait principal, objet de l'accusation, *fecit quod non potuit*. Dès lors, ce motif tiré de l'existence du délit disparaît, et pour justifier l'arrêt il est indispensable d'y trouver la constatation de la faute purement civile, du quasi-délit, qui seule pourrait motiver la condamnation. Mais sur ce terrain, où la Cour d'Aix était souveraine, elle n'a pas fait ce qu'elle pouvait faire, *non fecit quod potuit*, et je signale dans son arrêt une lacune, une insuffisance, un défaut de motifs, qui doit encore entraîner la cassation.

Que dit, en effet, la Cour d'Aix? Elle dit que le coup porté maladroitement *peut être* imputé à faute à Armand. Mais *peut être* n'est pas synonyme de *doit être ;* mais cette expression *peut être* est dubitative; mais elle n'est nullement l'affirmation positive qui exprime une certitude, non une simple

possibilité, et qui témoigne de la conviction, non des tendances du juge. C'est ce que vous avez jugé récemment
par votre arrêt du 10 juillet 1862, qui a prononcé la cassation d'un arrêt de la Cour d'assises de Lyon pour avoir laissé
dans l'incertitude l'existence de la faute civile.

Ainsi le second moyen de cassation est justifié, et si vous
croyez nécessaire de statuer, vous annulerez, je n'en doute
pas, l'arrêt qui vous est déféré, soit à raison de l'excès de
pouvoir qu'il a commis en connaissant d'un délit dont le
jury seul devait être saisi, soit à raison de l'évidente insuffisance du motif exprimé pour justifier la condamnation.

Je suis arrivé au terme de la discussion juridique. J'ai
accompli dans la mesure de mes forces une tâche dont
l'attente universelle doublait les exigences et la responsabilité. Mais cette attente elle-même, Messieurs, mais cette
anxiété générale, est-ce qu'elle n'a pas aussi son importance
dans la cause, est-ce qu'elle ne vient pas prêter à mes arguments un bien puissant secours?

Ah! je sais que vous ne subissez aucune pression du
dehors et que, appuyés sur la loi, vous ne flottez pas au vent
de l'opinion. Mais, pourtant, quand par hasard la voix des
gens du monde comme celle des gens de loi, les avis des
feuilles politiques comme ceux des journaux judiciaires, se
trouvent d'accord sur un même point, il est impossible que
vous ne voyiez pas là quelque chose de considérable. J'ai
sous la main la collection, nombreuse, quoique bien incomplète, des journaux français et même étrangers, qui ont discuté notre question de droit. Elle est traitée dans des articles
de fonds, dans les variétés, jusque dans les feuilletons et
courriers du jour. Ce serait chose curieuse et peut-être
instructive que de passer en revue ces manifestations, si
diverses dans la forme et, au fond, identiques. Tantôt c'est
un littérateur ingénieux à qui le bon sens révèle les arguments de droit; tantôt c'est un publiciste qui raisonne avec

les principes généraux de la législation ; tantôt un écono-
miste qui se préoccupe d'un trouble apporté à l'ordre public ; quelquefois un feuilletonniste qui rencontre en courant
la vérité juridique et fait de la science sans le savoir ; ici,
c'est le jurisconsulte spéculatif qui pose les règles fondamentales ; là, c'est le praticien qui montre les conséquences funestes de l'oubli de ces règles. Mais partout, c'est la même
protestation contre l'arrêt de la Cour d'Aix. Les plus résolus
condamnent, les plus timorés déplorent ; pas une voix ne
s'élève en faveur de l'arrêt qui vous est déféré, en faveur
de cette prétention qui, devant la Cour d'Aix, avait trouvé le
barreau tout entier hostile, et le ministère public silencieux.

Ah ! Messieurs, dans notre temps de suffrage universel,
une telle unanimité de l'opinion n'est pas chose indifférente,
et même, dans la sphère du droit, il faut tenir compte de ce
que pense et de ce que dit tout le monde. Placés au sommet
de l'ordre judiciaire, vous avez une haute mission sociale à
remplir. Jaloux de ce beau titre de Cour régulatrice, vous
savez, avant de fixer la jurisprudence, envisager ses effets
sur les esprits. Eh bien ! vous considérerez ici, dans votre
prudence l'effet d'une décision suprême qui serait en contradiction avec le sentiment universel ; vous vous deman-
derez si elle n'aurait pas un véritable danger pour la justice
elle-même et les intérêts supérieurs dont vous êtes les gardiens. Pour assurer à vos arrêts cette soumission des intel-
ligences qui en relève le prestige et en double l'efficacité,
votre sagesse connaît la mesure qu'il ne faut pas dépasser.

Messieurs, c'est l'honneur, c'est la gloire au barreau auquel
j'appartiens, d'être appelé devant votre juridiction suprême
à plaider, bien au-dessus des intérêts privés, la cause des
principes avec la loi pour juge et la vérité pour cliente. Cet
honneur, dont je suis fier, il ne m'a jamais paru aussi grand
que dans cette circonstance, où le principe en jeu est vital,
où la loi à appliquer est si haute, où la vérité à défendre

émeut toutes les âmes, où je viens, soutenu, porté par l'opinion unanime, organe du vœu universel, écho de la voix
publique, j'en atteste cette foule qui se presse comme pour
m'assister dans ma défense, où je viens revendiquer devant
vous une prérogative chère à tous les Français, où je puis
dire que le pays est derrière moi. Vous entendrez cette voix,
vous exaucerez ce vœu en mettant le droit d'accord avec la
raison. Et le public, attentif à ces débats, emportera, répan-
dra cette impression salutaire que les principes confiés à
votre garde sont chose si puissante et si sainte, que, partout
et toujours, proclamés par vous, ils donnent satisfaction à la
conscience comme à la loi.

Un dernier triomphe devait couronner la carrière
oratoire d'Ambroise Rendu. D'accord avec l'opinion
publique, la Cour de cassation cassa l'arrêt de la
Cour d'Aix, s'appuyant sur ces motifs dont je ne fais
que reproduire la substance.

La Cour d'assises des Bouches-du-Rhône, en posant en principe absolu qu'elle respectait la décision
du jury, en ce que cette décision impliquait la négation de toute intention criminelle, et en ajoutant
qu'elle se bornait à constater comme base des dommages-intérêts, l'existence d'un fait matériel, n'a pas
dans son arrêt indiqué les circonstances d'où résul-
tait ce fait matériel lui-même et ne les a pas précisées
d'une manière suffisante pour permettre à la Cour de
cassation d'exercer son droit de contrôle, et de recher=

cher s'il n'y avait pas contradiction entre la décision de la Cour et celle du jury.

« La Cour casse l'arrêt de la Cour d'assises pour défaut de motif. »

CONSULTATION SUR LES MARCHÉS A TERME

Pétition, au Sénat, de M. Bobœuf.

La consultation qu'on va lire fut imprimée à la suite d'une pétition adressée au Sénat par M. Bobœuf, pétition dont les conclusions pouvaient se résumer ainsi :

« Toute vente ou achat de valeurs cotées à la Bourse est un contrat auquel tout agent de change vis-à-vis de son collègue, tout client vis-à-vis de son agent est tenu de donner exécution.

« Les marchés contractés, soit au comptant, soit à terme, soit avec remise préalable de fonds ou de valeurs, soit à découvert, sont reconnus et déclarés obligatoires, sauf le cas de fraude, et leur exécution doit être ordonnée par les tribunaux.

« L'exécution du marché a lieu soit par la livraison ou la levée des titres vendus ou achetés, soit par le rachat des titres vendus ou la revente des titres achetés avant l'époque ou le moment de la liquidation, aux risques, périls, perte ou profit de la partie contractante.

« Les négociations d'effets publics ou autres valeurs

cotées à la Bourse, quand elles sont habituelles et présentent un caractère professionnel, constituent des actes de commerce, et, en conséquence, celui qui s'y livre peut être contraint, même par corps, à l'exécution de ses engagements.

« Les agents de change répondent de l'exécution des marchés concernant les effets publics et autres valeurs dans lesquelles ils s'entremettent; mais ils ne peuvent opérer qu'après s'être fait remettre une couverture dont l'importance est déterminée par la chambre syndicale. »

L'étude de cette question, si vivement discutée, présentera sans doute un grand intérêt, à une époque où les affaires de bourse ont pris un développement aussi considérable; j'ai donc pensé, en publiant la consultation d'Ambroise Rendu, qu'elle serait bien accueillie et par les jurisconsultes, pour lesquels elle se montrera sous un point de vue juridique, et par ceux qui s'occupent journellement des marchés à découvert, auxquels elle apparaîtra sous un point de vue utilitaire et pratique.

L'Avocat soussigné,

Consulté sur le point de savoir si les marchés à découvert contractés librement par le ministère des agents de change doivent être reconnus et sanctionnés par les tribunaux,

Est d'avis que cette question doit être résolue affirmativement par les raisons ci-après développées.

Parmi les questions pendantes, il en est une, chaque jour

agitée, qui tantôt avance, tantôt recule, suivant les fluctua-
tions de l'opinion ; une question qui appartient à la morale
comme à la loi positive, à l'économie politique comme à l'administration, à la chaire sacrée comme au théâtre : c'est la
question dite des *jeux de Bourse*.

On est convenu d'appeler *jeu de Bourse* toute opération à
terme, sur valeurs cotées, en disproportion avec la fortune
de celui qui opère, et devant aboutir au règlement d'une
différence. Ainsi, une personne achète, pour la fin du mois,
30,000 francs de rente 3 pour 100, n'ayant pas, à beaucoup
près, le capital de 700,000 francs environ nécessaire pour
solder un tel achat aux cours actuels. Cette personne revend,
à la fin du mois, les mêmes 30,000 fr. de rente. S'il y a
hausse, elle gagne la différence entre le prix d'achat et e
prix de revente ; s'il y a baisse, elle perd cette même différence. Dans les deux cas, elle a *joué à la Bourse*, suivant l'expression admise.

Nul de ceux qui ont quelque idée de ces sortes d'affaires
n'ignore que de semblables opérations constituent la très-
grande majorité de négociations qui s'effectuent par l'intermédiaire des agents de change. Ceux qui en douteraient
n'ont qu'à consulter, dans nos grands journaux, les comptes
rendus ou les revues hebdomadaires de la Bourse.

Or, une chose nous a toujours très-péniblement affecté :
c'est de voir des opérations, que la jurisprudence considère comme réprouvées généralement par la loi civile et
fréquemment par la loi pénale, s'accomplir au grand jour
par l'entremise et la participation d'officiers publics. Nous
savons bien qu'il est convenu que les agents de change, instruments de ces marchés, ignorent les intentions et la position de leurs clients, c'est-à-dire les éléments d'où résulte
l'illégalité des opérations. Mais cette fiction ne trompe personne, et l'on peut en croire les motifs des nombreux arrêts
qui ont refusé aux clients la restitution des courtages par eux

payés pour des négociations de ce genre. Il y a là un véritable scandale dont souffrent à la fois et la moralité publique et la dignité de la Compagnie des agents de change.

Pour mettre fin à cette situation, on a essayé deux moyens.

L'un consiste à renfermer les fonctions des agents de change dans le cercle des opérations d'une légalité certaine et non contestable, à savoir, les opérations au comptant, ou, ce qui revient au même, accompagnées du dépôt de l'argent ou des titres, les seules, il faut le reconnaître, que les règlements des agents de change leur attribuent bien expressément. Ce moyen a échoué. Admis par la Cour de Paris en 1824 (arrêt Forbin-Janson), par la Chambre des Requêtes de la Cour de cassation le 13 juillet 1859 (arrêt Sevelinges), il a été définitivement repoussé le 19 janvier 1860 par un arrêt de la Chambre criminelle de la même Cour (affaire des coulissiers); il l'a été plus encore, disons-le, par les nécessités du temps et par les mœurs.

Le second moyen est celui qui, parmi les marchés à terme et à découvert (c'est-à-dire non garantis par un dépôt préalable de titres ou d'argent), distingue les marchés devant aboutir à une livraison ou à une levée de titres, et les marchés devant se régler par des différences. Il déclare les premiers sérieux, et les valide; il qualifie les seconds de marchés fictifs, et refuse de les reconnaître. C'est le système de l'arrêt de la Cour de Paris rendu contre les coulissiers et confirmé par la Chambre criminelle de la Cour de cassation.

Sans discuter ici ce système au point de vue du droit, nous nous bornerons à dire qu'il se heurte dans l'application à des impossibilités absolues. En attribuant aux tribunaux le pouvoir d'annuler et même de punir des opérations qu'ils reconnaissent et déclarent, après coup et après instruction, en disproportion avec les moyens pécuniaires des clients, ils

réduisent les agents de change à une extrémité singulière.
Ils les mettent dans la nécessité morale (sous peine de devenir complices et, qui pis est, instruments de marchés con-
damnables, soit au point de vue civil, soit même au point de
vue pénal), de s'assurer préalablement et à chaque ordre si
la fortune du client lui permettra de fournir en liquidation
les titres à livrer ou les fonds suffisants pour lever les titres
achetés. Or, il n'est pas un agent de change ou un financier
qui ne sache qu'une telle vérification est positivement impra-
ticable ; que tout ce que peut faire l'officier public, c'est
d'exiger une couverture qui le garantisse lui-même contre
les risques de l'opération, si elle aboutit en liquidation à un
rachat ou à une revente. Les règlements de la Chambre
syndicale ne demandent rien de plus, et, une fois la couverture fournie en vue des différences possibles ou probables,
les agents de change font sans scrupule et par milliers ces
opérations *à différences* que les tribunaux refusent de reconnaître.

Qui condamner ici ? la loi, la jurisprudence ou les
mœurs ?

Ajoutons cette observation, aussi simple que péremptoire.
A supposer que l'agent soit en mesure de connaître, avant
d'exécuter un ordre, la fortune de chaque client, comme le
Crédit foncier, avant de consentir un prêt ; à supposer qu'il
sache pertinemment que l'ordre donné est en rapport avec
les ressources du client, est-ce qu'il n'est pas loisible à celui-
ci de donner un ordre pareil, le même jour, à dix agents différents ? Et c'est ce qui se pratique constamment. Or la
même opération, qui sera proportionnée à la position du
client et partant *sérieuse*, si elle est unique, ne le sera plus
et deviendra *jeu*, si elle se répète dix fois par le ministère de
dix agents ; et cela, sans que chaque agent, à raison du
secret de la profession, puisse se renseigner auprès de ses
confrères sur les ordres que le client a pu leur donner, sans

qu'il puisse s'éclairer sur le fait qui change le caractère de l'opération à lui confiée ! Ainsi, le même marché, tout à la fois, est et n'est pas sérieux, est et n'est pas licite.

C'en est assez, nous le croyons, pour démontrer que le système de la jurisprudence la plus récente, s'il peut, en théorie, satisfaire l'intelligence, n'est, en pratique, qu'un expédient complétement impuissant à remédier au mal qui compromet la situation des agents de change, inquiète la conscience publique, et entretient au sujet de la Bourse un désaccord déplorable entre les gens de finances et les gens de loi.

Contraint par la jurisprudence de renoncer au premier moyen, convaincu de l'impuissance du second, nous nous rallions à un troisième que nous présente la pétition de M. Bobœuf, système aussi radical, aussi efficace que le premier, mais en sens absolument inverse. Il consiste à déclarer obligatoires toutes les négociations non entachées de fraudes conclues à la Bourse par le ministère des agents de change.

Ce moyen est bon, suivant nous, en théorie et en pratique, en droit et en morale.

Prenez-y garde, nous dira-t-on, vous allez contre le sentiment universel ; il ne faut pas absoudre ce que tout le monde condamne.

Nous répondrons :

Un homme doué au plus haut degré de cette fierté de la conscience qu'on pourrait appeler le *sens de l'honneur*, un homme à qui la science financière et sociale est familière comme la science des lois, Berryer, disait en plaidant pour les coulissiers :

« La défense du marché à terme va me conduire, la Cour
« me le pardonnera, à exprimer sur ses arrêts une opinion
« peut-être téméraire ; mais je crois toucher ici au fond des
« choses et à la parfaite vérité en ces matières. Il ne s'agit

« pas de réformer la loi, mais d'examiner la jurisprudence,
« de l'apprécier et de voir si nous ne sommes pas à une
« époque où des nécessités d'intérêt public obligent à mo-
« difier la jurisprudence.

   « Je crois que rien n'est plus respectable que le sentiment
« qui a animé jusqu'à ce jour la jurisprudence. Je crois
« qu'il ne peut y avoir de considérations plus nobles que les
« considérations qui ont déterminé les arrêts que vous avez
« rendus. Mais je crois que la magistrature est arrivée pré-
« cisément par ces arrêts à un résultat tout contraire au but
« qu'elle se proposait... Ah ! pourquoi, au lieu de dénier
« l'action civile pour raison des engagements pris dans les
« marchés à terme, n'a-t-on pas maintenu tous les droits de
« la loyauté, le respect et l'inviolabilité des engagements ?
« Pourquoi n'a-t-on pas condamné l'homme qui a fait un
« marché à terme et qui n'en remplit pas les conditions ?

   « Pourquoi, au lieu de dénier l'action de la justice aux
« agents de change qui réclament de ce client déloyal le
« prix d'un pareil engagement, ne l'a-t-on pas condamné et
« ne lui a-t-on pas dit : Vous avez une opération de Bourse,
« un acte de commerce, non-seulement vous avez pris un
« engagement que vous devez exécuter, mais vous êtes con-
« traignable par corps ? »

Voilà l'opinion du plus illustre représentant du barreau
moderne ; c'est le trait de lumière qui dissipe les obscurités
du problème.

Nous ajoutons qu'en ces matières, ce qui est dénié comme
l'erreur même dans le monde judiciaire, est affirmé comme
une vérité élémentaire dans le monde des économistes et
des financiers ; que ce qui est réprouvé d'un côté à la presque unanimité, est pratiqué et approuvé de l'autre avec la
même unanimité. N'est-ce pas assez pour autoriser la discussion et faire désirer qu'enfin l'on s'entende ?

En droit comme en morale, toute personne qui s'engage vis-à-vis d'une autre dans les formes requises, est tenue de remplir ses engagements, quelles qu'aient pu être ses intentions secrètes. C'est ce lien de droit, cette *loi du contrat*, qui empêche les transactions ordinaires de dégénérer en fourberies continuelles.

Or, pour les opérations de Bourse, on ne craint pas de briser ce lien nécessaire.

M... achète à terme 15,000 francs de rente. Il a trouvé un agent qui s'est rendu l'intermédiaire du marché, et un vendeur qui fait la contre-partie. L'objet du contrat existe : il y a des rentes sur la place. L'engagement existe : c'est l'ordre donné. La preuve de l'engagement *l'instrumentum*, est là : c'est la mention au carnet et le bordereau délivré. Rien ne manque, ce semble, pour former le *vinculus juris*.

Mais le terme est arrivé ; il y a baisse ; M... perd sur son marché. Il suffit de dire : J'ai joué. Il n'est plus tenu à rien ; il n'a perdu que son honneur, s'il en avait.

Si M... eût acheté 15,000 mètres de terrain en bloc vendus par adjudication au tribunal, et qu'il eût trouvé un avoué pour lui servir d'intermédiaire, est-ce que, dans le cas où il n'aurait pas eu les fonds pour payer à l'échéance, et où, d'ailleurs, les terrains s'étant dépréciés, il aurait perdu sur son marché, est-ce qu'il aurait pu échapper à la folle enchère et à ses suites, notamment à la contrainte par corps pour le paiement de la *différence* entre le prix d'achat et celui de revente ?

Non, sans doute. Aussi, on ne joue pas sur les terrains, bien qu'on spécule. Tous les marchés y sont sérieux ; mais on joue sur les rentes, à la faveur de la jurisprudence.

A la Bourse, le malhonnête homme peut gagner sans limites et ne point perdre sauf sa mise. C'est le jeu avec sa plus dangereuse amorce. Aussi quel attrait pour la foule ! Et que de gens y arrivent honnêtes, pour gagner, et se retirent malhonnêtes, pour ne perdre point ! Voilà en définitive où aboutit la doctrine qui permet de faire sur les valeurs cotées des ventes et des achats fictifs.

Nous voudrions qu'on dît aux gens qui entrent chez l'agent de change comme à ceux qui entrent chez un notaire, chez un avoué, pour acheter ou vendre :

« Vous êtes majeur et non interdit. Vos engagements sont obligatoires. Tout acte fait par l'entremise de l'officier public à ce institué est chose sacrée, parfaitement irrévocable. Liez-vous ou ne vous liez pas; mais sachez bien qu'une fois lié vous ne vous délierez point ; sachez que vous subirez toutes les sanctions de droit, et que si vous faites habitude et profession des opérations de Bourse, vous faites des actes de commerce qui vous rendront contraignable même par corps. »

Que le ministère public, que les tribunaux tiennent ce langage, et l'on verra changer du tout au tout le personnel de la Bourse. On verra fuir tous ces gens du monde qui en sont le fléau et les victimes. On y verra affluer les gens de finances, qui ne craindront plus d'être confondus avec la foule des joueurs.

Aujourd'hui on n'hésite pas à acheter ou vendre dix fois, cent fois plus que l'on ne possède, résolu que l'on est à garder les bénéfices s'il y en a en tenant le marché, à éviter les pertes s'il en survient en refusant de payer. Mais si un tel refus expose à une action en justice, aux poursuites, à la saisie, peut-être à la prise de corps, on hésitera devant ces opérations monstrueuses qui font trembler le sol de la Bourse, on se renfermera dans les limites de sa fortune ou de son crédit, et les marchés à découvert seront réduits dans une proportion incalculable.

Peut-être objectera-t-on que nous avons le tort de traiter

sérieusement des choses qui ne sont pas sérieuses, que les marchés auxquels nous faisons l'honneur de les assimiler à des contrats, ne sont qu'en apparence des achats et des ventes, mais sont en réalité des opérations illusoires, sans résultat effectif.

Nous répondons en affirmant que toute opération de Bourse, conclue par le ministère d'un agent, est ou doit être effective, dans toute la vérité du mot, de quelque façon qu'elle se dénoue, et ce que nous affirmons, nous le prouvons par deux raisons sans réplique.

La première, c'est que, même en l'état actuel de la jurisprudence, il dépend toujours de l'une ou de l'autre des parties de faire produire en réalité à ces opérations tout l'effet que comporte leur nature de vente ou d'achat. La seconde, c'est que, dussent-elles aboutir à un règlement de *différence*, elles n'en auraient pas moins amené un résultat important et utile.

Nous justifions en peu de mots ces propositions qui peuvent sembler paradoxales, et qui n'en sont pas moins rigoureusement vraies.

Il s'est acheté dans une Bourse des rentes par masses considérables, douze cent, quinze cent mille francs de rente 3 pour 100, nous le supposons. La même quantité a été nécessairement vendue. Combien d'acheteurs pourront lever ce qu'ils ont acheté, combien de vendeurs livrer ce qu'ils ont vendu ? Nul ne le sait, pas plus les agents de change que le public. Mais combien, si besoin est, tel ou tel acheteur pourra-t-il obtenir de rentes et lever de titres ? Tout, absolument tout, s'il le veut ou s'il le peut, alors même que la contre-partie serait un vendeur sans titres, ou, comme on dit, un joueur à la baisse. Cela a lieu par l'effet simple et naturel d'un mécanisme puissant que l'usage a introduit, que les règlements des agents ont perfectionné et sur lequel s'appuie tout le système des opérations de Bourse. Ce mécanisme est celui

le la *liquidation centrale*, qui met au jour dit, à la disposition
le chacun, tout l'argent ou tous les titres dont il a besoin et
|ui repose sur un double principe. L'un, c'est que les agents
pérant entre eux sans pouvoir faire connaître leurs clients,
haque agent répond nécessairement vis-à-vis de son con-
rère d'abord, puis vis-à-vis de son client, de la réalisation
.e l'opération qu'il a faite. L'autre, c'est que la Compagnie
out entière des agents de change procure effectivement la
éalisation de toutes les opérations par des livraisons et
evées de titres ou par des reports.

Le syndicat, à chaque liquidation de fin de mois, centra-
.se tous les achats et toutes les ventes à terme, met en pré-
ence les fonds et les titres, soit livrés définitivement, soit
ournis actuellement avec rachat à la liquidation suivante.
lais en tout cas, et grâce à cette organisation aussi ingé-
ieuse que féconde, il existe à la Bourse un vaste réservoir
'argent et de titres d'où chacun peut tirer ce qu'il lui faut
ans la mesure exacte de ses achats et de ses ventes à terme,
lême à découvert. La Bourse, disait un financier célèbre à
lapoléon Ier dans son pittoresque langage, c'est une *rivière
e rentes*. Chacun peut me vendre d'avance ce qu'il lui con-
iendra d'y aller puiser, comme un porteur d'eau peut me
endre aujourd'hui l'eau qu'il ira chercher demain à la
eine.

Si, par exemple, un acheteur de 3,000 francs de rente,
ui les lève en liquidation, a pour contre-partie un vendeur
. découvert qui n'a pas de titre, ce titre n'en est pas moins
ourni à l'acheteur par l'intermédiaire de l'agent qui se
harge d'obtenir d'un détenteur aux dépens du vendeur la
ivraison de cette rente moyennant le rachat de la même
aleur pour la fin du mois suivant. Par là, l'opération de
'acheteur se trouve réalisée, bien que le vendeur se soit
orné à supporter le règlement de la différence entre le prix
le la vente et celui du rachat. Le même résultat se produit

tout aussi sûrement en sens inverse, dans l'hypothèse contraire. Or, nous le demandons, est-ce que des opérations ainsi effectuées sont des marchés fictifs ? Est-ce que la jurisprudence elle-même n'a pas commencé à donner raison à notre système quand elle a admis la validité des reports, quoique tout report suppose de la part de l'une des parties un marché qui se règle par une différence ?

Mais nous allons plus loin, et nous soutenons que, alors même que les deux parties n'auraient opéré qu'en vue d'un règlement de différences, il y aurait encore matière à une opération effective que la jurisprudence devrait valider.

Nous supposons ou plutôt nous rappelons ce qui se passe tous les jours. Un puissant banquier achète à terme dans un mouvement de baisse 150,000 francs de rente. Il a bien en caisse les millions nécessaires pour lever les titres. Mais, avant la fin du mois, il se produit un grand mouvement de hausse. Quelle est donc la règle de droit ou de morale qui empêchera l'habile et prévoyant acheteur de *réaliser*, comme on dit, son bénéfice en revendant les 150,000 francs de rente pour le terme même auquel il les avait achetés ?

Il est assez difficile de critiquer cette double opération. A quoi aboutira-t-elle pourtant ? Au règlement d'une différence en liquidation. Nous ne voyons pas là ce qu'il y a de monstrueux. C'est l'opération de l'acheteur d'immeubles qui, dans les trois jours accordés pour la déclaration de command, est tenté par l'offre d'un tiers et cède son marché moyennant la différence entre le prix de son achat et le prix que le tiers consent à payer. Dans les deux cas, c'est... de la spéculation. Pourquoi y voir du jeu quand il s'agit de rentes au lieu d'immeubles ? et pourquoi proscrire l'intention de revendre, si elle existe au moment de l'achat, lorsqu'on l'admet si elle survient après ?

Ah ! dit-on, tout cela est bien à l'égard d'un acheteur qui aurait pu *lever* les titres. Mais il n'en est pas de même à l'égard d'un acheteur sans argent; et la raison, c'est que celui-ci, obligé de revendre, quoi qu'il arrive, d'une part est exposé à se ruiner en cas de baisse, et d'autre part nuit au crédit public par cette revente forcée.

Quant aux risques que courent les spéculateurs à la Bourse, et on peut dire les spéculateurs en général, nous ne prétendons ni les nier ni les atténuer. C'est, pour la conscience comme pour la fortune, chose scabreuse que la spéculation, et plus celle-ci est rapide et élastique, plus les dangers sont grands. A Dieu ne plaise que nous exaltions et préconisions l'esprit de spéculation, substitué dans tant de familles à l'esprit d'épargne, et introduit témérairement dans les sphères les plus humbles comme les plus élevées! Mais le regret stérile du passé ne guérit pas les maux du présent, et il faut prendre le siècle tel qu'il est, avec ses splendeurs et ses misères. L'habitude ou, si l'on veut, la manie de la spéculation existe; il s'agit de la renfermer dans le cercle, de la diriger vers le but où elle peut être utile et féconde. Or, nous sommes profondément convaincu que le moyen d'écarter de la Bourse ceux qui n'y doivent point aller, ce n'est pas de les allécher par le décevant espoir de spéculer, sans risquer autre chose qu'un enjeu; ce qui est précisément le plus dangereux appât des jeux de toute espèce et la ruine de tous les joueurs; mais c'est au contraire de les menacer de sanctions réelles, de poursuites sérieuses, dont la perspective les fera réfléchir avant de s'engager.

Cela dit au point de vue moral, nous pensons, d'ailleurs, au point de vue économique, que la liberté de contracter doit être respectée vis-à-vis de tous ceux qui sont maîtres de leurs droits, et que la loi doit se borner à être impitoyable pour les fraudes qui altèrent et faussent trop souvent les éléments de la spéculation.

Quant à l'effet que produiraient sur le cours des valeurs les reventes des acheteurs sans argent, nous n'en dirons qu'un mot : c'est qu'il est de toute évidence qu'il est compensé par celui des rachats des vendeurs sans titres. Les demandes d'un côté, les offres de l'autre agissent en sens opposé sur la place, et si toute latitude est laissée à ces opérations diverses, l'équilibre se maintient sans effort.

Nous avons mis, ce nous semble, à néant cette objection tant de fois répétée, que toutes ces opérations sont fictives; que tout ce mouvement n'est qu'une agitation stérile; que ces négociations se réduisent à une perte ou à un gain, comme des paris à l'écarté, tout en influant d'une manière abusive sur le cours des effets publics.

Si nous avons réussi à nous faire comprendre, on doit être convaincu que rien n'est plus superficiel et plus faux que cette objection devenue banale. La vérité est, au contraire, que toute négociation quelconque, conclue par le ministère d'un agent de change, produisant ou devant produire tous les effets que comporte ce genre de transactions, et nul ne pouvant savoir à l'avance s'il y aura levée ou livraison de titres, le grand nombre des opérations à terme produit un résultat d'une utilité capitale pour le crédit public. C'est d'élever ou de soutenir le cours de toutes les valeurs mobilières en multipliant les transactions sur ces valeurs, ce qui en facilite la négociation et permet à chaque instant de les réaliser.

Chacun sait que *le cours*, c'est-à-dire le prix des valeurs à la Bourse, dépend non-seulement de la solidité du capital et de l'importance du revenu, mais aussi, et plus encore peut-être, de la facilité de négocier ces valeurs, c'est-à-dire de les acquérir ou de les vendre à volonté. En effet, si une valeur, même excellente, est difficile à négocier, si l'on ne trouve pas de preneur le jour où l'on a besoin de la convertir en argent, on ne peut la céder qu'en tentant un acheteur par l'abaissement du prix, c'est-à-dire en subissant une perte notable.

Or, s'il en est ainsi, cette valeur se déprécie d'une manière générale, car il est facile de comprendre qu'elle correspond, en définitive, pour chaque détenteur, au prix que ce détenteur pourra en obtenir le jour où il lui faudra la vendre.

Il suit de là que, pour qu'une valeur soit bonne dans toute la force du terme, il faut qu'elle puisse se négocier couramment, c'est-à-dire qu'elle puisse se vendre sans que quelques offres en abaissent sensiblement les cours, s'acheter sans que quelques demandes relèvent les cours tout à coup; en un mot, il faut qu'elle se vende ou s'achète à son prix réel.

Or, ce résultat, capital en saine économie sociale, vital, on peut le dire, pour la fortune mobilière, ne peut être obtenu que par un très-grand développement de la spéculation, c'est-à-dire par la multiplicité des opérations à terme. On croit généralement que cette multiplicité produit les grandes et brusques variations, les mouvements artificiels des cours ; c'est une erreur. Elle en produit, au contraire, la stabilité relative, la sincérité habituelle, parce qu'elle permet de nombreuses transactions dans tous les sens, aux cours motivés par les circonstances, sans que ces cours en soient affectés. C'est, au contraire, sur certaines valeurs qui ne se négocient qu'au comptant, c'est-à-dire rarement et dans la mesure des besoins immédiats, que l'on aperçoit des mouvements subits et énormes que rien ne justifie en apparence. Il suffit de jeter les yeux sur la cote officielle, pour s'en convaincre. On y voit, par exemple, des actions de sociétés industrielles très-solides et très-productives, mais qui ne sont pas cotées tous les jours, monter ou baisser de 25, de 50 fr. et plus en une Bourse, par suite de quelques réalisations nécessaires. Ces actions, comme disent les gens de Bourse, *n'ont pas de marché*, elles sont invendables.

Tout le contraire a lieu pour la valeur qui se négocie le plus fréquemment à terme, la rente 3 pour 100. Sans doute, ses cours subissent l'influence inévitable des circonstances, c'est-à-dire qu'ils montent ou descendent suivant la rareté ou l'abondance de l'argent, suivant les craintes ou la sécurité qu'inspire l'avenir. Mais, en temps normal, on pourrait presque dire en tout temps, chacun peut vendre ou acheter de très-fortes quantités de rente 3 pour 100, sans que les cours varient, pour cette raison, de plus de quelques centimes. Et il est tellement vrai que ce résultat si important est dû à la multiplicité des marchés à terme, que la rente de 4 1/2 p. 100 varie dans les temps les plus calmes beaucoup plus brusquement que la rente 3 pour 100, et monte ou baisse souvent de 50 centimes et plus quand l'autre rente est presque immobile. Cela tient à ce que la rente 4 1/2 pour 100, quoique négociable à terme, est actuellement et par suite des restrictions de tout genre qu'a subies le marché, délaissée par la spéculation. Elle ne se négocie guère, en fait, qu'au comptant, et par suite, toute demande ou toute offre considérable la fait varier très-sensiblement.

La même raison amène cet autre résultat tout à l'avantage du crédit de l'État, que les cours de la rente 3 pour 100 sont et demeureront relativement plus élevés que ceux des obligations même garanties par l'État et offrant en conséquence exactement la même sécurité que la rente. Celle-ci se capitalise à 4 1/2 pour 100, tandis que les obligations garanties se capitalisent à 5 1/2 au moins (en tenant compte des chances de remboursement à 500 francs par suite des tirages annuels). Elles représentent de la rente à 57 ou 58 francs, tandis que le 3 pour 100 est à 70 francs. Pourquoi cette inégalité, cette supériorité en faveur de la rente ? Uniquement parce que la fréquence des marchés à terme rend aussi facile et aussi prompte que possible la négociation de la rente 3 pour 100, tandis que, à certaines époques de l'année surtout, il faut plusieurs jours, plusieurs semaines quelquefois, pour vendre un nombre considérable d'obligations. L'écart si nécessaire pour l'État, entre le cours de la rente et celui des obligations, s'est réduit notablement à mesure que la spéculation à terme, même sur la rente, a diminué elle-même ; et c'est pour le maintenir que le ministre des finances a toujours refusé aux instances des compagnies la négociation à terme des obligations (1).

Ce qui est vrai pour la rente, l'est également pour un grand nombre d'actions de chemins de fer, qui se vendent ou s'achètent à chaque Bourse par masses énormes, infiniment supérieures aux besoins effectifs des portefeuilles, sans que ces ventes ou achats modifient notablement les cours. — Il en résulte que les détenteurs de ces titres ont réellement chaque jour à leur disposition les fonds correspondants ; il en résulte qu'au gré des besoins de l'industrie ou du crédit public, d'immenses capitaux sont toujours réalisables pour toutes les occurrences; il en résulte, enfin, cette puissance financière de notre pays, qui, au moment de la plus grande activité de la spéculation, pendant la guerre de Crimée, a agi sur l'Europe avec autant d'efficacité que nos armes.

Les marchés à terme, quel financier l'ignore? et précisément les marchés qui se prolongent de liquidation en liquidation, à l'aide des reports et des différences, font le classement des emprunts de toute espèce en portant, pendant des mois et des années, le poids des titres flottants, qui, jetés sur la place, l'eussent écrasée infailliblement. Ces marchés ménagent toutes les transactions financières, qu'elles résultent des événements ou des appels au crédit public. Ce sont les assises d'un vaste pont jeté sur le torrent des affaires, qui seul permet aux entreprises issues du crédit d'atteindre, sans se perdre au passage, la rive souvent lointaine de l'avenir.

______

(1) Le prédécesseur de S. Exc. M. le ministre actuel des finances a consacré pour la première fois, dans un document officiel, à propos de l'émission, *par l'État*, des obligations trentenaires, la régularité des marchés à terme.

Tels sont les résultats économiques et positifs de la spéculation librement et largement exercée. Ils méritent les médi·tations des hommes d'État, et nous croyons dignes d'attention ces quelques réflexions du *bulletin financier* d'un grand journal qui résume nos dernières propositions :

« Les institutions de crédit qui ne sont point l'objet d'une spéculation active n'ont eu, pendant cette semaine, comme pendant les précédentes, du reste, qu'un bien triste marché. Les actions de la Banque de France elle-même ne se négocieraient pas en quantités un peu importantes sans imprimer aux cours des soubresauts déraisonnables. — Les valeurs peuvent faiblir brusquement à la Bourse maintenant, sans que ce soit nullement une preuve de leur infériorité ; c'est tout simplement l'effet de la désertion du marché, désertion causée par l'encouragement donné aux préjugés contre des opérations dont l'activité a fait l'Angleterre, et dont l'abstention que prêchent nos moralistes a fait la Turquie (1) »

De ce qui précède n'avons-nous pas droit de conclure, d'accord avec le système du pétitionnaire, que ce qu'on qualifie de jeux de Bourse, c'est la spéculation appliquée à l'un des objets qui l'appellent le plus naturellement et où elle est le plus nécessaire ?

Ce système vrai, ce nous semble, et utile, est-il légal ?

S'il ne l'était pas, il mériterait au moins d'être pris en très-grande considération par le législateur. Mais, à notre sens, il peut, dès à présent, être concilié avec la loi civile et pénale d'où l'on a tiré la prohibition des marchés à découvert. L'organisation actuelle de la Bourse a, en effet, substitué à l'hypothèse prévue par les articles 421 et 422 du Code pénal, une situation toute différente, que ses dispositions n'ont pas envisagée et qu'elles ne sauraient atteindre.

---

(1) *Journal des Débats,* numéro du 3 juin 1863.

En vertu des règlements et des usages existants au parquet des agents de change, la Bourse est, avons-nous dit, un réservoir d'argent et de titres où chacun peut puiser dans la proportion de ses engagements aux conditions du marché. Est-il acheteur à découvert, après versement de la couverture aux mains de l'agent ? Il est propriétaire de deux choses aussi réelles l'une que l'autre : une créance dont la valeur sera connue en liquidation, et une somme pour pourvoir, au besoin, à l'insuffisance de cette valeur. S'il revend en liquidation, que fait-il ? Il rétrocède sa créance au cours officiel et indemnise le vendeur, s'il y a lieu, de l'insuffisance de la valeur rétrocédée.

Est-il vendeur à découvert ? Il a contracté une dette de chose éminemment *fongible*. Pour la procurer à son acheteur, que lui faut-il ? Se procurer à lui-même pareille valeur en payant le prix nécessaire. Or, la liquidation centrale lui en fournit les moyens, comme on l'a expliqué plus haut. Dès lors, elle le place précisément dans les conditions où les tribunaux cessent de voir aucune espèce de délit, puisqu'elle met les titres *à la disposition* du vendeur, et, par suite, de l'acheteur, au jour de la livraison.

Nous nous bornons à ces quelques mots. On comprend que d'aussi graves questions de droit ne peuvent être ici qu'indiquées, et non discutées.

Constatons seulement que pour admettre avec nous les conclusions de la pétition, il n'est pas besoin de changer, notablement du moins, la législation existante. Il suffit de lui donner une portée conforme à son esprit et à son but, comme aux nécessités du temps et aux exigences des mœurs.

Au surplus, il s'est passé naguère, dans la sphère législative, un fait considérable qui nous donne, à vrai dire, gain de cause. Les associations pour l'exploitation des charges d'agents de change, déclarées illicites et nulles, comme contraires à l'ordre public, par une jurisprudence constante, ont été reconnues licites et valables par la loi du 2 juillet 1862. La veille de cette loi, les tribunaux n'avaient pas d'expressions assez énergiques pour condamner ces associations ; et ils allaient parfois jusqu'à refuser à l'associé toute action en répétition des fonds par lui versés, comme lorsqu'il s'agit d'une demande en paiement *ob turpem causam*. On se rappelle (et comment l'oublierait-un, puisque les tribunaux le disent encore aujourd'hui dans les procès nés antérieurement à la loi nouvelle ?) on se rappelle avec quelle émulation les auteurs et les juges invoquaient, à l'appui de la nullité radicale de ces associations, des considérations de l'ordre le plus élevé et, ce semble, le plus immuable. Dangers de l'influence inévitable des associés capitalistes sur le titulaire possesseur par profession des secrets les plus importants et les plus délicats ; abus de toute sorte provoqués ou facilités par cette influence ; abaissement de la dignité de l'officier ministériel, etc... Comment des actes si hautement réprouvés hier sont-ils aujourd'hui réguliers et légaux ? Est-ce qu'il appartient au législateur de changer la morale ? Et s'il est vrai que l'histoire révèle de trop nombreuses circonstances où la loi a osé ordonner des actes immoraux, ne faut-il pas dire, à l'honneur de notre temps, que de tels exemples font horreur ? Ne faut-il pas proclamer bien haut que le législateur français ne se propose plus d'autre but que de réaliser par ses prescriptions les éternels principes du juste et de l'honnête ?

Si donc la loi du 2 juillet 1862 a été proposée et votée, c'est qu'après plus mûr examen il a été reconnu que l'ordre public et la morale étaient en réalité et à certaines conditions désintéressés dans la question (1) ; que celle-ci appartenait tout entière à la sphère des purs intérêts civils, et par

---

(1) Voir l'exposé des motifs de la loi du 2 juillet 1862.

conséquent à l'appréciation libre et à la libre décision du pouvoir législatif.

Ce qui a été reconnu à l'égard des associations pour l'exploitation des charges d'agents de change, le sera, nous en sommes convaincu, quant à la validité des marchés à terme en général, et au droit de poursuivre en justice l'exécution des engagements de toute nature auxquels ils donnent lieu. Nous en avons pour garant la loi du 2 juillet 1862 elle-même, qui, pour tout esprit non prévenu, est la reconnaissance implicite de ces engagements.

La raison d'être de cette loi, tout le monde l'a senti et plusieurs l'ont proclamé, c'est l'extension énorme des négociations accomplies par le ministère des agents de change, c'est la nécessité d'offrir, par l'importance du capital mis à la disposition du titulaire, les facilités et les garanties dues aux intérêts engagés.

Or, en quoi consiste surtout cette extension et quels sont les intérêts auxquels il a fallu pourvoir? La question n'en est pas une pour les auteurs de la loi. Personne moins que M. le ministre des finances, si versé dans les opérations de banque, n'ignore que la grande majorité des négociations effectuées par les agents consiste en marchés à terme, aboutissant pour la plupart à des paiements de différences en liquidation. Que l'on jette les yeux sur le tableau officiel qui termine six jours sur sept la troisième page du *Moniteur ;* on y verra à côté de l'indication des cours de la rente 3 pour 100 *au comptant,* au-dessous de celle des marchés *fermes* à terme, les mentions des marchés *à prime* fin courant et fin prochain dont 1 franc, dont 50 centimes, dont 25 centimes. A la colonne du Crédit mobilier, du Crédit foncier et des principaux chemins de fer, on trouvera les cours des primes, dont 20 francs, dont 10 francs (c'est toujours le *Moniteur* que nous citons). Ces marchés à prime se traitent sur la plus vaste échelle. On échange par centaines de mille les rentes à primes, et il est certain que les rentes levées de primes ne sont pas, dans bien des cas, la dixième, la centième partie de celles négociées.

Qu'on supprime par la pensée les négociations de ce genre, et on réduit les affaires de Bourse à un nombre tel que les agents de change pourraient y suffire personnellement le plus facilement du monde, sans recourir aux moyens que leur permet la loi nouvelle. Nous émettons cette proposition avec l'assurance de n'être pas démenti, quelle que soit la multiplicité des titres mobiliers en circulation. Et, en effet, en dehors des opérations *au cours moyen* conclues en quelques minutes avant l'ouverture de la Bourse dans le cabinet des agents, le surplus des marchés au comptant est sans proportion aucune avec les grandes affaires dites *de spéculation*, où les fonds publics français et étrangers se vendent et s'achètent par 30,000, 60,000, 150,000 livres de rentes et les actions par cinq cents ou par mille. Les négociations au comptant sont bien loin de remplir la durée de la Bourse. On peut avoir la preuve matérielle de la part restreinte qu'elles y occupent en consultant le tableau officiel des cours de la Bourse. Les cours des opérations au comptant et à terme se suivent naturellement à un écart qui varie suivant la distance où l'on se trouve de la fin du mois; mais, sauf cet écart, les variations sont à peu de chose près identiques sur l'un et l'autre marché. Cependant il arrive très-fréquemment que sur la cote officielle, le *dernier* cours du terme est en hausse, tandis que le *dernier* cours du comptant est en baisse, et réciproquement. Pourquoi cela? C'est que les opérations au comptant sont généralement terminées longtemps avant la fin de la Bourse et alors que les affaires à terme sont encore en pleine activité; de sorte qu'après la clôture effective des premières la physionomie du marché a le temps de se modifier très-sensiblement. Aussi les agents de change ne manquent-ils pas de dire à leurs clients que c'est par les derniers cours du terme et non du comptant qu'il faut juger des tendances de la Bourse.

Voici un autre fait non moins significatif et qui n'a pas été assez remarqué. Les récentes modifications apportées au règlement officiel des agents de change dans le but avoué de multiplier les négociations, et de rendre, comme on dit, de l'activité aux affaires et de la vie au marché, ont introduit ou plutôt sanctionné l'usage des primes de 25 centimes pour la rente. C'est-à-dire que l'on peut acheter 1,500 francs de rente 3 pour 100 avec la faculté de résilier le marché, si on le juge onéreux lors de la liquidation, en abandonnant un dédit de 25 centimes par 3 francs de rente ou 125 francs par 1,500 francs. L'avantage d'un tel marché est compensé par une élévation notable du prix d'achat qui varie de 50 centimes, 75 centimes, 1 franc en sus du taux ordinaire. Ainsi, le jour où la rente *ferme* vaut 70 francs, la rente à *prime* dont 25 centimes, peut valoir 70 fr. 75 centimes ou 71 fr. Pour qu'un tel marché soit profitable et que l'acheteur ait un intérêt à le réaliser, il faut que la rente atteigne en liquidation le prix d'achat, c'est-à-dire qu'il y ait hausse de 75 cent. ou de 1 franc dans le cas donné. Il suit de là que les acheteurs de primes de 25 centimes, lesquels n'opèrent que dans l'espérance d'un grand mouvement de hausse, abandonnent leur marché tous les mois où ce grand mouvement n'a pas lieu, c'est-à-dire huit ou neuf fois sur dix. Or, ces opérations sont inscrites et cotées officiellement, avec l'approbation du ministre des finances, parmi celles qui entrent pour une large part dans les attributions des agents de change et dont le *Moniteur* rend compte chaque jour. Ces primes de 25 centimes, qui ne figuraient pas sur la cote il y a deux ans, se sont ajoutées depuis à la nomenclature avouée des marchés à terme. Elles ont donc leur part dans cette extension des négociations de Bourse qui a paru exiger des modifications aux errements consacrés par la jurisprudence.

Quant au supplément de garanties que vient fournir l'association de capitalistes autour du titulaire de la charge, ce n'est assurément pas par les opérations au comptant qu'elle est réclamée. Car celles-ci, aux termes formels des règlements en vigueur, ne devant se conclure qu'après remise des fonds ou des titres, ne sauraient en rien engager la responsabilité de l'agent de change, ni le laisser à découvert en l'obligeant à avancer et à exposer ses propres fonds.

Or, l'œuvre du législateur ne peut être que sérieuse et réfléchie. S'il s'est décidé à renverser la jurisprudence existante sur les sociétés pour l'exploitation des charges d'agents de change, ce n'a pu être qu'en considération de besoins réels; et s'il a admis les associations dont il s'agit, il faut bien reconnaître qu'il a par là même couvert de son autorisation tacite les opérations qui ont rendu de telles associations nécessaires.

Des raisons qui ont déterminé la loi nouvelle, la plus immédiate a été l'élévation du prix des charges qui est monté à deux millions et plus; mais ce haut prix lui-même à quoi tient-il? Aux revenus de la charge, qui ne sont autres que les courtages. Or, les courtages fournis par le comptant sont relativement minimes, par les causes mêmes qui viennent d'être énumérées. Les courtages, en effet, sont proportionnels au taux nominal des négociations fermes ou à prime. Que sont dès lors les petits achats ordinaires du comptant, et par conséquent leurs courtages donnant 10, 15, 20 francs pour quelques cents francs de rente, si on les compare aux grosses affaires du terme et des primes qui, pour une seule négociation, donneront quelquefois 500 francs, 1,000 francs, 1,500 francs de courtage?

Donc, à ce point de vue encore, c'est dans les opérations dites de spéculation que se retrouve l'importance, au moins pécuniaire, des fonctions de l'agent de change.

En somme, nous avons établi par des faits positifs, faciles

à vérifier chez tout agent, ce que nous voulions démontrer,
à savoir, que ce sont les spéculations de Bourse, c'est-à-dire
les marchés à terme conclus à découvert ou sur simple couverture, qui ont donné lieu à la formation des sociétés pour
l'exploitation des charges d'agent de change. Et la jurisprudence, ennemie déclarée de ces sortes de marchés, était parfaitement logique quand elle cherchait à les atteindre dans
leurs moyens d'action, en s'attaquant au mode de constitution des offices qui s'était organisé avec eux et pour eux.

En présence de cet état de choses, le législateur pouvait
prendre l'un ou l'autre de ces deux partis,— ou bien, donner raison à la jurisprudence, qui réprouvait ces associations
en supprimant la cause qui les avait engendrées, c'est-à-dire
en interdisant formellement et efficacement aux agents toute
négociation n'aboutissant pas, soit à la levée, soit à la livraison des titres; — ou bien, donner tort à la jurisprudence, en
validant les sociétés en question et en maintenant par là
même l'état de choses d'où elles sont issues.

La loi du 2 juillet 1862 a pris le dernier parti.

Elle a reconnu, régularisé, constitué l'*instrument* des spéculations de Bourse que l'on vient de décrire. Désormais,
ce serait une prodigieuse et regrettable inconséquence que
de maintenir à l'égard de ces spéculations, en doctrine et
en jurisprudence, les appréciations et qualifications dont
elles étaient l'objet sous le régime antérieur.

Notre temps, et c'est l'un de ses mérites, aime les situations nettes. Il a horreur des équivoques et des malentendus.
Il repousse les faits en opposition avec les idées. Jamais, à
aucune époque, en politique, en économie sociale, en législation, les principes n'ont plus irrésistiblement passé de la
théorie à l'application. — La liberté commerciale plante son
drapeau ; et voici que les lignes douanières et les prohibitions s'évanouissent. Le principe des nationalités s'affirme ; et partout les peuples se constituent, se réveillent,

ressuscitent. Entre toutes les nations, la France se fait gloire de *combattre pour une idée*. Qu'est-ce à dire ? C'est qu'il faut en toutes choses que les principes et les faits, que les mœurs et les lois se mettent d'accord, à peine d'ébranlement pour celle-ci, sans profit pour les premières.

Assurément, on doit regretter que la jurisprudence ait qualifié si sévèrement, au nom des règles essentielles de l'ordre public, des associations que le législateur approuve aujourd'hui. Mais que prouve cette fâcheuse opposition entre les appréciations du pouvoir judiciaire et celles du pouvoir législatif, institués cependant l'un et l'autre pour reconnaître et faire observer ce qui est juste ? C'est qu'on ne gagne rien à excéder la vraie mesure, même dans une intention excellente, et que tôt ou tard le bon sens public ou la force des choses y ramène.

Hâtons-nous donc, suivant le vœu du pétitionnaire, en ce qui concerne la Bourse, de bannir la fiction et de revenir à la réalité. Pour le marché des valeurs négociables, comme pour tous les autres marchés d'objets mobiliers, la vérité, c'est que les conventions avec leurs modalités diverses font la loi des parties ; la vérité, c'est cette proposition qu'il y a peut-être aujourd'hui quelque hardiesse à formuler, mais que l'on s'étonnera un jour d'avoir pu contester : « toute personne qui a acheté en forme régulière des valeurs mobilières est tenue de les payer à peine de revente opérée à ses risques et périls, absolument comme s'il s'agissait d'un fonds de terre ou d'un meuble meublant. » La garantie nécessaire et suffisante, à raison de la nature spéciale de ces valeurs, c'est que les transactions qui les concernent ne puissent avoir lieu que sur un marché public par l'intermédiaire d'officiers publics. Telle est depuis longtemps la pratique incontestée, flagrante, et sur laquelle il faudrait cesser de fermer les yeux. Là s'arrête, suivant nous, l'exigence de la législation bien entendue, là doit s'arrêter aussi celle des tribunaux.

Les extrémités mêmes où arrive aujourd'hui la jurisprudence contraire ne feront-elles pas comprendre enfin qu'elle fait fausse route ? On a vu naguère des magistrats, exagérant le mal afin de le guérir, proposer d'accorder aux spéculateurs de mauvaise foi la restitution des sommes qu'ils ont volontairement payées aux agents de change à raison de leurs opérations de Bourse. Plus récemment encore, un arrêt de Paris (1) a interdit à deux personnes engagées à la Bourse, l'une vis-à-vis de l'autre, de régler leur situation respective au moyen d'un compromis ! Etrange application d'une règle posée au nom de l'honnêteté publique.

Avec de telles prétentions et de telles décisions a-t-on gagné quelque chose, et la spéculation boursière a-t-elle reculé d'un pas ? Non, évidemment. Donc il faut changer de tactique. Donc il faut, comme le demande le pétitionnaire, modifier les règlements dont l'inefficacité est démontrée.

On ne moralisera la Bourse, on n'en bannira le jeu qu'en déclarant obligatoires tous les engagements concernant les valeurs mobilières conclus, sans fraude, par le ministère des agents de change.

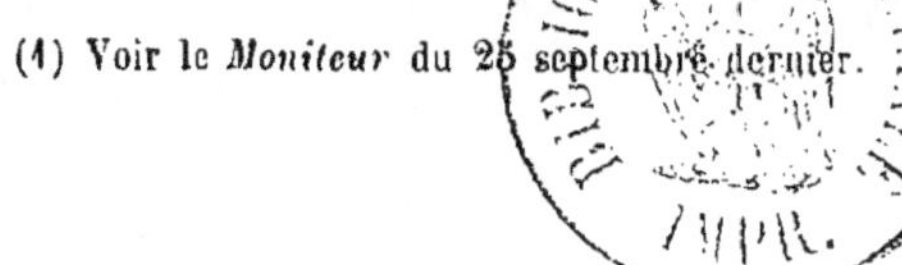

---

(1) Voir le *Moniteur* du 25 septembre dernier.

FIN.

TABLE.

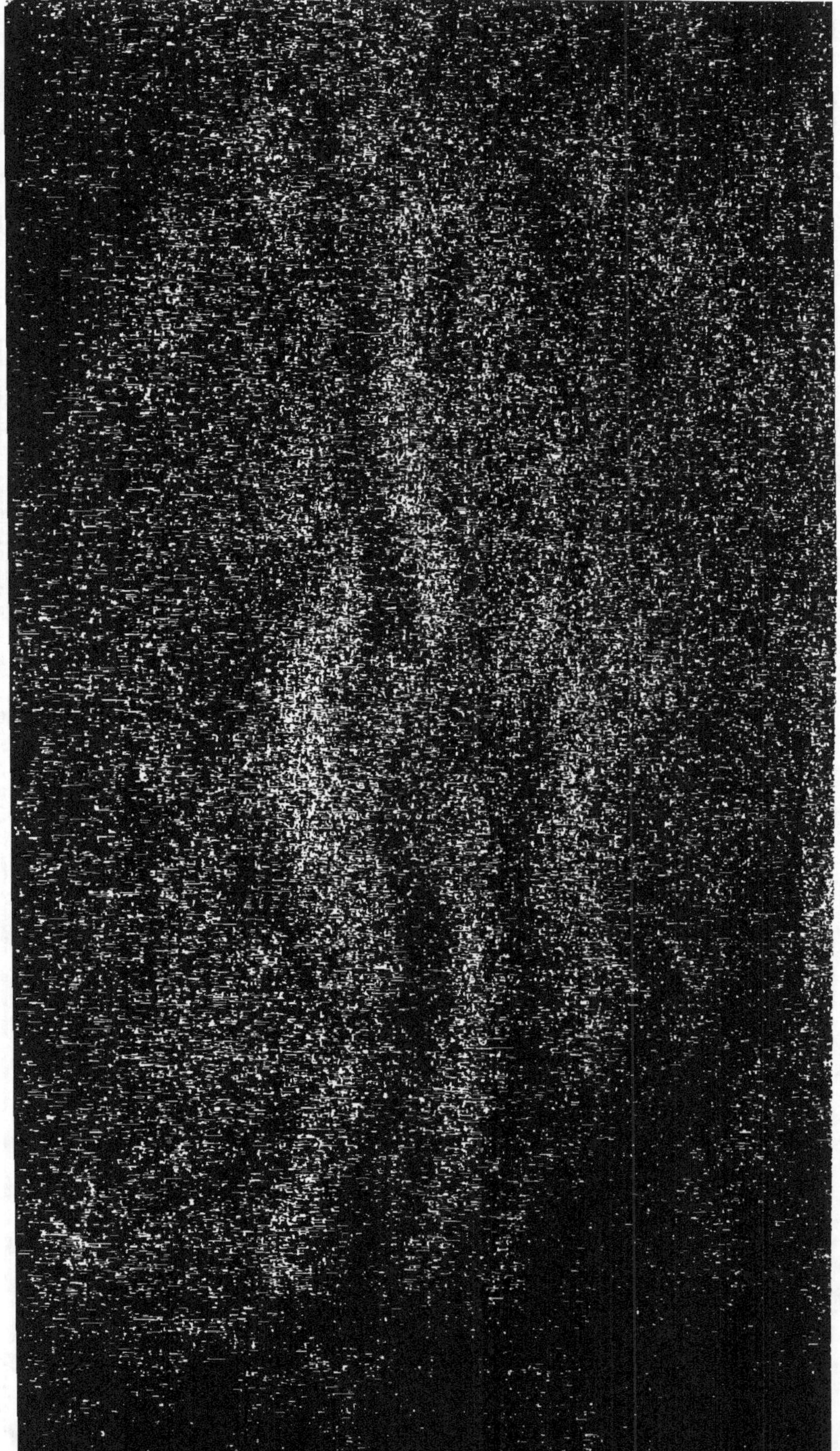

www.ingramcontent.com/pod-product-compliance
Lightning Source LLC
Chambersburg PA
CBHW051300060726
47596CB00001B/196